华为狼性管理丛书

郭楚凡　陈彦　著

华为领导力

SPM
南方出版传媒
广东经济出版社
·广州·

图书在版编目（CIP）数据

华为领导力：华为中基层干部的12项行动指南 / 郭楚凡，陈彦著. —广州：广东经济出版社，2021. 3
ISBN 978-7-5454-7313-1

Ⅰ. ①华… Ⅱ. ①郭… ②陈… Ⅲ. ①通信—邮电企业—企业管理—干部管理—深圳—指南 Ⅳ. ①F632. 765. 3-62

中国版本图书馆CIP数据核字（2020）第138630号

责任编辑：郑秋瑛
责任技编：陆俊帆

华为领导力
HUAWEI LINGDAOLI

出版人	李　鹏
出　版 发　行	广东经济出版社（广州市环市东路水荫路11号11～12楼）
经　销	全国新华书店
印　刷	广东鹏腾宇文化创新有限公司 （珠海市高新区唐家湾镇科技九路88号10栋）
开　本	787毫米×1092毫米 1/16
印　张	16. 5
字　数	250千字
版　次	2021年3月第1版
印　次	2021年3月第1次
书　号	ISBN 978-7-5454-7313-1
定　价	55. 00元

图书营销中心地址：广州市环市东路水荫路11号11楼
电话：（020）87393830　邮政编码：510075
如发现印装质量问题，影响阅读，请与本社联系
广东经济出版社常年法律顾问：胡志海律师

前言

如何建设一流团队，如何有效地管理团队，如何向管理要效益等成为当今企业研究的重要课题。笔者与多位长期服务于企业一线的领导、咨询专家进行深入交流后发现，许多一线管理者面对企业中的各类问题总是感到力不从心，他们亟待更系统地提升自己的领导力，更有效地进行管理。

向华为学管理是许多管理者提升自我的一条捷径。华为之所以能从一个小作坊成长为如今拥有 18 万员工的世界级企业，除了离不开华为人长期的艰苦奋斗以外，还因为它在管理上有着独特的方法，特别是在干部队伍建设上有着值得大家深入学习的地方。

就领导力来说，华为通过与中外咨询公司合作，并结合自己的实践经验，总结归纳了系统化的领导力能力模块，并在干部队伍培养中发挥了巨大的作用。华为强调训战结合，以机会牵引选拔人才，让人才主动冒尖。笔者了解到不少企业都在学习华为的干部队伍培养和建设，基于这样的出发点，笔者希望能系统性地总结华为管理者的行动逻辑和成长路径，以供广大读者参考。

笔者长期从事人力资源管理工作，在带团队、做导师，以及组织绩效管理中积累了丰富的经验。在写作本书的过程中，笔者也与诸多以前华为的同事有过深入的交流、探讨。在对华为的制度设计和管理方法有着清晰认知的基础上，笔者完成了本书的创作工作。

领导力并不玄乎，也不复杂，它的核心都在围绕着“人”展开，领导力就是管理者如何带领员工完成任务的一门学问。任正非说过，“我这个人啥都不懂，不懂技术，不懂管理，不懂财务，就是用‘一桶胶水’把你们组合在一起，又组合了 18 万员工，然后为我所用”。面对任正非的谦逊，我们的幸运在于能够从众多高山仰止的企业家身上汲取智慧和能量，不断充实自我。

华为虽然采用了选拔制来任用干部群体，但华为更强调协同作战，一起奋斗，这里面更多的是组织管理机制的力量让大家变得优秀，领导力只是其中的润滑剂。

本书结合笔者自身的管理经验，同时也参考了许多经典的管理学书籍，通过大量华为管理上的案例，将华为在领导力建设上的方法梳理清楚，按照战略目标管理、干部职责定位、向上管理、横向管理、向下管理、任务管理、工作标准管理、时间管理、授权管理、沟通与反馈、激励管理以及规则管理等，对华为领导力进行了深入浅出的解读。

在写作本书的过程中，笔者得到了诸多管理学专家、高校教师、一线管理者以及前华为人的大力支持和帮助，在此一一表示感谢。

衷心希望本书能够对读者有所启发，并能够提供切实有效的帮助。限于笔者能力，书中难免存在不足或问题，希望读者不吝赐教，多多提出宝贵的意见和建议。

郭楚凡

2020 年 5 月

目录

第1章

对齐战略——以责任结果为导向

干部获得提拔的充分必要条件：一是要能使所在部门盈利；二是要有战略贡献。如果你不能使所在部门盈利，我们就对你末位淘汰；如果你有盈利，但没有做出战略贡献，我们也不会提拔你。

1. 以客户为中心，为客户创造价值

以客户为中心是华为公司的价值观之一，对公司各项工作的开展起到了引导作用，并且由此形成了华为的奋斗者文化。华为管理者在关注客户需求、为客户创造价值的过程中，强调以客户为中心。

1.1 从客户的角度思考对方的需求

“以客户为中心”，为客户提供更好的产品和服务，首先要清楚地知道客户的需求是什么。只有找准客户需求，才能满足客户需求。根据客户群体的不同，需求也会不尽相同，甚至同一客户群体在不同时间、阶段等也有不同需求。所以在了解客户需求上不存在一劳永逸，当客户需求出现变化时，必须及时做出调整。想要及时、准确地了解客户需求，最佳方法就是随时随地站在客户的角度思考问题。

2009 年，华为 K 国代表处的一位客户经理一早就去拜访客户，客户直到下班也没有给他面谈的机会。不过他并没有放弃，回到代表处以后，认真分析、总结，并制订了接下来的行动计划。

第二天，他再次来到客户的公司，客户同意他待在公司，于是他观察周围的一切，并记录下来。两周后，开始有客户下属找他咨询方案，他也通过不断回访的方式，增进与客户的联系，让客户逐渐感觉到了他的诚意。

客户公司的业务发展迅速，但问题也很多，投诉网络速度慢的用户越来越多，部分用户选择转网，客户只能向华为代表处咨询解决方案。

这位客户经理根据客户描述的场景，以前期准备的材料为客户做出诊断，并针对问题提出了多种解决方案。他将客户的需求一一记下，反馈给华为的研发部门，并每月都向客户汇报研发的进展。就这样，客户逐渐接受华为的产品，并向华为发来了招标邀请，华为就此打开了该国的市场。

这位华为客户经理为了能更好地了解客户，深入客户工作现场展开调研，不仅获得了客户的第一手信息，而且也拉近了与客户的关系，这成为能够促成这项业务的关键环节之一。

更为重要的是，该客户经理通过项目实践，理解了如何站在客户的角度分析和解决问题。通过深入挖掘客户需求进而获取客户的信任，这也是华为领导力的关键内容。

1.2 优先满足客户需求

为了满足客户需求，华为全力贯彻“以客户为中心”的核心价值观，反映在华为的客户战略上，包含了质量、服务、成本和客户需求四大项，简言之，就是华为上下要致力于做到质量好、服务好、成本低，优先满足客户需求。

华为的一位高管曾做出这样一番总结：“以客户为中心，就是忠实于对产品的责任感，并完成自己的本职工作。客户既然使用我们的设备建网络，我们就要理所当然地及时向客户提供优质、低成本产品。无论艰难险阻、天灾人祸，我们都将与客户共渡难关。”

2011年，华为中标印度尼西亚和记MEGA项目。印度尼西亚素有“千岛之国”之称，国土面积虽然只有200万平方公里，却有10000多个大大小小的岛屿。由于地处大陆板块交接地带，自然灾害较多，火山地震时常发生。因此印度尼西亚是全世界网络规划和施工最复杂的国家之一。

果不其然，在项目开始执行时，华为遇到了不少问题。由于项目涉及金额巨大，当时客户首席执行官要求华为必须在规定时间内达到要求，否则将停止项目的执行。

面对困难和压力，网络规划设计专家陈耀东带领技术团队，对方案不断进行改进和优化，不仅攻克了所有技术难题，光缆的铺设里程也大大减少，为客户节约了成本。

在项目经理的协调下，供应链、解决方案等部门也纷纷伸出援手，支持MEGA项目组，项目最终达标，圆满完成客户的要求。在华为的支持下，客户在数据用户领域一跃成为印度尼西亚发展最快的运营商。

由此可见，华为管理者在“以客户为中心”的牵引下，必须做到不断地为客户节约成本、创造价值。事实上，早在2008年华为就已经讨论并通过了将“成就客户”作为公司的核心价值观。这对每个华为人来说，也就必须做到以客户为中心，持续为客户创造价值。

2011年，龙国柱博士带领华为的预研团队实现了铜线百兆带宽到千兆带宽的技术突破，并研制出原型机。

原型机的问世，引起欧洲一些运营商强烈的兴趣，瑞士最大移动运营商——瑞士电信还在瑞士中部的Riggisberg与华为建立了样板点。在国际电信联盟的会议上，基于华为样机里的关键技术，新一代铜线接入标准定义——G. Fast由此产生。

与瑞士电信达成合作协议后，2013年，华为开始在瑞士调研安装环境，地点选在瑞士北部一个叫Bibern的小镇，这里风光秀美，但基本没有无线信号，宽带速度也相当慢。经过两年的努力，华为成功帮助瑞士电信在Bibern开通全球第一个使用G. Fast标准的通信网络。

华为新一代的技术获得了客户的高度认可。当地居民紧紧握住来这里参加开通仪式的项目经理的手，不停地用当地语说感谢。瑞士电信的副总裁Markus在给当地体验用户颁发“世界第一个G. Fast用户”的证书时，对华为公司及项目经理所带领的团队表达了由衷的谢意。

从华为管理者的践行中可以看出，“以客户为中心”绝不是他们的一句口号，它镌刻在每个华为管理者的心中，以其为准则，并落到实处。华为公司管理者能获得客户高度认可，源于他们在为客户创造价值的过程中，始终贯彻“以客户为中心”的核心价值观。

2. 围绕业务展开组织运营活动

任正非在管理改革工作动员大会上曾强调，管理干部应该去做一些非常重要但不是很紧急的事，为明天做好疏导。在任正非看来，许多管理者整天忙于琐碎的事，不懂得围绕业务开展梳理组织运营工作和构建自己的关键工作流程，脱离了管理工作的主要目的。

2.1 强化企业行为与客户之间的联系

华为在进行业务流程整合过程中，为了更好地解放生产力，创造价值，使生产管理、机关管理及其他部门在业务流程改革中得到提高，任正非一再要求各个单位必须对齐市场部门，加强与客户之间的联系。对此，任正非举例说道，一个办事处如果每个秘书每天打5个电话，贴5个信封，一天就与客户联系了10次，一年就是3000多次。只有这样按高要求联系客户、接触客户，才能使企业经营活动时时对准客户需求。

华为的这种经营理念，是在学习IBM先进管理模式中发展起来的。

20世纪80年代，IBM转型个人电脑业务后，很快重振雄风，到1984年，IBM个人电脑业务的营业额达到40亿美元，根据市场机构调查，1985年，IBM占据了整个PC市场80%的份额。IBM的统治力可见一斑。

然而好景不长，IBM内部烦琐的流程使IBM的竞争力江河日下，而它的竞争对手们却在后面步步紧逼，之后IBM在386芯片技术上出现决策失误，康柏、宏碁等公司抓住了机会，正式向处于霸主地位的IBM发起了挑战。

在内忧外患之下，1993年，IBM公司董事会决定聘请路易斯·郭士纳出任董事长，郭士纳虽然有27年从事管理咨询和企业中高层管理的工作经验，非常擅长市场营销技巧，但并无计算机行业经营经验，可谓十足的“门外汉”，市场部对郭士纳表示疑虑重重。

1993年4月，郭士纳对IBM进行了大刀阔斧的改革。郭士纳首先对内部管理层进行了大幅度调整，约有三分之二的高层经理人员离任，包括首席财务审计官、市场营销副总裁、磁盘驱动器业务负责人和人事部门负责人等职位，换成了和他一样的“外来者”，给 IBM 公司注入了新鲜的血液。

郭士纳第二个重要举措就是制止 IBM“内部分裂”。1992 年，IBM 原本计划将各事业分部改组为独立单位，IBM 面临着解体为 7 个公司的困境。在郭士纳上任之后，这个计划被搁浅了，他重申了 IBM 商标的价值以及集中使用营销力量的重要性。郭士纳认为 IBM 必须整体作战，强化各部门间资源、技能、思想的利用和共享。郭士纳花了近一年时间对 IBM 公司进行重塑，以强化 IBM 与顾客之间以及公司总部与分部之间的联系。

当然，郭士纳最重要的举措是重新明确 IBM 的定位——“IBM 的使命是成为世界上最成功和最重要的信息技术公司，是信息产业‘重要发明的基本源泉’”。在郭士纳的推动下，IBM 把业务定位为信息服务，为客户提供系统解决方案。郭士纳还恢复了 IBM 将营业收入的 10% 用于研究开发投资的传统做法，郭士纳明确指出，技术创新不应该围绕公司自身的产品展开，而应着眼于客户和市场的需要。

郭士纳的改革历时 5 年，花费了 80 亿美元，裁减了 15 万员工。在郭士纳一系列改革举措的推动下，IBM 从 1993 年郭士纳接手时亏损 160 亿美元到 2001 年总营业收入达到 884 亿美元，净盈利 77 亿美元。股票市值上涨了 4 倍。

IBM 是全球企业史上少有的一家在两次衰落中兴起的企业，堪称企业界的“活化石”。郭士纳对 IBM 经营模式进行梳理，把 IBM 业务定位为信息服务，为客户提供系统解决方案，再一次使 IBM 奇迹般获得新活力，让“大象也能跳舞”。任正非在 1997 年底考察 IBM 后，对其卓越的业务经营管理深为惊叹，这才有了 IBM 帮助华为建立 IPD（集成产品开发）业务流程，帮助华为实现规范化管理的业务合作。

正如任正非所说，只有让客户满意，华为才能存活下去，所以华为一定要以客户为中心，让经营活动始终对准客户。

近年来，华为手机部门发展迅猛，2015 年手机出货量首次突破 1 亿台，2016 年的目标原本是 1.4 亿台，但由于产能不够，最终出货量是 1.39 亿台。

余承东在新年致辞中说，2017 年，是华为精细化运营的变革年。华为终端将继续强化“以客户为中心”的理念，把最根本的质量、体验、服务做好，提升做精品的能力，构建华为的品牌形象。

据统计，华为 2017 年上半年手机发货量为 7301 万台，同比增长 20.6%。在相对低迷的市场大背景下，华为继续保持高歌猛进的态势。华为消费者业务大中华区负责人朱军说：“华为手机坚持以消费者为中心，注重给消费者带来综合式体验，华为的精品战略很好地满足了消费者的需求。这是华为逆势而上的原因。”

为了进一步强化客户的体验，华为把销售人员的角色转变为客户的体验顾问，不仅提供常规体验服务，向客户提供最新产品资讯，解答客户的疑问，还倾听客户声音，了解客户痛点。

正如任正非所说，华为是一棵大树，树上结的果子是运营商、是企业客户。大树的根是最终客户、是最终客户的需求。我们必须把根深深扎在最终客户需求的沃土里。

因此，首先，华为必须坚持以客户价值观为导向，强化与客户之间的联系，持续不断地提高客户满意度。其次，华为要针对不同的客户群需求，开发出优质产品，提供良好的售后服务，提供满足其业务需要的解决方案。

2.2 归一化客户接口管理，实现全业务贯通

为了实现与客户间的深度联系，华为在 IBM 以及其他咨询公司的支持下，建立了一系列以客户为中心、以生存为底线的管理体系。在这套管理体系规范运作的时候，客户需求就是华为的企业之魂，它成为华为产品发展和客户服务的路标。

即便如此，在与客户接触时，华为内部仍然存在一些部门或个人只负责自己的领域，对客户的需求理解有遗漏，或是被动地响应等问题，难以准确、主动地把握住客户真正的需求。

2006 年，华为苏丹代表处在投标该国一个移动通信网络项目时没有中标。苏丹代表处认真总结了这次失利的经验教训。由于各单位各自为政、缺少沟通、信息传递不及时，多个部门的人员与客户接洽，但每个人只关心自己负责的事情，而不是对准客户的需求，解决方案自然无法全面满足客户需求。

在一次客户召开的网络分析会上，华为代表处派了 7 个人参加会议，每个人都负责一个产品。他们事前也没有协商沟通具体内容，结果 7 个人各自从自己专研的领域向客户解释技术和问题，客户的 CTO 非常不满，当场抱怨，他要的是一张能够立即运营的电信网，而不是一张数通网，不是一张核心网，更不是一张交钥匙工程的网。

苏丹代表处痛定思痛，决定以客户为中心，协同客户关系、产品解决方案交付与服务，组建针对特定客户项目的核心管理团队，实现归一化客户接口管理，实现业务贯通，更好地服务于客户，为客户创造价值，获得客户满意。这就是华为“铁三角模型”的雏形。借助于“铁三角模型”，2007 年，苏丹代表处战绩卓著，获得苏丹电信在塞内加尔的移动通信网络项目。

受苏丹代表处的启发，任正非指出，公司业务开展的各领域、各环节都会存在“铁三角”。华为要对准的是客户，在市场的最前端，归一接口客户需求，不重复、不遗漏，使用联合力量作战，集成解决客户问题，展现公司的综合能力。

为此，华为构建了前方精兵化、后方平台化的项目型组织模式，以此打通端到端的流程，提升企业的整体运作效率，做到整体最优而非局部最优。任正非强调华为主要的资源要用在找目标、找机会，并将机会转化成结果上。后方配备的先进设备、优质资源，应该在前线一发现目标和机会时就能及时发挥作用，提供有效的支持。

地处高加索山脉的格鲁吉亚人烟稀少，全国人口不到 450 万，华为在当地只有一个办事处，而没有代表处。虽然体量不大，但格鲁吉亚贡献了不少毛利，因此也获得了华为管理层的高度重视。

2010 年左右，随着格鲁吉亚政局的稳定，电信行业获得了迅猛发展，格鲁吉亚办事处未来项目经营的重点是如何继续经营好中小项目。格鲁吉亚办事处人员加起来还不到30人，很多业务功能角色由地区部平台人员兼任。如何在人手紧缺的情况下，保质保量地完成任务，特别是有针对性地做好D项目的PFM方案，对项目组是一个很大的挑战。

项目经营管理的重点在于各种业务环节的衔接，特别是售前、售后的衔接。格鲁吉亚办事处经过研究，认为应该结合华为的资源平台，在业务开展中重点抓好“基线”“假设”“风险”和“交底”四个关键点的衔接，为了落到实际的工作中，代表处制订了一系列的应对策略和行动计划。

在成本“基线”的衔接中，着重强化应用和改进。在无线服务基线基础上，完善网络等其他BU（Business Unit，业务单元）的服务基线；在项目核算、决算中抓基线改进。梳理关键“假设”，根据标准化抓跟踪。基于历史项目，梳理关键假设，形成通用场景关键假设清单；制订执行措施并持续跟踪，重点抓具体项目中的落实。以Workshop形式梳理历史和当前项目的主要风险，形成办事处风险清单。利用人少的特点，用好互相渗透和前后端的相互早期介入；不拘泥于具体形式，在共同工作中交底，互相支持。

在通用的标准方案和流程支撑下，PFM在推行中对小国的共性及个性进行研究和适配，转化为切合实际的理念和行动，实现了业务的持续改进和项目经营绩效的提升。

华为项目经理必须跳出部门以广阔的视野看业务运营，要围绕业务运营展开组织经营活动，要始终以满足客户需求为工作准则。

面对越来越复杂的行业环境，任正非告诫道：“我们在项目拓展、交付、生命周期管理、售后服务等知识和实践方面经验还不够，我们要在促进营、赢、盈等方面多思考、多行动，只有帮助客户成功，我们才能成功。”为此，华为必须以客户为中心，以业务为驱动，建立系统化的思维模式、统一的交易语言、场景化的作战方法，实现业务的前后贯通，通过组织的力量打赢未来的战争。

3. 找到价值规律，聚焦商业成功

任何先进的技术、产品和解决方案，只有转化为客户的商业成功才能产生价值。对此，任正非要求华为在产品研发上要坚持客户需求导向优先于技术导向。在深刻理解客户需求的基础上，对产品和解决方案进行持续创新，公司的产品和解决方案才会有持续竞争力。

3.1 客户需求导向优先于技术导向

在国内，很多企业重技术、轻管理，重技术、轻客户需求。尽管华为一直强调以客户为中心，但在早期做产品的时候，也是只管自己做，做出来再推销给客户。

任正非通过分析朗讯的失败原因后，更加意识到客户需求的重要性，明确了华为不能走产品技术发展的道路，而要走客户需求发展的道路。

1996 年，朗讯公司从美国电话电报公司分离出来。20 世纪 90 年代，全球经济持续增长，通信设备需求十分旺盛。朗讯抓住机会，成长非常迅速，成为美国著名的通信设备商。

到 1999 年，朗讯在业内成功取得领先地位。巨大的成功让朗讯变得盲目自大，在市场发生变化时，没有及时了解市场和消费者的需求，朗讯继续施行以产品为导向的市场策略。

朗讯当时拥有业内最强大的研发团队，于是便埋头研究自己的产品，认为自己做出的产品一定是受客户追捧的好产品，盲目乐观的朗讯甚至还不断拓宽产品线，追求技术领先，把资源放在超前产品研发上。例如，2000 年初，朗讯不顾迅速扩张的高数据市场，跳过 10Gigbit SDH 设备的研制，直接开始研发 40Gigbit SDH 的设备。竞争对手北电网络率先推出了 10Gigbit SDH 设备，迅速抢占了高速数字传输市场，这使得朗讯在长期占绝对优势的领域失利。

朗讯错误的战略让其在愈加激烈的市场竞争中不堪重负，加上全球 IT 泡沫破灭，朗讯迅速从繁荣走向衰落，最后被阿尔卡特公司合并。

朗讯和其他在 IT 泡沫中失败的公司，几乎都不是因为技术不先进而垮掉的，而是技术先进到客户不理解，以致客户不买产品。倾注了大量人力、物力、财力的产品却卖不出去，由此丧失了竞争力。可见，盲目地在技术上引导，创新世界潮流，将会成为“先烈”。

任正非说：“客户需求导向，就是产品路标，产品路标不是自己画出来的，而是来自客户。”要想真正了解客户需求，就要主动去调查、去融入客户。

2008 年，欧洲一家著名电信运营商准备开展网络升级改造工作。经过多次沟通，项目组了解到客户期望构建一个能够支撑语音、内容、广播、视频的综合性开放平台，同时支持宽带、窄带一体化及再次开发。于是，项目组迅速设计和修改方案，并不断进行测试和演练。

但是在竞标现场，客户却提出以 J 公司平台架构为基础进行开发，以配合他们不断增长的业务需求。但 J 公司技术尚不成熟，也没有成功案例可寻，在其基础上进行开发不仅无法达到客户的要求，还会增加项目成本。项目组直率且专业地向客户指出了这个问题，并且提出了一个既能满足电信级要求，又能满足客户对开放性及二次开发的需求的方案，还不会增加项目成本。最终，客户采纳了项目组的建议，把项目交给了华为，使自己的产品性能得到了大幅提高。

以上事例中，项目组及时发现了客户在采用 J 公司平台后可能会产生的不良后果，并根据客户的需求提出了更好的解决方案。项目组运用自身深厚的技术功底提出诚恳的建议，避免了客户的决策失误，赢得了客户的信任。

任正非曾表示，华为的接入网、商业网、接入服务器等概念产品都来自与客户的交流，客户需求导向是企业生存发展的唯一道路。为了更好地完成从“以技术为中心”向“以客户为中心”的转变，华为每年让 5% 的研发人员转做市场，同时有一定比例的市场人员转做研发。华为坚定以客户的需求为目标，以新的技术手段去满足客户的需求。

3.2 提供解决方案，帮助客户取得商业成功

在华为人看来，为客户服务是华为存在的唯一理由，因为华为所有的回报都是源于客户。华为要生存，要从客户那里获取回报，就要向客户提供他们所需的产品和服务，并快速地响应客户的需求，帮助客户在激烈的市场竞争中胜出，让客户竞争力和盈利能力得到提升。

1998 年，华为进入泰国市场，和 AIS 展开合作。当时的 AIS 还是泰国一个小的移动运营商，但华为并没有因为对方是一家小的运营商就怠慢，而是快速响应 AIS 的需求，并提供质量好、服务好的产品和解决方案。几年之后，AIS 一跃成为泰国最大的运营商，并成为泰国股市市值最大的公司。

1999 年 6 月，AIS 和 DTAC 同时在泰国推出了预付费业务。华为公司为 AIS 提供产品和解决方案的全套服务，先后对设备进行建设和扩容，在 60 天内，华为完成了设备的安装和测试，满足了 AIS 的需求，帮助了 AIS 快速抢占市场。华为还专门针对 AIS 的新需求，开发了高达 80 项的业务特性，有效地提升了 ARPU 值，提高了客户的盈利能力和竞争力。

到 2003 年，泰国 AIS 网上华为 GSM 设备容量已经超过 100 万用户，覆盖泰国全境，成为网上主导厂商之一。华为 GPRS 设备也在 AIS 网络成功应用，并与其他厂家设备实现平稳对接，用户总量达到 140 万，AIS 全部移动智能网设备都是华为提供的，智能网用户超过 1400 万。华为运行稳定的通信设备和快速优质的服务得到了客户的充分肯定，华为在东南亚地区树立了良好的品牌形象。

帮助客户取得商业成功，除了快速满足客户提出的需求外，还要认真去分析客户现状，站在客户的角度，去挖掘、分析客户痛点，提供让客户信任的解决方案。

任正非曾指出："客户购买设备时首先是选择合作伙伴，而不是设备。因为客户知道，一旦双方合作，就会在一个相当长时间内共同为消费者提供服务。"客户不仅是买东西，而且是买解决问题的办法，买他们的期望。

2006 年，华为和友商 E 竞争非洲运营商 W 的全网新牌项目。那时的华为在非洲基本没有知名度，在当地人看来，华为只不过是一家毫无名气的中国公司，技术和设备怎么能与爱立信等国际大厂相比！

为了打开非洲市场，华为决定拿下该项目。华为项目组立即出动，在当地市场进行调研，通过分析认为客户建设新网最大的“痛点”是站点获取。尽管站点获取是运营商的工作，但项目组认为如果帮客户找到解决方案，就能够赢得客户的信任。于是在项目拓展初期，项目组自己开车带着勘测人员和网规人员，一个站点一个站点地跑，获取了上百个首都站点信息。

当华为团队将整理好的站点资料向客户 CEO 展示后，客户立马对华为有了改观。客户大为感慨地说：“我们不了解华为，华为却如此了解我们和当地的市场，这家公司了不起，至少为我们节约了半年时间。”于是，华为一举拿下了这个规模达一亿多美元的全网新牌项目。华为的名声很快在非洲传播开来。渐渐地，华为在乌干达、布隆迪、卢旺达等国家树立了自己的品牌形象，与运营商的合作越来越多。

近年来，全球数字化浪潮涌动，华为敏锐地发现了客户需求的变化，客户越来越关注解决方案能带来多少价值、能否真正解决问题。对此，华为将自身定位为运营商商业问题的解决方案提供商，在多方面投资，帮助客户取得商业成功。

华为全球服务市场与解决方案销售部总裁盛凯，在接受媒体采访时表示：“华为的成功源自客户的成功。华为服务的定位非常清晰，就是帮助我们的客户解决问题，助力客户实现数字化转型。”

4. 渴望成功，敢于决策和担当

敢于决策和担当，是领导力的表现之一。近年来，华为提出了“班长的战争”这种管理方法，把决策权下沉，让一线人员拥有更多的指挥战争、调配资源的权力。华为做出这样的管理变革，是为了更好地抓住市场，让与客户最近的人做决策。

在市场驱动之下，华为干部人员在面对新的机会或决策困境时，必须勇于担当，并为此努力和付诸行动。

4.1 善于做出决策，指引方向

很多时候，有些管理者因害怕做出错误的决策而举棋不定。对此任正非说："我们要加强对中高级干部的整顿，没有责任心、没有干劲、工作业绩差和不认同华为文化、牢骚话特别多的干部都得下台。一个犯了错误的干部，不一定是坏干部，一个不犯错误的干部，可能往往是很平庸的。"

21 世纪初，华为开始拓展欧洲业务。对那时的华为来说，欧洲竞争对手像大山一样压得华为喘不过气来。直到 2006 年，靠余承东主导发明的分布式基站，才让华为从缝隙中进入欧洲市场。到 2007 年，华为靠分布式基站陆陆续续在欧洲斩获大单。

2007 年，余承东决定要用与爱立信完全不一致的架构去做革命性的产品，升级换代。这一决议一经提出便遭到了大多数人的反对，很多人觉得做第四代基站的成本太高、难度大。余承东力排众议，拍板道："必须做，不做就永远超不过爱立信。这是我们战略上的大旗。"

2008 年，华为第四代基站成功问世，华为无线顿时扬眉吐气，取得了优势地位。2010 年之前，华为无线花了多年时间在西欧市场仅取得 9% 的份额，但两年后，华为的市场份额飙升至 33%，高居欧洲第一。

2011 年，余承东被任命为华为终端董事长，上任后他开始对华为终端进行大刀阔斧的调整。此前，任正非曾批评华为手机的战略："一部手机赚 30 块钱，算什么高科技？做豆腐也能赚钱，在座的各位愿不愿意去做豆腐？两毛五一块，就在公司门口摆个摊，我还可以发动全公司的员工买你的豆腐。"2013 年，在遭受小米手机冲击时，余承东决心砍掉低端定制机，这让华为损失了 3000 万部出货量，遭到内部很多人的反对，他一度面临强大的阻力，甚至有"下课"的可能。

但是任正非给余承东投了信任票，一方面是基于余承东过去的成功经历，另一方面，更重要的是余承东主导的精品战略是符合市场发展预期的。余承东也顶住了压力，坚持精品路线。余承东的思路被市场证明是正确的，华为手机通过定调精品战略，在中高端市场慢慢打出了一片天地，Mate 系列与 P 系列获得了全球消费者的认同。

什么是领导者？树叶随风摇曳，树干岿然不动，群众是树叶，领导者应该是树干，不随风而动。显然，华为的管理者必须有所坚持、有所追求。华为聚集了众多如余承东这样有担当并且善于做出决策的管理者，他们总是在公司面临新的机遇或困境的时候能抓住机会，以敏锐的洞察力做出及时、有效的决策。

4.2　要敢于承担责任，反对明哲保身

商业竞争就像战争一样，需要一批批干部人员担当责任，冲在前面。联想集团创始人柳传志曾评价道："所有的企业家中，我最佩服和欣赏的是华为的任正非，任正非的胆识与魄力是我所没有的，我认为他真正展现了一个领袖的风采。"任正非要求每一位华为管理者都要敢于承担责任，他强调，华为的高级干部要发挥领袖的作用，在黑暗中发出生命的微光，发挥主观能动性，鼓舞起队伍必胜的信心，引导队伍走向胜利。

1996 年，华为以 6000 元的月薪把毕业于东南大学的刘江峰招入麾下。刘江峰在华为的职业之路走得很顺利，他自认在华为属于异类，他曾说："我既不怕犯错，也不怕担责任。当然，运气好没有搞砸过什么，所以在华为活下来了。"

事实上，不怕犯错、敢于担责正是他在华为事业顺畅很重要的原因。2013 年 6 月，华为发布 P6 手机，试水中高端市场，然而手机刚上市，销量不明，前途未卜，华为能不能做中高端手机，所有人心里都没有底，市场也不看好华为进军中高端手机市场。对于这款手机，华为内部许多人都不敢下太大订单，刚从新加坡调回总部不久的刘江峰最后拍板："下 300 万订单，我为此负责。"

最终，华为这款手机出货量超过400万部。第二年，刘江峰因为这一战绩得到重用，在华为的事业走向巅峰，他加入余承东的消费者业务团队，担任荣耀CEO。一年后，刘江峰率领的荣耀实现2000万部销量，销售额从1亿美元上升至20亿美元。

华为的干部将“敢于承担责任”视为最重要的素质，华为坚决反对渎职行为，对干部的管理与审查尤为严格。对此，任正非曾提出：“把有高度责任心、有强烈使命感、有组织与工作能力、善于团结合作、有奉献精神的员工提拔上来，形成一支有战斗力、能打胜仗的干部队伍。那些得过且过、明哲保身的干部要下岗，那些文过饰非、粉饰太平的干部也要下岗。”

5. 坚定不移地贯彻公司战略

华为管理者必须清楚自己的职责所在，并在公司战略方向的基础上做好自己的领导工作。在华为，除了高级干部必须关注战略方向和目标外，一线管理者也必须关注战略目标，贯彻落实战略计划，保持大方向上的正确。

5.1 主官就得关注战略目标

在华为，一线的管理者不叫“主管”，而是叫“主官”。华为高级副总裁陈黎芳指出，主官就是要关注战略目标，落实责任。因此，华为的主官不仅要埋头苦干，还要有眼光和视野，理解并贯彻公司战略。

2014年任正非以“仰望星空，把握世界脉搏”为主题发表讲话。任正非指出，华为现在的高级干部要学会仰望星空，未来的石墨烯革命、量子革命、全光架构的系统等，华为都要去面对。只有开放自己，多走出去，多和专家喝咖啡，才能看清正确的方向，知道正确的理论，制定正确的战略。当然，方向只能大致正确，不可能完全正确。

美国的创新精神是值得我们学习的，美国的苹果公司、谷歌公司、脸书、特斯拉等，在当前的中国还未看到有出现的可能，原因何在？在于不够开放，没有仰望星空，没有全球视野。如果华为的干部看不清世界的样子，就无法把握住未来世界的机会，就容易被未来抛弃。

未来二三十年，世界会变成什么样，华为不知道，苹果也不知道，谷歌也不会知道，但是苹果和谷歌的人借助开放的平台获得了全球视野去仰望星空，那就很厉害了。当然，不是说苹果和谷歌在未来一定会跑在前头。但是他们是最有可能跑在前头的。而华为呢？华为要赶上去才行，起码不能落在后头。

华为能够在如此激烈的市场环境中取胜，与华为高层管理者良好的市场洞察力是分不开的，他们在每一个重要的历史关口，群策群力，助力华为做出正确的战略选择、制定合理的战略目标。

不仅如此，任正非还要求华为各级管理者聚焦公司战略，以实现公司战略目标为基准来开展各项工作。实际上华为人的战略聚焦也是出于一种战术上的考虑，即坚持压强原则，力出一孔。

任正非曾解释说："水和空气是世界上最柔和的东西。但大家又都知道，同样是柔和的东西，迸发出来的能量也是不一样的。火箭是空气推动的，燃料燃烧后的高速气体，通过一个叫拉法尔喷管的小孔扩散出来，产生巨大的推力，然后把火箭和人类推向宇宙。水呢？一旦在高压下把水从一个小孔中喷出来，就可以用来切割钢板。可见力出一孔，其威力之大。15万人的能量如果聚集在一个小孔里面，那就不得了。大家的利益都从这个单孔里去获取。如果华为能坚持'力出一孔，利出一孔'，下一个倒下的就不会是华为。"

坚持一点突破，一切以实现公司战略目标为出发点，是华为取得成功的重要原因之一，如果企业发散了自身所拥有的资源和力量是很难实现战略目标的。

华为规定每位高级干部都必须参与华为大学的干部高级管理研讨项目，简称高研班。高研班的主要目标不仅是让学员理解并应用干部管理的政策、制度和方法工具，更重要的是组织学员研讨公司核心战略和管理理念，传递公司管理哲学和核心价值观。

5.2 高层干部要务虚，“多喝咖啡”

任正非认为，华为需要一大批思想家和战略家，要有诺曼底登陆的指挥能力才能抢占世界大数据流量的机会点。

落实到具体行动上，华为的中高级管理干部必须具备选择正确方向的能力。如果方向错了，管理干部的能力越厉害问题就越大。为了做到这一点，华为所有的管理者都必须开放自己，主动与外界交流、碰撞，并时时审视自己。为了提升高层管理团队的决策能力，华为先后施行了轮值 COO 和轮值 CEO 制度。

2004 年，美国顾问公司帮助华为设计公司组织结构时，提出华为还没有中枢机构，这是不太合理的，而且高层只是空任命，也不运作，因此提议华为建立 EMT（Executive Management Team，经营管理团队）。EMT 组建之后，任正非并没有自己去当 EMT 主席，而是设置了一个轮值制度。EMT 主席并不由固定的人选担任，而是由 8 位华为高管轮流执掌，每人执掌该职位半年，之后演变为轮值 CEO 制度。任正非说：“轮值 CEO 制度平衡了公司各方面的矛盾，使公司得以均衡成长。每个轮值者，在一段时间里，担负了公司 CEO 的职责，不仅要处理日常事务，而且要为高层会议准备起草文件，大大地锻炼了他们。他在担任轮值 CEO 时，不得不更加注重集体的利益，否则就得不到别人对他决议的拥护。这样他就将他管辖的部门带入了全局利益的平衡。”

任正非提出：“要挑选有资历的人转身做董事。未来我们将轮值 CEO 的‘手脚’砍掉，只剩下‘脑袋’，就成了思想家；很快也把首席 × × 官的‘屁股’砍掉，让他端到端看流程，承担端到端的流程责任，就成了战略家。”

2013 年，任正非在无线业务会议上说：“高级干部要少干点活，多喝咖啡。干部的战略视野是很重要的，不能只关在家里埋头苦干。”

华为轮值 CEO 胡厚崑也在《数字社会的下一波浪潮》一文中指出，“过去拥有的知识已经没有意义了”，知识不是最重要的，重要的是掌握知识以及应用知识的能力和视野。

任正非举了一个例子，假设让一群之前对榴弹炮完全没有概念的工人制作榴弹炮，他们可以上网搜索原理和图纸，只要弄到原材料和设备就能做出榴弹炮了。任正非以这个例子来说明开放交流的必要性。他要求华为的高级干部与专家要多参加国际会议，“多喝咖啡”，与不同的人碰撞，说不定就擦出了火花。就算没有火花，也是大有裨益的。这样的智慧交流和碰撞只要有人成功了就是很大的贡献。华为开这么多务虚会就是为了在战略方向上走正确的道路。这就是“一杯咖啡吸收宇宙能量”。

“咖啡”一词源于希腊语“Kaweh”，意思是“力量与热情”。任正非提倡的喝咖啡，就是希望华为管理者通过与外部的交流，吸取能量，提升自我和组织的热情；通过与外部的交流、碰撞，让自己建立起长远的战略思维，为公司长远生存做出贡献。

6. 做出绩效承诺，并创造价值

为了推动公司的长远发展，各级管理者必须与公司达成共识，有效承接公司的战略目标，并通过行动举措保障战略目标的执行落地。

对此，华为要求各级管理者首先学习并充分理解公司的战略，然后基于公司整体战略和本部门业务，制定本部门述职报告和绩效承诺书（PBC），以此开展各项工作，合力实现公司战略目标。

6.1 干部签订个人 PBC，实现自我督导

每年年初，每位华为管理干部都要从业务目标、管理目标和个人发展目标三个方面去制定个人绩效承诺书，并列举为实现这些目标所要采取的关键行动。

2008年，华为员工L被派往赞比亚，担任MTN 300站点全Turnkey项目合同经理，负责合同履行和变更。作为该地区部第一次交付大规模Turnkey的项目，客户要求12个月内完成交付，包括挖地、打地基、做塔、立设备和开通业务。由于缺乏前期经验，加之当地交付资源不够，项目进度缓慢。项目组每天都要开会讨论项目进展和解决方案，如此持续了近半年，项目组成员身心俱疲。L和站点设计人员Z决定想办法改变这种局面。

5月，L和Z在赞比亚代表处立下“军令状”，承诺60天内交付13个站点。代表处于是把赞比亚Kabwe区域的项目全权交给他们负责。他们启程前往Kabwe，车上除了电脑，只有水和饼干。为了赶工期，项目组经常连夜赶进度。Kabwe站点交付区域非常偏僻，没有通电，站点混凝土浇筑期间需要用发电机提供照明，发电机还经常“罢工”。混凝土浇筑一旦启动就不能停止，L和Z想了个办法，用车灯提供工程现场照明。最终，他们兑现了诺言。

就是这样一张不给自己留后路的“军令状”，让L勇敢地冲锋，取得了项目的成功，也因此改变了他的人生轨迹。众多华为管理者就是通过一张张“军令状”，层层分解工作目标，把压力作为工作动力，把责任作为工作使命，真正做到“言必信，行必果”。

6.2 工作要以成果为导向

PBC的核心是结果，对此任正非强调，要以责任结果为导向考核、评价员工，不能凭考试涨工资，不能凭技能涨工资，也不能以加班多少评价员工。

在任正非看来，绩效考核的维度和要素不能太多，重点要突出。绩效考核的目标不是要把员工管成“乖孩子”，而是为实现企业的战略目标服务，让员工为公司做出贡献。绩效考核要看结果、看贡献，不能本末倒置，为了考核而考核。

因此，任正非认为，KPI（Key Performance Indicator，关键绩效指标）项不能太多，否则考来考去，就把员工的积极性考没了。实际上有些企业的KPI设计得非常细，也非常复杂，既不利于操作，也不利于激发员工的积极性，如此一来，员工就把全部的工作重点放在KPI上了，所有行为都是为KPI服务了。

为了让员工做好手上的每项工作，真正为公司创造价值，管理者要时刻记着最终的业务目标，引导员工做正确的事；要认真审视团队的工作结果，保证团队努力方向的正确性，出发点和动机不同，结果是完全不一样的。

2013年1月，华为一客户经理下办事处时，收到了一单2011年交货品的退货。原来，2011年华为一客户为了缩短货期，没有交付定金就要求签订合同。其中一单合同，客户原来使用的是友商的产品，为了在这一产品上实现突破，客户便和华为的业务人员签订了合同。华为业务人员靠客户关系实现销售额数百万元，可客户并没有实际的资金预算。

由于客户已经习惯了使用友商的设备，因此设备买回去以后，并没有使用，一直存在库房。2013年，客户向华为要求退货。就这样，几千件本已卖出去的货物又回到了华为的仓库。这种不负责任的销售行为，让客户经理感到很痛心。这一笔合同，不仅没赚到钱，反而还亏了。

怎样才是取得成果，是将产品做到客户使用，让客户满意并取得回款，还是仅仅做到将产品送至客户库房？作为客户经理，不只是单纯开拓市场、创造订单，更要为公司经营负责，能回款的订货才是真正的订货。任正非曾说："在干部选拔中，一定强调责任结果导向。"华为管理者就必须以身作则，引导团队以为公司创造收益为出发点来开展各项工作。

6.3　完不成任务的干部要受罚

在华为，根据干部PBC中承诺目标的高低，分为持平、达标、挑战三个等级，一个财年结束后，根据各个目标的实际完成情况进行评估。不能完成承诺目标的干部会受到处罚，除了自己当年度的奖金、分红受影响外，职级晋升也会受到影响。

2013年，华为消费者BG（Business Group，业务组）和企业业务BG因为业绩没有达到年初的承诺目标，消费者BG董事长余承东、CEO万飙、企业业务CEO徐文伟，以及其他两位高管只能履行承诺，无法拿到年终奖。

任正非说："我们的高级干部过去为公司做出过重大的贡献，他们在最艰难的时代坚守华为，都是华为最忠诚的奋斗者，但是现在业绩没有达标，同样也拿不到年终奖。但他们还是华为的英雄，他们以自己的行为践行了华为的核心价值观，为广大员工树立了榜样。华为人从来不怕失败，从哪里跌倒就从哪里站起来，以他们为榜样，加上公司全体员工的共同努力，我相信我们的英雄明年一定会捧回年终奖。”

据华为内部资料统计，从2010年到2012年，3年间，华为共有177位主管因没有完成绩效承诺而被免除管理职位，共有346位部门副职因部门绩效不达标而错过升职机会，除此之外，还有103位中高层管理人员因部门绩效不达标而没有拿到年终奖和配股，有21位管理人员因对下属绩效考核有失公允而被免职。通过这些精准的数据，我们可以看出华为在落实干部绩效责任上的力度。

任正非指出：“市场的竞争会更加激烈，没有人是常胜将军，我们没有能力袒护不称职的干部。”

因此，华为对于绩效责任的追究是十分严厉的，尤其是对于绩效责任主要承担者和发起者的干部，华为坚持执行“完不成任务的干部要免职”的淘汰制度。在如此严格的绩效考核模式下，每位管理干部必须将本团队拧成一股绳，团结一致，全力以赴，确保整个团队顺利完成任务。基于绩效承诺，以结果为导向考核，并用激励与惩罚，拉开高效管理者与普通管理者的差距，有差距才有动力，自然激发更多管理者向高效靠拢。

7. 积极顺应变革，勇于创新

华为能在很长时间保持特别好的发展，其核心就是从成立至今，不停地改变，变得更强。对此华为将“持续管理变革，实现高效的流程化运作，确保端到端的优质交付”作为战略管理的主要方面之一。

7.1　主动调整自己，做管理变革的驱动者

华为轮值CEO郭平曾说：“如今的时代变化太快，但是唯一不变的就是变化，变革就是要做领跑时代的企业，只有适应变化的企业才能生存。”

华为在一系列改革中要求管理者驱动变革，拥抱变革。管理者如果保持现状，只能甘居平庸。挑战才是成就卓越的机会，管理者要主动探寻并抓住挑战性的机会，秉持毅力和决心，在公司内部营造积极的氛围。

在任正非“干部要能上能下”口号的激励下，由市场部总裁孙亚芳带头，所有的办事处主任、市场部的正职向公司集体递交辞职书，然后接受公司的再挑选，从市场部总裁到各办事处主任，每个人都要向公司提交两份报告，一份是述职报告，一份是辞职报告。任正非将根据其表现、发展潜力和公司发展需要，批准其中的一份报告。

这件事当时也被竞争对手称为“炒作”，然而，在1996年通信市场大战爆发前夕，华为市场体系高达30%的人失去了干部岗位。任正非希望借助这次市场部“集体大辞职”让华为人尤其是华为的干部深刻地认识到，在市场一线搏杀的人，不允许有思想上、技术上的落后，必须让最明白的人、最有能力的人承担最大的责任，把“干部要能上能下”落到实处。

市场部“集体辞职”4年之后，华为出台了《关于内部创业的管理规定》，规定凡是在公司工作2年以上的员工，都可以申请离职创业，成为华为的代理商，公司除了给予相当于员工所持股票价值70%的华为设备之外，还有半年的保护扶持期。包括李一男、聂国良两位公司董事常务副总裁在内的一大批华为人踏上了创业征程。

2007年9月底，华为开始实行一项内部改革调整：包括创始人任正非在内的所有工作满8年的华为员工，在2008年元旦前，都要先后办理主动辞职手续，再竞聘上岗，与公司重新签订1～3年合同，同时废除现行工号。

在公司一系列变革中，一批批华为管理者主动行动。集体辞职开了华为“干部能上能下”的先河，让华为的新旧干部能公平竞争，由此激发了员工工

作的积极性。华为高层干部“舍个人眼前微薄利益，搏华为未来蓬勃发展”。就是这样的宽大胸怀与必胜的信念，让更多的华为管理者接受变化，担负起公司发展的使命。

7.2 直面挫折，寻求创新

变革是一条不断探索和优化的道路，在探索中，很可能犯错和遭遇失败。优秀的管理者要有直面挫折和失败的勇气，问题出现了，要能保持积极的心态带领团队找出解决问题的办法。

2011 年，华为将企业业务、消费者终端划分了出来，与运营商业务成为并行的部门。也就是说，华为走上了多元化的道路。当然，多元化并不是说华为盲目扩张，而是紧密围绕着主航道扩大规模，华为曾经还建立过互联网 BG，但很快就被砍掉了，因为华为做互联网并没有优势。这就是华为在管理上执行力强的地方，扩张但不盲目扩张，如果不符合企业的战略目标，就坚决不做。

另外，华为专门成立了 2012 实验室，专攻前沿技术和面对未来不确定性的探索性研究。开发归在各个 BG 下面，仍采用产品线的组织方式。服务、供应链、华为内服等成为支撑平台，华为内部的行政服务已经全部外包给外面的公司，华为内服只是对其进行管理。消费者终端、企业业务和运营商的供应链，都集中在供应链平台上。

但这次变革很快暴露了问题。第一，核心业务不够突出，偏离了主航道，无法达成战略目标，华为的资源也被大大分散了。第二，企业业务严重亏损，华为低估了企业业务的复杂性，扩张太快，导致亏损。第三，各 BG 之间的开发资源不能共享，产品的重复开发现象严重。第四，市场的主维度在组织和管理上被削弱，几大业务 BG 都试图直接进入市场。

2014 年，华为对组织结构进一步调整。在这次调整中，华为重新确立了市场体系中以区域为主维度的模式，这样就避免了企业业务和终端业务都把自己的销售组织延伸到区域，减少了内部冲突。另外，华为把在运营商 BG 和企业BG下的研发组织重新归集到产品与解决方案体系下，回到了大平台下的产品线组织模式上。研发被归集到一个大平台上，解决了产品线之间重复开发的问题，也发挥了华为技术共享的优势。

2015年7月，以“拓展无线作战空间”为目的的华为无线第二届创意大赛拉开序幕，本次大赛以“发现新大陆”为主题，上万华为员工参与其中，诞生2000多个创意，经过专家选拔、大众评审，15位梦想家从数千名参赛者中脱颖而出，登上决赛舞台，为无线未来的蓝海带来了精彩的创新“idea”。

中国电信上海公司副总工程师刘源担任主要评委，他如此评价道：“我感受到了华为公司一流的创新氛围，中国电信也在强调创新，要把这样好的氛围和机制，带到上海电信。这15个创意都非常接地气，很多都是我们运营商在考虑的事情，非常有价值，希望创意大赛能长期举行。”

“选题好，构思巧妙，可行度也比较高，比第一届创意大赛进步很多。”出席大赛的华为公司无线网络研发总裁应为民也夸赞了大赛。他还强调：“通过大赛，激发了华为创新文化的活力，让创新变成习惯。未来是万物互联的时代，无线的空间会更加广阔，希望无线团队能更加开放，更加创新，真正发现我们心中的新大陆。”

本届创意大赛，来自无线网络研究部的张毅，不仅荣获两届创意大赛的金奖，更在本次大赛中贡献了两个创意，还摘得银奖。

创意大赛的落幕，也意味着新一批创新项目“孵化”的开始。2014年创意大赛的成果如环抱型轻站、抗晃动天线技术、新型室内定位等都已进入样机开发阶段。据华为无线创新投资委员会透露，华为每年投入数千万元研发费用，专门用于创新投资。

在任正非看来，21世纪是开放的世纪，企业之间既存在竞争，又需要保持合作，在合作中竞争，这是时代的潮流。竞争迫使所有人不停地创新，而合作使创新更加快速、有效。竞争对手多方位、多层次的竞争，逼得华为不敢有任何一点疏忽，稍有不慎就会落后，企业不仅在技术上要不断创新，更要在管理上不断创新。

第2章 以身作则——引导队伍走向胜利

我们提倡的不仅仅是个人的进取精神，还是你领导的一个群体的进取与敬业精神。没有你个人的进取与敬业精神，你所管辖的人和事就不会不断得到优化，不断提高效率；没有你领导的群体的集体奋斗，流程不和谐，就会产生阻力，降低效率。

1. 任正非就是华为的精神领袖

克劳塞维茨在《战争论》中写道："要在茫茫的黑暗中，发出生命的微光，带领着队伍走向胜利。"作为华为的创始人，任正非一方面是华为的"战略导师"，在大的战略目标和企业追求上指引华为前行，另一方面，他又是华为的"行为教练"，以具体的行动为华为员工做出表率。当企业领导者成为榜样时，他的感召力会更加强大。华为多年的发展历程，就是一部任正非用自己的精神和行动聚集并激励无数华为人的奋斗史。

1.1 战略导师，作为"头狼"带领狼群前进

马云说，梦想还是要有的，万一实现了呢？任正非当然也有自己的梦想，但他非常清楚自己的不足，他不是一个技术专家，这早在华为成立之初就是人尽皆知的事实。但任正非深知，作为领导者，必须要有远大的抱负，制定长远的规划和战略，从一开始就给华为确立好前进的方向。他坚信，他的组织才能加上其他高管和员工的 IT 背景，定能创造奇迹。任正非曾说过："我不懂技术，不过我可以让大家朝着共同的目标努力。"

1992 年，任正非站在一个纸箱子上，冲着下面六七十位员工狂喊：华为要超四通。当时华为员工的第一个反应是，老板脑袋"进水"了！华为那时候销售额还不到 1 亿元，而四通的销售额则是 20 亿元，华为怎么可能超过四通！结果依靠 C&C08 的成功，仅用 3 年时间，华为就超过了四通。任正非创办华为，显然是有追求的，他肯定不会满足于只是超过四通，他还有更为远大的目标。任正非提出：未来通信制造业三分天下，必有华为一席。

任正非很清楚，既然选定了航道，有了前行的方向，那么接下来就是扬帆远航，然而华为毕竟是一个年轻的企业，尚存在许多不足。为了企业的生存和长远发展，就必须要有一个根本性的"纲领"确立华为的核心价值观，

明确华为的使命、追求、愿景，解决华为现有或未来可能出现的问题。

1996 年，应华为邀请，彭剑锋、吴春波、包政等中国人民大学的专家来到华为，为华为设计营销考核体系。在这个过程中，任正非提出，对华为公司的发展历程进行系统的梳理和总结，找出普遍性、规律性的部分，整编成一部管理大纲，指导华为未来的成长和发展。

于是，专家组的任务变成了起草华为管理大纲，也就是后来的《华为基本法》。很快，专家组给华为发去了《华为基本法》的起草提纲，但这份提纲任正非不太满意。任正非指出：提纲只强调了对员工的约束，没有解决员工的动力问题。只有规则没有动力，企业就会成为一潭死水，缺乏活力，要在提升动力的基础上健全约束。

1996 年 12 月 26 日，《华为基本法》第四稿刊登在《华为人》上，在华为内部启动大讨论，华为各级各部门围绕着《华为基本法》的内容展开了激烈的辩论。1998 年，数易其稿的《华为基本法》终于面世，分为 6 章 103 条，共计 16400 字。

如今，《华为基本法》已经面世 19 年，至今仍指引着华为的航向。它不仅仅是一部企业的管理大纲，更是华为发展历程的一部分，是华为文化和核心价值观的重要组成部分。如果说华为是一群狼，那任正非就是狼群的头领，凭借着敏锐的嗅觉，带领着整个狼群不屈不挠、奋不顾身地冲锋。

1.2　行为教练，以一言一行感召员工

任正非作为华为的“战略导师”，为所有干部树立起远大理想，确立航道，激励着一批批员工朝着目标前赴后继。同时，他又是华为人的“行为教练”，无声之中以他的一言一行感召着员工砥砺前行。

任正非一再倡导“以客户为中心”“建立不打领带的客户关系”，他也将这种价值观体现在与客户的每一次互动中。

2004 年，华为与文莱电讯公司在文莱一家酒店举行华为承建文莱 NGN

（下一代网络）的开通仪式。这是当时全球规模最大的商用 NGN 网络之一，华为特意邀请了全球40 多家运营商共同出席会议。4 月 22 日一大早，任正非就站在会议大厅门口，手持名片，挨个向入场客户发放，并说道：“您好，我是华为的，我姓任。”一些初次与任正非见面的客户，看到名片上的姓名、头衔以及任正非本人时，都惊讶不已。任正非以及华为人如此重视客户的态度，感动了每一位客户。

任正非并没有因为自己是华为总裁，就与其他普通员工有所不同，而是以身垂范，积极和客户建立关系，为众多华为员工树立了一个良好的榜样。当他提出华为员工要保持与客户之间“不打领带的关系”时，员工往往也会发自内心地执行。

华为山东代表处新人李东带一批客户参观。参观民俗村时，有小贩试图向客户推销商品，被李东拦住了：“这是我的客户，请不要打扰。”参观完后，一位高级客户经理对他说：“小李，记住，不要用‘客户’这个词称呼他们，我们和客户公开场合是合作伙伴，但私下里就是朋友。”把客户当成朋友、家人，一直深深影响着李东。在之后的工作中，与客户不再有工作接口关系时，李东和客户就以朋友和兄弟相称。他一直留着济南的房子没有卖掉，一位老客户曾对他说：“不管你调到天涯海角，每天看见你的房子，感觉你还在身边。”后来，客户在他们假期时都会带着家人到李东现在工作的地方看他。

一次，某省一位外派的客户主管即将返回公司就职，李东一行三人凌晨五点钟就开车前往机场，下车直奔航站楼。客户出来时，就看到了两个举着牌子傻笑的家伙。然后他们陪同客户一起转机返回。一天早晨，他们完成了一位重点客户的接待。后来客户回忆起这段插曲时说：“真没想到，刚回国看到的第一张脸，又是华为的。”他并表示在未来很看重与华为的合作。

华为员工把这种“不打领带的客户关系”做到了极致。可见任正非对华为的影响无处不在。身为领导，通过自身的行为来领导，有时比通过命令来领导更有效。

2. 理解和认同企业文化，以行践言

任正非曾说："资源是会枯竭的，唯有文化才会生生不息。"在任正非看来，企业核心价值观是一个企业可持续发展的不竭动力。华为所做的和所坚持的，虽然不过简单三句话：以客户为中心，以奋斗者为本，长期艰苦奋斗。但要将这三句话落到实处，却需要所有人共同努力。

2.1　用行动贯彻"以客户为中心"

有了明确的目标和方向，接下来就是执行。"其身不正，虽令不从"，作为领导，只有让自己成为榜样，才能让下属信服。管理者作为企业共同价值观的代言人，应该认真践行企业共同价值观，用自身行动传播企业文化。

2004年底，华为从荷兰一家小运营商那里了解到，由于站点租金、工程施工等建站总成本太高，运营商迫切需要一种既节省机房空间又能快速实施部署的全新解决方案。时任无线产品线总裁的余承东和项目组成员一起深入一线，到站点考察，讨论方案。在实地勘察和不断交流、碰撞中，诞生了一个大胆的想法——分布式基站，即基站室内部分做成像分体式空调一样，体积只有DVD一般大小，大部分功能放在室外。

负责方案实现的总设计师吴旺军，带领算法、硬件、软件等关键技术骨干，将办公室直接搬到了会议室，一边设计开发，一边讨论。

孟庆峰是算法组的一名员工，他对当时激烈的技术讨论记忆深刻：电路互联、光模块互联如何实现？可靠性如何实现？硬件散热安全等如何考虑？吴旺军在这个创新方案的实现推进上异常坚定，每次开技术讨论会，他先放出话来："方案不确定，不能回去，不同意这个技术点的，留下来继续讨论。"

一年以后，这款被业界称作"架构型的颠覆性创新产品"在上海研究所实验室诞生。相对于传统基站，分布式基站体积减少到原来的十分之一，重量减少到原来的十五分之一，所有部件都可以手拎到现场，工程部署不再费

时费力。

2006 年 7 月，由于分布式基站大大降低运营商建站成本，华为大份额中标 Vodafone 西班牙 3G 网络，由此撬开了欧洲市场的大闸，在拉美、独联体、亚太等地区也是遍地开花。

正是因为以任正非为首的华为领导干部以身作则，坚持一切以客户为中心，急客户之所急，想客户之所想，十几万华为员工才无不为之奋战，将华为核心价值观贯彻到日常工作中。

2.2 胜则举杯相庆，败则拼死相救

在任正非看来，华为还没有成功，只是暂时还没有失败而已。因此，华为管理层首先把自己当作一个“奋斗者”，始终谨记华为“以奋斗者为本”“长期艰苦奋斗”的理念，“胜则举杯相庆，败则拼死相救”。

2013 年整个电信行业业绩惨淡，华为也受到了一定的冲击，但仍然交出了一份不错的成绩单。2013 年华为在运营商市场保持了 10% 的增长，企业业务市场和消费市场也有 10% 以上的增长。

另外，据华为 CFO 孟晚舟透露，2013 年华为的年终奖总额达到 125 亿元人民币，比 2012 年增长了 38%。但并不是所有人都拿到了年终奖。虽然华为公司整体业绩达到预期目标，但消费者 BG 和企业业务 BG 因为业绩没有达到年初制定的目标，消费者 BG 董事长余承东、CEO 万飙、企业业务 CEO 徐文伟，以及其他两位高管决定履行承诺，自愿放弃年终奖。华为还特意给这几位高管颁发了“从零起飞奖”。华为董事会秉承“胜则举杯相庆，败则拼死相救”的传统，董事长孙亚芳、总裁任正非、CFO 孟晚舟，以及三位副董事长郭平、胡厚崑、徐直军也都宣布主动放弃奖金，以此勉励其他干部和员工。

这次“华为式”的年终奖，可以说是华为独特企业文化和核心价值观的直接体现。一方面，华为公司的业绩虽然超出预期，但没能完成承诺的业绩，高管只能履行自己的承诺，放弃年终奖，让更多的华为中基层骨干员工受益。

另一方面，任正非等董事会成员更是以身作则，深明大义，担负起践行“以奋斗者为本”理念的责任。

3. 干部要有基层工作经验

任正非认为，“宰相必起于州郡，猛将必发于卒伍”是很有道理的。新加坡 Kaizen 学院主任杜阿尔特指出：“领导力的获得并不是因为出身或任期的长短，而是通过每一次机会的锻炼，人们经常撰写或谈论领导力的话题，但往往很少有人去付诸实践。只有通过实践，影响和感染他人，才能脱颖而出，成为一个优秀的领导者。”

3.1　选拔有基层成功经验的人

华为的《致新员工书》中就指出，公司永远不会提拔一个没有基层经验的人做高层管理者。所谓没有调查就没有发言权，如果一个领导对他所负责的工作缺乏认识，又如何让下属信服呢？任正非说：“真正的英雄，都是从本职工作成长起来的，在本职工作中展现出自己的才华，不能刻意塑造英雄。”

华为内部流传着这样一个故事：华为一个普通员工，刚到华为不久，就公司的经营战略问题，洋洋洒洒写了一封“万言书”给任正非，任正非回复说“有病看病，没病开除”。

一个普通新员工刚到公司，对公司的了解是有限的，如果自以为有才华，眼高手低，不愿意真正深入公司基层了解，是不可能当好领导的。

孟晚舟 1993 年加入华为，最初在公司从事行政工作，做的就是一些打杂的活儿，比如接电话、复印文件等。对此，任正非说：“社会阅历的第一条是对人要有认识，打杂的经历有助于积累这些经验。”

通过一段时间的艰苦奋斗和学习深造，1998 年孟晚舟从行政转到财务工作，在新的部门依然从基础做起，通过不断的学习、实践，她历任公司国际会计部总监、香港华为财务总监、账务管理部总裁、销售融资与资金管理部总裁等。

就这样，孟晚舟踏踏实实地干了20年，直到2011年4月17日担任华为常务董事兼CFO。此时，周围的人才知道她是任正非的女儿。

在华为，所有干部都是从基层做起，在工作中不断地提升自己，坚持艰苦奋斗，为公司创造价值，逐渐获得公司和广大员工的认可。任正非的女儿孟晚舟虽然已是华为常务董事兼CFO，但她也是从基层做起，一步一步爬上来的。

华为如此重视管理干部的基层工作经验，是希望他们具有科学决策的能力。在新的市场环境下，干部只有拥有成功的实践经验，才能避免在管理工作中“瞎指挥”。

3.2 “之”字形成长，干部要有跨领域经验

华为的干部政策，第一，强调具备基层成功经验；第二，具备全球的视野与跨文化的管理经验；第三，强调中高层干部需具备跨领域的工作经验。华为干部成长路线是“之”字形。在任正非看来，高层干部要做大事，就要对多个领域有所了解，做业务的要懂财务，做财务的也要懂业务。

岗位调换培养的是干部适应新环境的能力，加强其对企业各部门业务的全面了解，并提高对全局性问题的分析能力，扩大知识面，开阔眼界，也能使企业更具有活力。

毛生江从1992年正式进入华为，到2000年成为华为集团的执行副总裁。在这8年的时间里，毛生江被频繁地更换岗位和工作地点。有时候，连他自己都不确定自己在第二天会被派去哪个部门，要飞往哪个城市。

后来统计，毛生江在8年的时间里，横跨了8个部门的工作岗位，职位也随之变动了8次：1992年12月任项目组经理；1993年5月任开发部副经理、副总工程师；1993年11月任生产部总经理；1995年11月调任市场部代总裁；1996年5月，任终端事业部总经理；1997年1月任“华为通信”副总裁；1998年7月任山东代表处代表、山东华为总经理；2000年1月，被任命

为华为执行副总裁。

毛生江的故事并非特例，实际上许多华为人都有这种经历。古人说，“人非生而知之，而是学而知之”。岗位调换一方面是让干部了解其他业务领域，另一方面也是让干部在新的领域不断学习，适应新环境。

2007年，任正非在委内瑞拉与员工座谈时，销售部一员工提出疑问，总部经常向他们要各种数据和表格，今天这个部门要，明天那个部门要，每个部门的要求还不太一样。他说总部机关能不能做一个信息平台，加强共享，减少重复报送信息的现象。

任正非对此评论道：“我看回去可以让你们管理机关，让机关的人下来。每天晚上还给他发一些无用的报表叫他填，让他体会一下。干部不在前线，脱离实际，能指挥好这个战争吗？”

因此，华为坚持从基层寻找有成功实践经验的人到机关做干部，只有到前线，深入实际，才能了解基层和上、下游业务部门的需求，才能够发现问题、解决问题。华为一直倡导在实战中学习，真正面向客户，通过到一线作战现场去实践、不断地去碰撞，提升工作能力。

4. 把职务看作一种责任

任正非说：“区别一个干部是不是好干部，责任心和使命感是很重要的标准之一。”肩扛千斤谓之责，背负万石谓之任。敬业永远是华为的主旋律。从高层干部到基层员工，在自己的岗位上都应该切实做到恪守职责。

4.1　耐得住寂寞，“板凳要坐十年冷”

干部要耐得住寂寞，不被外界的因素诱惑。华为人经常说，“板凳要坐十年冷”。每一个岗位都有它特殊的价值。在华为，众多的人默默坚守在他们普通而平凡的岗位上，持续奉献着自己的力量，他们甘于寂寞，不为一时的利益所动。

1998 年入职华为的赵凯，一直从事项目管理工作，先后负责过公司多个项目的组织与管理。最初他在华为负责 A8010 产品的项目管理时，华为的产品开发流程还在摸索阶段。于是，赵凯一边跟相关部门讨论一边规划。2000 年 8 月，他又负责网上问题处理、客户投诉及建议管理等 13 项工作。这些事他没有任何经验，也找不到其他人请教，只能摸着石头过河，硬是把体系建了起来。

华为内部经历过多次组织变革，部门说撤销就撤销，有时候，他也不知道自己该向哪个部门报告，业务量不断增加，这令他非常苦恼。他反复思考：工作到底是给谁做？客户需求，他找到了答案。经过多年历练，赵凯成为路由器准入测试的第一接口人，无论国内外项目多么紧急，他总能快速厘清项目的轻重缓急，在多个部门之间协调资源，组织项目开展。路由器 700 多次准入测试，他梳理得一清二楚。“板凳要坐十年冷”，十年下来，赵凯依然心态平和。

有一个职位，就有一份责任，岗位不同，职责也不同。作为领导干部，要承担起本岗位的职责，首先要清楚自己的岗位责任，对所任职务需要做些什么、存在什么问题、重点和难点在哪里，均应了然于心；在明确了自己的岗位职责后，扎扎实实地做好手上的每一项工作。

余洋 1995 年加入华为，从基层工程师做起，其间做过服务、行销等工作，既有在代表处直接与客户接触，也有在机关做事务性工作的经历，既去过边远城镇，也驻扎过海外地区。

在湖南装机实习时，华为的工程安装制度还没有完善，部分要求和规范也没有那么细致。虽然规范上没有要求，但他仍留心做好细节，把线头做得很整齐、很漂亮，当时因为这个细节还获得了客户的肯定。后来余洋调到负责回款的部门，这是一个业务相对烦琐、单调的部门，但他并不认为这是一项简单的工作，而是和团队一起仔细研究业界是如何管理回款的，借鉴其经验，引入了好的方法，并成功地应用于公司的回款工作。

回首过去，余洋感慨道，公司在不断发展的过程中，他自己也在不断地成长和进步。多年来，华为除了给他们提供了一个展示自我的大平台，还教会他们如何不断进取、如何不断奋斗。

所谓干一行爱一行，对华为人来说，则是在一个岗位，就爱一个岗位。公司在不断地发展，工作岗位和工作环境也在发生变化，但不管在哪一个岗位上，无论干部还是员工，敬业、恪尽职守都应是不变的格调。

4.2　面对危机，坚守工作岗位

华为管理干部的责任担当，不仅仅体现在日常工作中，更体现在他们在危机下的坚守与担责。在任正非看来，干部在团队面对危难时个人的勇气、冷静沉着与周全安排，对于组织的稳定与人员的安全尤其重要。

2017 年 9 月 19 日，墨西哥中部莫雷洛斯州发生 7.1 级地震，震区通信部分中断。华为人马上行动起来，联系上客户，得到客户授权，开始帮助客户排查网络。组建维护客户网络的团队，按流程组织灾情通报；GTAC 团队开始根据客户网络授权，检查网络灾后受损情况，每小时给客户发网络诊断报告。震后 1 小时，有的本地员工家里受灾，被安排回家救灾，其余人员经过客户授权，转战客户办公楼，在网络运维作战室集结。

客户需要全面了解受灾网络的影响，才能制定抢修策略。于是他们兵分多路，全力帮助客户排查网络影响，提供恢复方案和意见以支持客户下一步应对策略的制定。

客户提出要全力恢复网络通信，并且全国话务免费 5 天。这意味着未来话务量将会面临激增，通信保障的压力会进一步加大。华为需要帮助客户恢复业务，也需要帮助客户制定计费策略变更方案和大话务保障方案。华为系统部的交付部部长同期抵达运维中心，与客户探讨通话和网络保障计划及应急方案。华为向客户承诺，在明天早晨话务增长之前将方案准备好。

第二天早上6点，保障团队完成针对客户网络的大话务保障方案，并将方案带给客户，让客户踏实地应对各种风险，一切按照计划进行。在跟客户一起现场值守三天三夜后，客户COO和企业代表亲自到作战室感谢整个保障团队所做出的努力，特别感谢华为在这几天提供的支持和帮助。

面对危机，华为人总表现出沉着、冷静、互相关爱。在灾难面前，华为人团结一心，坚守岗位，牢记自己背负的责任，时刻铭记维护、保障使命，团队作战使命必达。任正非在内部讲话中指出，华为要选拔那些有使命感和职业责任感的人，让他们成为华为事业的骨干。

5. 远离舒适区，持续艰苦奋斗

华为董事长孙亚芳在谈到华为的奋斗文化时说："我们没有任何稀缺的资源可依赖，唯有每个人保持艰苦奋斗的精神，才能持续为客户、为社会创造价值，在这一过程中，奋斗者自然能获得合理回报，实现个人成长。"

5.1 "垫子文化"铸造了今日的华为

任正非曾经表示：华为给员工的好处就是"苦"。"苦"后有什么？有成就感，自己收入有改善，看着公司前进方向有信心，这就是华为吸引人才的地方。

华为创业初期，五六个研发人员在没有资源、没有外部条件的情况下，不畏艰辛地工作，不管节假日，更不分白天和晚上，累了就在地上垫点儿东西睡一觉，醒来接着干。这就是华为的"垫子文化"，是华为人艰苦奋斗精神的象征。

孟子说：故天将降大任于斯人也，必先苦其心志，劳其筋骨，饿其体肤，空乏其身。在最艰苦、最困难的地方，总能看到华为员工奋斗的身影。

王军2007年7月加入华为，一直在北非艰苦地区工作，他来到海外的第一个项目就是利比亚Turnkey项目，300个TK站点包含设备。这对于当时的利比亚代表处已经是一个大项目。王军加入项目后，担任计划控制经理。项目前期问题层出不穷，客户项目经理对华为非常不满意，多次投诉到高层，导致该项目已经换掉了三任项目经理，到王军接手收尾项目时，已经是第五任项目经理。王军把客户反映的问题一个个记下来，回到办公室，分析问题，制订解决方案，再和客户沟通，一点一点地解决问题，一步步获取客户的信任，也赢得了项目组领导的信任。6个月后，这个原本过来出差支持的新员工被留在了利比亚代表处，并开始担任项目经理。

2008年11月，项目一期顺利关闭。经过这个项目的历练，王军对项目管理有了扎实的理论基础和深入的业务实践。他针对前期管理中的诸多问题进行优化，这样一来，交付进度加快了，质量也提高了，他还带领团队和分包商亲自爬铁塔检查安装质量。王军还和客户成了好朋友，他们一起踢球，共进晚餐，一起做电子相册记录大家合作的经历。2010年，王军获得华为“金牌项目经理”称号。

越是艰苦的地方，越是能锻炼人的地方，个人成长的速度越快。任正非强调，华为在主航道进攻，这意味着华为正在向着未来的方向突破，厚积才能薄发，没有艰苦奋斗的精神，是不可能有所突破的。

5.2 思想上的奋斗，哪里都有“上甘岭”

艰苦奋斗并不是艰苦岁月或艰苦环境下的特殊要求，艰苦奋斗带来了繁荣，但假如繁荣以后不再艰苦奋斗，就会失去这些繁荣。市场竞争日趋激烈，市场环境千变万化，只有持续艰苦奋斗，才不会被时代的大潮抛下。任正非指出，华为要提高认识，在思想上继续艰苦奋斗，长期保持进取、不甘落后的态势。

在一次员工座谈会上，华为产品部一名员工提问，感觉自己任务繁重，公司设定的目标也比较高，不知道算不算“上甘岭”。

在任正非看来，“上甘岭”是不收获粮食的，但是“上甘岭”丢了，收获粮食的地方就没有了。“上甘岭”不是一个地名，而是在每一个人心中。什么是“上甘岭”？心中有“上甘岭”就是“上甘岭”。华为的员工如今刚好二三十岁，正是人生风华正茂的时代，要远离“舒适区”。只要肯努力、肯奋斗，任何一个地方都是“上甘岭”。任正非说：“难道欧洲就不是‘上甘岭’了？欧洲的市场竞争那么激烈，标准也是最严格的，达到欧洲标准可不是一件容易的事情。成都移动的割接项目，难道不是‘上甘岭’？不要把生活的艰苦、工作的艰难和自己的努力学习完全分割来看，好像‘上甘岭’一定是艰苦地区。”

思想上的艰苦奋斗，就是指要踏踏实实做好本职工作，更多地从客户的角度出发，不断地提升为客户服务的质量。

金丹2012年加入印度尼西亚E项目，这是公司级的竞争项目，项目周期长达三年。用金丹的话说，三年中一直在黑暗中守望天边的曙光。

三年间，金丹从经常出差支持到常驻印度尼西亚，经历了项目的各个阶段。客户对技术要求高，时间却给得很少，而且客户需求不断在变，给项目组的响应时间往往很短。项目LTE投标时，客户要求一个月交标，1000多页的标书，8000多项的SOC，难度和压力可想而知。项目组克服人手紧张的问题，连续奋战一个月，最终准时交标。交标的最后一天已是凌晨3点。

接下来的工作又是无数轮的技术澄清，每一次都要按照客户新的要求重新进行商务汇报、测算。就这样投标持续了12个月，成为代表处投标周期最长的一个项目。但金丹和她的伙伴们坚持了下来，赢得了项目合同。

华为所倡导的聚焦到客户身上艰苦奋斗，成为金丹的切身体验，华为人凭着思想上的艰苦奋斗不断地攻克一个个难题，越过一个个险滩，在世界范围内攻城略地。又凭着思想上的艰苦奋斗，聚焦客户，不断进取，提升了华为整个组织的活力。

6. 敢于自我批判，不断进步

自我批判，是华为一道独特的风景线。任正非强调，华为倡导自我批判，但不提倡相互批判。因为批判不好把握分寸，如果批判用力过猛，就容易导致队伍之间产生矛盾。而自我批判，多少会手下留情，不会对自己下猛力。华为的自我批判不光是个人的自我批判，组织也要进行自我批判。

6.1　自我批判从高级干部开始

华为的自我批判思想是伴随着华为自身发展出现并不断演化的。任正非很早就意识到华为的组织黑洞：山头林立，主义盛行。他认为这些东西撕裂了组织，扭曲了组织的精神和凝聚力。在一定程度上，他的危机意识催生了华为自我批判思想的产生。任正非说："这个时代前进得太快了，若我们骄奢自满，原地踏步三个月，就注定会从历史上被抹掉。正因为我们长期坚持自我批判不动摇，才活到了今天。"

华为自我批判包含以下五个维度：

一、持续吸纳客户对公司的批判，并转化为对组织的自我批判；

二、持续吸纳全体员工对公司的批判，并转化为对组织的自我批判；

三、自发组织对公司的自我批判；

四、高层自主地、定期或不定期组织自我批判活动；

五、把是否具有自我批判意识作为选拔管理者的标准。

在任正非看来，自我批判，实际上是一个人或组织运用理智、自律和自我控制力进行自我领导、自我管理的过程，能够让华为人从思想和观念上吐故纳新，不断提升服务质量。华为人必须坚持自我批判，只有强者才会自我批判，也只有自我批判才会成为强者。

任正非曾在文章中对自己做了深刻的批判，他写道，我的缺点和劣势是明显的。大学时代，我没能参加共青团，因为优、缺点都过于明显。后来我参了军，在军队这个大熔炉里，虽然非常努力，但是也不能加入中国共产党。我加入中国共产党是在粉碎“四人帮”以后，上级领导认为我有重大贡献，并且觉得我是符合入党条件的，我这才入了党。我埋怨不了任何人，他们的确指出了我的不足。我们公司以前有位员工，后来离职去了美国，他走的时候跟我说：“你这个人只能当老板，如果你要打工，没有公司会录用你。”

在华为，自我批判是从高级干部开始的。华为定期组织开展民主生活会，在中高层每三个月或半年举行一次，每个人不仅要讲自己的问题和不足，不能推诿责任，而且要从最根源处挖掘问题或不足产生的原因，并为其他成员全力提供帮助和支持。

2010 年 11 月 25 日，任正非与华为董事长孙亚芳，常务副总裁徐直军、郭平等高层管理人员举行座谈会。当时，由于华为长期维持低调的形象，导致外界关于华为的流言满天飞，对华为形象造成了一定的损害，同时也让一些员工对公司产生了困惑。

会上任正非检讨了自己领导风格对公司品牌战略的负面影响。任正非说：“我的观念相对陈旧，过去我不怎么和媒体打交道，和媒体打交道的方法是存在障碍的，但华为才二十多岁，是朝气蓬勃的小伙子，需要被世界正确认识。外界对华为的误解，很重要的原因是我们不主动与别人沟通，甚至连被动的沟通我们都害怕，还把这当成了低调。在舆论面前，公司长期的做法就像一只把头埋在沙子里的鸵鸟。我可以做鸵鸟，但公司不能。”

任正非鼓励华为宣传部门不要害怕对外说错话，要把个人风格和公司风格区分开来，要塑造华为公司的形象，而不是某个人的形象。公众可能搞不清个人形象和公司形象的区别，但华为自己要把它们区分开来。如果不区分开来，华为的宣传永远定位在一个不正确的位置上，就把公司给耽误了。

自我批判是一种工具，运用好这一工具，便能提升组织的活力，加强内部的管理，关键在于批判的内容、批判的形式，以及批判的目的，不能为了批判而批判。实际上，有不少企业也开展自我批判，但要么导致内斗，要么流于表面，鲜有成功的。华为一位高管感叹道：“自我批判尤其是思想批判不好掌握。华为为什么做到了？一是领导层带头，二是妥协。一般企业做不到这一点。”

6.2　持续自我批判，避免孤芳自赏

一个企业在发展顺利的时候，各种问题很容易被掩盖，管理者便容易自我膨胀。华为提倡自我批判，正是为了要避免干部在管理上孤芳自赏。

任正非在内部讲话时指出，通过自我批判，各级骨干要努力提升自己，时刻保持清醒，逐步走向职业化、走向国际化。自我批判是个人进步的好方法，不能掌握这个武器的干部，就不能提拔上来。

1997年，延俊华加入华为，他被安排到西乡中试制造部调测设备，人非常多，调测大厅显得十分拥挤。一天早上，他发现电源插座不翼而飞，向经理了解后才得知人太多，电源插座不够用，哪个组没人就拔下来先用。延俊华显得很无奈，说：“这不是解决办法，这样拔来拔去大家谁也干不好。”于是，他让秘书找了一个新插座。第二天，插座又被人拔走了，再去找经理，经理让他自己想办法解决。他只能“入乡随俗”，去拔别人的插座，后来连鼠标、键盘也常被人拿走。

还有一次，延俊华让焊工帮他修一块管脚碰歪了的SDH板子。用针头拨正就行了，然而焊工发现针头不见了，就用镊子拨。由于管脚太密，镊子太大，一下把管脚搞断了，价值几百元的芯片就这样报废了。延俊华只得换片子，而换片子的工具也不合适，导致板子铜铂损坏，结果价值35000元的整个板子全报废了。这一切只因为工具不知被谁拿走了。

在别人看来，一件小事也许无关紧要，但延俊华看到这些每天都在发生，大多数人似乎习以为常，在这样的环境下，效率永远无法提高。于是延俊华给任正非写了一封信，陈述存在的问题，并建议从四个方面改善：一是学习国外先进管理经验；二是改善管理结构；三是任人唯贤；四是警惕管理层蜕变为官场。

延俊华的信反映了华为存在的问题，他不仅仅是指出问题，还针对问题提出建议。也就是说，延俊华是以一个主人翁意识来指出问题的，是将自己视为华为的一分子展开自我批判的。由此可见，华为人对自我批判的认同，以及华为自我批判文化深入骨髓。

2017 年 4 月，华为手机“闪存门”事件爆发，一些网友在购买华为 P10 手机后，发现产品存在性能差异，继而发现 P10 手机使用了不同的零部件，对消费者而言实际上是区别对待。这件事随即引起轩然大波。

4 月 27 日晚，华为消费者业务 CEO 余承东向消费者道歉。余承东反思道：“坚持自我批判，坚持以客户为中心。华为未来还有很长的路要走，唯有以更加严格甚至苛刻的标准要求自己和团队，才能更好地服务消费者。这一事件对华为来说是一次深刻警醒，让我们反思这几年是否跑得太快了？在一路狂奔向前的路上，是否坚守了初心？是否以身作则，认真践行了华为的核心价值观——以客户为中心？我们要深刻自省，真正地听进去不同的意见，做出最真诚的回应，并迅速改进。我将带领消费者业务管理团队到零售店、服务店站店，深入一线与消费者近距离沟通，从而改善我们的工作流程、服务态度，用实际行动担当起全球消费者赋予华为品牌的信赖！”

面对错误，余承东勇敢承认，主动承担责任，在进行深刻的自我批判后，带领他的团队及时采取措施进行改进。正是这种自我批判、自我反省的意识，才铸造了华为。任正非说：“华为不是和尚庙，开展自我批判的目的不是要我们修身养性，或是搞灵魂深处的‘大革命’。而是要求我们不断地去寻找外在的服务对象，或是更有意义的奋斗目标。”

7. 从泥坑里爬出来的就是圣人

在任正非看来，华为的危机是华为的队伍太年轻，发展又过于顺利，没有真正遭遇过大的失败，抗风险意识与驾驭危机的能力都比较弱，经不起打击。但市场的规律，常常不能完全预测，一个企业总不能常胜，华为总会遇风雨，风雨打湿小鸟的羽毛后，还能否飞起？任正非总是强调华为人要有危机意识，并且要有能从泥坑中爬出来的勇气。

7.1 面对挑战，“努力活下去”

任何一个企业，要进行创新，要开拓新的市场，那就可能遭遇挫折，遭遇失败。只有不怕失败，敢于打拼，才能让企业生存下去。无论是华为最初建立时的“一亩三分田”，还是如今的国际大舞台，处处都充满竞争和挑战，面对这样的竞争格局，面对如此的技术及市场壁垒，华为人只有艰苦奋斗，不畏艰险，勇敢面对挑战，努力活下去。

2015年3月，彭高飞加入南非MTN BULK PO项目群担任NSB模块DPD（项目副经理），这个项目群包括四个A级项目——UPG、NSB、FTTS、MW，也是华为迄今为止所有交付项目中最复杂的全TK项目（交钥匙工程），几乎涵盖华为所有的网络部署业务。项目群有三家厂商中标，华为占最大区域。然而客户线网信息复杂，站点、路权获取困难，分包资源稀缺，计划集成困难。而且华为在南非没有相关交付经验，交付形势不可谓不严峻。

由于没有任何经验借鉴，彭高飞不清楚哪些站点易交付、哪些站点交付困难，只能摸着石头过河，因此出现了一个策略上的失误，刚开始就选择了交付周期最长的绿地站。四个月后，竞争对手交付新建站点37个，而华为只交付了7个。这让客户相当不满意，用邮件和电话向华为代表处的领导投诉。

由于项目重要，加之客户严苛，与客户的每次例会，地区部以及代表处的交付VP（副总裁）都坐镇现场，彭高飞每一次都要同时直面自己的上级和严苛的客户，这使他压力非常大，状态越来越差。

经过反复的思考，彭高飞开始意识到，没有优质团队和优质资源，项目不可能取得成功。于是他利用华为内部的人力资源池，集结资源，用一个月时间组建团队。接着开始梳理内外部流程，整理和分析绿地站、灯杆站、屋顶站、三方站等新建站点类型的瓶颈和难点，制订出交付方案，连接各个子项目，优化流程。通过所有人的辛苦努力，2015年底，华为的新建站点在三个区域大量交付。他们的工作也得到了客户的认可。

在任正非看来，越是最艰难、最困苦的时刻，越能磨炼一个人的品格和意志，越能提高人的能力，也越是打造一支铁军最重要的时候。检验一个公司或组织是否具备良好的企业文化与组织氛围，不是看它一帆风顺的时候，而是看它遇到困难和挫折的时候是如何应对的。

7.2 “烧不死的鸟是凤凰”

华为坚决执行末位淘汰制，有些曾经在干部岗位上的员工被调整了下来，而且有些员工在华为走得一帆风顺，对这些员工而言，实实在在是一个艰难的考验。但是，对于被调整下来或被末位淘汰的干部或员工而言，这并非末日，而是一个新的挑战、新的机遇。只有再次奋斗，重新迎接挑战，才是“英雄”，才是“将军”。

2010年底，地区部两位副总裁告诉刚果（金）销售副代表胡伟，他被末位淘汰了。而这时，家庭矛盾也正困扰着他，内忧外患的胡伟开始心灰意冷，觉得人生太失败了，一度有了离职的念头。

这时，上级让他去埃塞俄比亚发展。埃塞俄比亚长期被友商独家垄断，是华为重点竞争的市场。新的任务让他意识到这是一个再次证明自己、再次爬起来的机会。一周后，他来到了埃塞俄比亚，开始新的战斗。在埃塞俄比亚，他们面对的是友商霸占了整整4年的独家电信市场，但他全身心投入，以更严格的标准要求自己，决心拿下埃塞俄比亚市场，再次证明自己。

胡伟在刚果（金）代表处多年的组织运作和经营管理的经验，在埃塞俄比亚代表处组建过程中找到了用武之地。项目团队的日常组织和具体项目运作都由他来负责，他跟代表处的领导和员工一起，开始全面梳理客户关系，发掘各种可能的机会点。埃塞俄比亚的竞争激烈程度，跟刚果（金）不可相提并论。绝大部分时间，他要么在拜访客户，要么在办公室，反复研究客户关系，分析对手信息，并制定竞争策略，拓展客户关系。在他的带领下，所有人齐心协力，全面完成了公司的目标，还获得了更大的市场份额。

华为人常说，“烧不死的鸟是凤凰”，从哪里跌倒就从哪里爬起来。如果遇到挫折或失败，就意志消沉，浑浑噩噩地过下去，那就只会继续失败下去。只有不断总结经验和教训，面对挫折和失败坚决爬起来，才能成功。

第3章 向上管理——主动帮助上级成功

领导的决策不见得都是对的，华为的领导没有老顽固，发现领导错了，员工就要敢于指出来。敢于去面对错误的东西，努力去纠正错误，又注意有效的工作方法，你就进步了。

1. 顾全大局，具备奉献和牺牲精神

一个优秀的管理者，应该具备强烈的使命感和责任感，以组织利益为中心，以实现公司目标为导向，为企业创造价值，给客户带来更好的服务。

在任正非看来，社会责任感强的人，不看重个人成就感，而是更注重组织成就感，这样的人适合做管理者。在实现组织目标的过程中，作为领导者，就需要懂得顾全大局，为了组织利益适当牺牲个人利益。华为要把那些社会责任感强的人培养成领导者。

1.1 以行动体现大局为重

以大局为重，体现在具体行动上，应该受得了委屈，耐得住寂寞，坚守自己的岗位和责任，要做到这一点，不是嘴上说说这么容易。没有“天将降大任于斯人”的胸怀和气魄，是很难做到的。

在 1992—2000 年的 8 年时间里，毛生江换了 8 次职位，他在华为的职业轨迹也可以说是经历了几次起起落落。有人问他：“你就真的不在乎?”

毛生江想了想，回答道：“说不在乎是不可能的。其实不会有人心甘情愿去经受各种磨难，一帆风顺也好，平平淡淡也好，大部分人是这样的人生。如果真要说有人自愿经受磨难，只能说是虚伪，是在给自己脸上贴金，这不是真实的人生。”

毛生江继续说道：“但是，企业要生存、要发展，总要有人做出点牺牲。如果我的牺牲能让华为继续发展壮大，让一代华为人付出的青春、热血和汗水不被白费，战友们的期望和嘱托不被辜负，那么我个人的牺牲又算得了什么呢?”

的确，毛生江没有让信任他的上级失望，也没有辜负重托，他所带领的项目组克服了无数次困难，经受无数次被磨炼的痛苦后，市场开拓取得了傲人的成绩。2000 年，毛生江就被任命为华为公司执行副总裁。

华为一直倡导领导干部要加强责任感和使命感，任正非曾经要华为干部学习《胡耀邦与平反冤假错案》一书，学完再写心得体会。他认为，华为的干部群体不仅要深刻学习胡耀邦的坦荡胸怀，对党的事业敢于负责任、敢于坚持真理的精神，还要学习革命前辈历经苦难仍赤胆忠心的坚强意志。领导者如果没有责任感，怎么去挑起担子，肩负组织给他的使命？

2010年4月14日，青海省玉树藏族自治州发生M7.1级强烈地震，给当地造成重大人员伤亡和财产损失，通信网络一度瘫痪。

地震发生后，华为公司立即行动，积极与青海省电信、移动、联通三大运营商取得联系，初步了解灾情和通信设施损毁情况后，立即派遣11名通信技术专家与运营商维护专家组成通信抢险突击队，奔赴灾区现场，抢通损毁网络，保障救灾应急通信畅通。此后又调派30余名专家，冒着余震、塌方的危险，克服高山反应、恶劣天气、道路毁损、地形艰险等重重困难奔赴灾区一线，与各运营商一道并肩战斗。

同时，成立“青海玉树地区抗震救灾通信保障小组”，由中国区总裁担任组长，整合解决方案、生产供货、物流、技术支持等资源，紧急启动重大灾难网络恢复保障特级应急预案，开启应急绿色通道，全流程保障抗震救灾通信保障工作的高效、有序开展。

在深圳总部，华为成立远程技术支撑团队，协助一线技术人员对网络问题进行分析，制定应对策略，快速排障，确保问题快速、高效解决；供应链系统紧急启动应急供货流程，全力保障赈灾物资的供应。

在此次赈灾工作中，华为累计投入人员近千人（其中一线技术专家逾百人），设备价值超过2000万元；考虑灾区缺少食品和帐篷，华为西宁保障工作组还紧急采购大量帐篷、药品、食品和饮用水，第一时间调集车队运达灾区。

不仅是此次“4·14玉树地震”，还有“3·11日本地震”“9·19墨西哥地震”等，华为人都在第一时间出发，冲在前线，牺牲自我，保障灾区通信畅通，华为人正是以这样的实际行动体现着他们的社会责任感。

1.2 为组织利益牺牲个人利益

有时候，组织利益和个人利益会发生冲突，这就需要调解矛盾，以组织利益为重，暂时抛开个人利益，甚至在必要的时候牺牲个人利益。任正非不止一次要求，华为的干部要有敬业精神、献身精神、责任心和使命感。

2011 年 5 月 28 日，华为斯里兰卡电信系统部客户经理黄振宇和所有人开会反思系统部重大项目 N 在最后一刻丢失了订单。半年来，黄振宇每天不是和客户沟通，就是在见客户的路上，每个周末都去客户家里，现在却遭遇了重大失利。

黄振宇并不甘心，他决心展开反攻。这一次他对准了重大项目 C，黄振宇带领团队成员在客户正式发标前的三个月就开始布局。邀请客户到总部参观；抓住一切机会逐个拜访客户的资深项目工程师、中层管理人员、高层管理人员，逐渐建立了由点到面的客户关系，并获得了客户中层和基层的支持。

但竞争对手也不甘示弱，和华为展开了激烈的战斗，几番缠斗，项目陷入了拉锯战，而几位原本支持华为的客户中层被调离项目，更是给华为竞标这个项目带来了不利。黄振宇和已经领了结婚证的妻子原本已经定好的婚礼不得不一拖再拖，一年前领的结婚证被压在抽屉最底层。

终于，数月之后，客户开完项目决策会，电话打来，传来客户的声音：项目是你们的了！黄振宇终于如释重负，露出了久违的笑容。他知道自己为这个项目牺牲了太多，但是他也知道这个项目对华为的意义。

在华为，判断是不是一个好干部有几个标准：第一，敬业精神；第二，献身精神；第三，要有责任心；第四，要有使命感。

任正非说："我们的价值评价体系不可能做到绝对公平。如果用曹冲称象的方法，那当然是公平的；如果用精密天平，那肯定公平不了。做到绝对公平是不可能的，世界上也没有哪个企业能做到。我认为干部很重要的一个素质就是献身精神，一个干部如果过于斤斤计较，这个干部绝对做不好，你手下有很多兵，你自私、斤斤计较，下面能和你配合得好吗？"

2. 为上级减负，上级也会帮助你

作为管理者，获得了上级授予的权力，那就要履行职责，要做好自己的本职工作。只有先做好自己的本职工作，才能让上级对你刮目相看，才能把精力用在别的事情上面。

除了做好自己的本职工作，站好自己的岗，还要懂得适时为上级分担，为上级减负。也许有人会有疑问，自己的任务已经很繁重，再去挑上级的担子，是不是适得其反耽误本职工作呢？但是别忘了，你为上级减了负，反过来上级也会帮助你。

2.1 为上级减负就是给自己减负

许多管理者遇到大小事，不管是自己能处理、能决策的，还是自己无法处理、无法决策的，都要先请示上级一番，以获得上级首肯。他以为这样是讨好上级、赢得信任的最好方式。实则不然，你把本该自己决策的事情丢给上级，占据了他更多的时间，这其实是一种不敢担当的行为。

为了提高管理和决策效率，华为各级干部都有自己明确的权责范围，就是为了让干部们在权责范围内自行决策，而不是一味地请示上级。这样，既培养了干部的责任意识，也实实在在地给上级减轻了负担。

1989—1995年，华为创业初期可谓最艰难、困苦的岁月，身为华为总裁，任正非日子很不好过，要处理的事一堆接一堆，各种问题时常不请自来，经常忙得昏天暗地。

这天，华为副总裁郑宝用按惯例主持一个非常重要的研发立项评审会议，任正非也在百忙之中抽出身来参加这次会议。郑宝用看见任正非来到会场，马上跑过去，对任正非说：“任总，你这么忙，这个会就不用来参加了，我会把结果告诉你的，还有更重要的事情等着你去忙。”任正非点点头，听从了郑宝用的建议，转而忙别的事情去了。

在任正非看来，作为下属，应该懂得适时为上级分担。为上级减负，方能更进一步成为出色的领导者。同样，好的上级并不需要事事躬亲、眉毛胡子一把抓，用好了人，下属就会挺身而出，为你分担。

华为沙特阿拉伯代表处技术研发团队中有一位专门负责清单配置工作的本地员工，他给自己取的中文名字叫“大巴”。2009 年 6 月，团队需要开具一种货到付款的票据，可是，中国员工从来没有开过这种票据，加上正赶上代表处业务量剧增，人力紧张，着实让主任张达犯了愁。这时，大巴主动找到了张达，希望能将这项工作承担下来。张达很欣慰，并对大巴说了很多鼓励的话。

担下责任的大巴很快忙碌起来，他每天都不断地跟客户、市场、供应链、财经等沟通、协调，几乎没怎么休息。大巴的忙碌取得了成效，星期一交给他的任务，他在星期三就圆满地完成了，这也大大超出了团队的预期。经历了这件事，大巴得到代表处的认可，被破例任命为产品经理。

上面的事例中，开票据本来不属于大巴的职责，但他适时站了出来，给上级减轻了负担，也给团队减轻了负担。同时，他也获得了展示自己能力的机会，赢得了团队和上级的信任。实际上，如果团队中没有人主动站出来担当责任，整个团队就会处于忙碌无序的状态，做很多无用功，反而对所有人都是一个负担。

2.2 做好本职工作，不曲意迎合上级

企业在发展壮大过程中，很容易滋生出“唯上”的风气，而下属往往也无可奈何，上级说什么就是什么，出了问题也不敢指出。实际上，作为下属，做好自己的本职工作，不“唯上”，不曲意迎合上级，才是应该做的。尤其在一些专业性比较强的岗位上，从专业角度给出最佳解决方案是下属的职责所在。

瑞典的“瓦萨号”战船于 1625 年开始建造。“瓦萨号”的骨架安装好后，

国王古斯塔夫二世却无视造船师的意见，一意孤行，下令增加战船的长度。主造船师亨里克·哈伯特虽然经验丰富，知道这存在巨大的风险，但国王的旨意却不得不执行，他备感无奈，只得奉命行事。1627年，亨里克病逝，他的助手海因·雅各布森接替他主持建造工作。而此时，古斯塔夫二世得知丹麦建成双层炮舰的消息，于是他又决定，为原计划修建单层炮舰的“瓦萨号”增加一个枪械甲板，把它改建成“双层”炮舰，打造当时装备最齐全、武装程度最高的战船。事实上，基于原来设计的横梁和压舱物来说，这些装备显得过高、过长了，但国王的命令没人敢违抗。

1628年，“瓦萨号”战船在万众瞩目中扬帆起航，航行了不到1海里，遇上波罗的海巨大的风浪，战船开始侧倾，因船身过重而加速沉没。在古斯塔夫二世注视之下，“瓦萨号”首航仅仅10多分钟便沉没大海。

任正非非常重视华为内部的风气，坚决要求华为的干部和员工绝不能“唯上”，绝不能曲意迎合上级。踏踏实实做好自己的本职工作才是根本。刻意迎合上级只会使内部腐败滋生，让组织失去战斗力。

一次，任正非去华为驻南京市场部走访考察。市场部一个员工经过调查，做了一份有关新市场开拓的报告，市场部主任认为这份报告不错。正好任正非来了这里，他便想用这份报告去邀功。他去请示任正非：“任总，宋秉诚调研的这部分市场咱们华为涉及很少，您看，是应该加大调研力度还是侧重主流市场？”

任正非听了市场部主任的话，十分不满意，直接批评道：“我就是来参观，来找员工闲聊的，你才是市场部主任，市场方面的事你问我干吗？我看你们市场部思想上还存在问题，市场的问题不是我说了算，是客户说了算，就算我点了头，你就能升官发财吗？凡事都要跟我请示，华为还要你们这些干部做什么？”

只有做好了自己的本职工作，才是对上级真正的帮助，如果做不好自己的本职工作，又谈何为上级减负呢？任正非在内部讲话时说：“要让那些无所作为又会拉拢人的干部下台，特别是迎合领导、不实事求是的干部，优先让他们下台。最好的干部，就是眼睛老盯着客户，盯着做事，屁股是对着我的。一天盯着做事的干部才是好干部，才是我们要挖掘出来的优秀干部，而不是那种会‘做人’的干部。”因此，任正非强调，华为中层和基层干部要先学会做事，再学会做人。华为中层和基层干部一定要会做事，不会做事的干部会议很多、协调很多，但是忙来忙去，都是在浪费企业的资源。

3. 乐意做别人不愿意做的事

企业在发展，市场在变化，作为企业的一员，所处的位置和岗位有时也要发生变化，应时而动。而一个人如果在某个岗位上待了很长时间，要么是念旧，对这一岗位产生感情，要么是因为熟悉旧的环境，不愿意面对新的情况。这是人之常情。但是，作为企业的员工，只有克服这一困难，乐意去做别人不愿意做的事，才能脱颖而出，赢得上司的青睐。

岗位调整在许多企业都很常见，对一个人来说，岗位调整，既是一个新的挑战，也是一种机遇。只有抓住这种机遇，职业路途才会更通畅。

华为在发展过程中，很多时候是主动求变，以应对市场的形势。而华为人总是能以积极的姿态面对这种变革，将变革视作崭新的起点和机遇，以实际行动践行“以奋斗者为本，长期艰苦奋斗”的华为精神。

张俊松一直担任中国区电信系统部产品副部长。2013 年底，他接到领导电话，调任他做 LTC – MCS 变革项目经理。张俊松想到要就此告别工作了 10 年的一线，新的岗位他又完全不熟悉，内心也是惴惴不安。经过一个月的深思熟虑，他认为公司的需要始终是第一位的，多年的历练也应该更好地为公司奉献自己的力量。他下定决心，回到华为总部，担当 LTC – MCS 变革项目经理。

张俊松对这个新的岗位一无所知，团队也只有他一个人，但他还是很快投入了工作。张俊松边学习，边从华为内部招聘团队成员。然而，前来面试的同事虽然不少，但在转岗去新领域面前都打起了退堂鼓，他们的理由也很充分："在原部门做业务顺心多了。"陌生的新领域让他们徘徊和犹豫，张俊松每天都召开说明会，对前来应聘的同事做演讲。他推心置腹地谈起了自己的心路历程，聊公司对变革的重视以及参加变革的价值所在。他的演讲终于打动了他们，许多在一线工作多年的同事陆续加入项目组。

除了岗位调整，也有不少华为人从一开始就活跃在自己不熟悉的岗位和领域，华为人不因一时一刻的利益而谋动，而是乐于去做别人不愿意做的事，正因为这一精神，华为才能一步步走到今天。

1998 年 7 月，以应届毕业生身份加入华为的胡鹏想做硬件开发，却被安排做互联技术，于是，他向研发干部部申请换岗，但终因种种原因没换成。那段时间他闷闷不乐。思想导师见他工作没有热情，便找到他，和他谈心，并解释说互联是硬件开发在物理层实现的二次开发，是国外非常先进的技术，而华为在这方面刚刚起步，这项工作也是很有意义和价值的。于是胡鹏决心在这一领域潜心学习，努力工作。因业绩突出，1999 年胡鹏被派去美国学习，在那里大大开阔了眼界。

2001 年，胡鹏从深圳调到北研所负责 SI（系统集成）工作。这一次，他已经有了心理准备，面对陌生的环境、新的同事，他顶着压力跟大家分析，在数通高复杂、高速信号的硬件环境下，必须同时懂得 SI 和 PCB（Printed Circuit Board，印制电路板）才能有更好的发展，经过一番努力，终于获得了大家的认可和支持。

然而，2003 年，刚刚运转顺畅的部门一下子分出很多人，只剩下十几个人，胡鹏再度迷惘，他这个部门人手少，不是主流业务，影响力小，能做什么？经过思索，胡鹏带领部门一方面做技术储备，另一方面投入重兵，把数通业务做好，之后又拓展出固定台、3G 手机的互联设计业务，获得了业务部门的高度认可，部门逐步发展到 40 多人，业务也越做越强。

在华为，几乎所有的人都将一线看作最重要的岗位，华为人也以在一线工作为荣。但是，许多后勤岗位也需要有人去做。实际上，有不少在一线工作的员工被调往后方，但他们都以公司利益为重，乐于接受新的岗位。

华为员工王凡在海外一线工作四年后，回到国内。第二天王凡就急不可耐地到办公室报到，上级领导安排他去无线 Marketing（市场）质量部工作，从事质量管理和业务管理等工作。

王凡一下子愣住了，在他看来，QA（质量管理）就是个张口说流程、闭口写 Review（评审）报告、到处 Check（检查）的地方，过于死板。作为华为人，王凡身上还是有一股不服输的劲，虽然这个新岗位有些出乎意料，但他还是决定服从组织安排。几天后，他开始在无线 Marketing 质量部负责业务管理质量工作。

老同事们有些不解，因为在他们看来质量部是养老的地方，所有人都问他："为什么去质量部呀，是不是想去养老呀，是不是没有什么动力了？"王凡便说："公司的政策变了，今后要让懂业务的人管理业务，质量部也是很重要的部门。不能再像以前一样，做业务管理的人都不懂业务。不管是一线还是后方，都是战士。"

这是众多华为人职业生涯真实写照的一个缩影。他们看重的是未来的职业前景，而不是满足于当下的安逸。只要公司需要，一声令下，华为人会整装待发，冲向前线。

4. 配合好上级的工作节奏

全球著名管理学大师汤姆·彼得斯针对美国管理效率低下的问题专门指出："美国头号管理效率问题，实际上并不复杂，就是管理者与自己的员工还有客户联系太少，接触太少。我所说的保持接触和联系，并非指通过计算机、内部邮件或在没完没了的会议中所进行的接触，而是指真诚的和发自内心的交流和沟通。"汤姆·彼得斯的话从侧面提示我们，作为下属，更应该积极主动，强化和上级的沟通，实现无缝对接，以配合上级的工作节奏。

4.1　强化沟通，实现无缝对接

在实际日常工作中，不管是员工还是管理者，都很清楚沟通的必要性，管理者希望团队成员自由交流信息，员工们也有着强烈的沟通意识。然而事情并不能按照预期的方向发展，沟通过程中总是存在诸多障碍：有些人不愿意打扰同事或上级的工作，觉得等工作结束以后再沟通也无妨。这种错误的观念造成了沟通滞后，而沟通滞后就意味着被动、信息受阻、机会丧失，既打乱了自己的工作节奏，也打乱了上级的工作节奏。

林晓在华为负责数据库接口工作，需要向呼叫处理、移动管理等要接口。一开始是统一的接口模块，工作对接上没有问题。但是后来有人图省事，就换了接口，大家都做了变动，各变各的，用自己觉得最省事的接口。出现偏差，也没有想到去沟通，就是说，有可能开发人员自己就把这个地方给变了。结果后来在对接口的过程中，发现问题太多了，根本就对不上，改程序时互相定了新的接口，需要再调整一次才能对上，为此就浪费了一个月的时间。通过这件事，林晓明白，员工各干各的而不及时与上级沟通，最后可能就会导致工作出现巨大的混乱。

很多员工，特别是急于表现自己的新员工，在接到工作任务以后，喜欢独自去解决工作中遇到的问题，暗自鼓励自己不要放弃表现的机会，而不是与同事、上级交流。他们习惯用“摸着石头过河”的方式解决问题，一番周折后看似“圆满”地完成了任务。等到任务完成，和其他成员进行工作对接的时候，就会发现很多问题，此时若要修正，难度就非常大。

华为项目经理宋康明讲述了一件他自己刚到华为时的事情。刚加入华为，他就接手了一个重要的项目。众所周知，华为的项目时间一向很紧，包括PL（Project Leader，项目组组长）在内的所有成员，都得加班加点地努力。宋康明也和他们一样，拼命工作，心想自己一定要做好，不能给他们添麻烦。在工作中遇到一些棘手的问题没有去请教同事或上级，总是一个人反复琢磨。

经过一个月的努力，到了第一阶段集成的时候。宋康明设计的系统与其他人存在很大的偏差。PL不得不召集其他人一同帮他修正，为此多花费了一周的时间。这件事情让宋康明记忆犹新，他称其为在华为栽的第一个跟头。此事也让宋康明深刻地意识到及时沟通的重要性，遇到问题及时记录下来，然后交给PL或花几分钟时间直接向上级汇报。

可见，下属的工作不仅仅关系到自己的时间和工作效率，也关系到上级的工作，因此，只有强化和上级的沟通，才能实现无缝对接。否则，不仅浪费了自己的时间，也严重影响上级的工作节奏和进度。

4.2 要有说服上级的勇气

在工作中，我们往往最为缺乏的是说服上级的勇气。很多时候，即便上级下达了一个不合理的命令，或是决策失误，或是与员工能力不匹配，员工根本无法有效完成，也宁愿逆来顺受，不会想到去说服上级，让他知道这一决断不合理。

在这方面，麦肯锡就是榜样。直言不讳被麦肯锡人视作麦肯锡多年来最优秀的行业品格之一，不论是面对上级还是客户，麦肯锡咨询顾问都将坦诚说出自己的想法作为自己的行动指南。

“二战”结束后，戴维·哈兹从美国海军退役，加入麦肯锡公司。即便成了一名咨询顾问，哈兹仍然保留了军人的特点，他心直口快，发现任何问题，都会直接指出，不管出错的是同事还是领导。

1951年，哈兹跟随项目组，为纽约食品厂改良生产线做咨询，通过仔细调研，哈兹发现，该企业的生产设备并非全都落后不堪，恰恰相反，其中很大一部分老式设备的生产效率比一些新式设备还要高，因此，根本无须更换，而麦肯锡咨询团队当时给出的方案，是进行彻底的设备改良，生产线全部更新。如此一来，该企业所要耗费的成本不仅巨大，而且是浪费的。哈兹决定，从客户的利益出发，应当说服项目负责人修改方案。于是，他果断找到项目负责人詹姆斯·考特。

“你确定你的数据和判断是正确的，并且要推翻所有团队成员做出的决定?”当时在业界已经小有名气的詹姆斯·考特看着哈兹这个入行不久的愣头青。

不过，哈兹坚定地说道：“我肯定。一号生产车间至少有五分之一的设备无须更换，这会为食品厂节约25%的改良成本，为了客户的利益，我们的解决方案应该做出修改。”

最终，詹姆斯·考特还是修改了问题解决策略。这一项目后来也大受好评，戴维·哈兹本人因为在这次咨询项目中优异的表现，被考特推荐到了华盛顿分公司担任要职。

华为也非常注重培养员工及时和上级沟通的意识。任正非在谈到员工和主管的关系时说道：“华为存在一部分管理水平低的领导，华为也不可能从一个低水平公司一下跳到高水平公司，这点我们要承认。所以这也要靠我们广大的员工，认为主管不对，也可以跟他沟通，能说服他尽量就说服他。主管也不是什么事情都看得清，什么事都能做得对，所以你要谅解他，然后帮助他去改。你帮他一起研究，一起去改、去调整。这样大家就一起进步了。”

5. 与上级沟通要注重成效

麦肯锡日本分社社长大前研一在他的著作中简明扼要地指出：“沟通中不能抓住精要，便意味着失败。如果上级只给你一分钟的汇报时间，而你所说的，将决定你未来一年，甚至一生的工作命运。”

5.1 向上级汇报的问题要全面

上级想要了解的事情通常是全局性的，而有时候下属可能只是其中一个部门，不了解全面的情况。上级要全面了解情况，就得找相关的人一个一个问，才有可能找出问题所在。所以，下属在与上级沟通时，不能只说自己的部分，可能的话，还应当尽量去了解更多情况，找出全局性的问题，这样跟上级的沟通才是有成效的。否则，沟通交换的信息过于有限，问题自然也无法得到解决。

2010 年 7 月，华为在马来西亚的 FTTX 项目开始安装测试，在测试中发现 OPM 功能出现了问题。

2010 年 8 月 11 日，华为董事长孙亚芳要求就客户关注的问题进行详细调查，特别是 7 月测试出现的问题，客户希望立即得到华为的答复。

孙亚芳打电话给丁耘和姚福海，让他们查清楚换板问题的来龙去脉。一番沟通后，问题并没有得到解决，丁耘说是发错货了，而姚福海说没有发错货，是需求没有写进去。

晚上，孙亚芳又给几位高管发短信，包括丁耘、姚福海、徐文伟、王胜利、刘江峰等人，孙亚芳强调，明天上午的电话会议客户会问此事，必须给出解决方案。现在说法不一，她需要一个统一的说法。

终于，远在纽约的华为轮值 CEO 徐直军发回信息，他告诉孙亚芳："基本的情况是因为行销人员调离，没有把客户需求衔接好，造成订单配置错误，使发出的一种版本不符合客户要求，只能更换，目前更换正在进行。这件事研发与行销都有责任。"问题终于得以解决。

由此可见，向上级汇报时一定要全面反映情况，不能问什么就答什么，要什么给什么，那就成了"盲人摸象"，只见树木不见森林。作为下属，也要养成从全局考虑问题的习惯。

5.2　反馈要抓住精要

许多人都知道反馈的重要性，但在实际工作中，多数时候下属却仍然保持沉默，而不发表任何意见，这并不是吝啬言语，而是他们并不确定到底怎样跟上级反馈。有些人会说："我反馈了，我经常跟我的上级反映情况，甚至与他谈上一两个小时，可是，事后他仍然一如既往地布置工作，根本没将我的建议放在心上。"

问题便在于此，下属向上级反馈时，一定要抓住问题的核心，把最重要的事情说清楚，这样才便于上级理解下属的想法和建议。

麦肯锡公司曾出了一道题让所有员工思考，题目是这样的：如果你只有1分钟时间面对总裁，你会做些什么？

大前研一和他上司安格斯·卡宁厄姆对这个问题进行了深入的探讨，最后，无论是卡宁厄姆的英国式逻辑思维方法，还是大前研一的科学分析法，两人都得出相同的结论，将反馈锁定于一点，只给总裁提一点建议，并论述清楚。

对此，大前研一解释道："一次给总裁提10个建议，没有哪个总裁可以全部做到，也没有哪个总裁能把其中一项做到完美无缺。但是，如果只提一两个建议，大部分的总裁都可以做得不错。"

实际上，大前研一在工作中也是这样做的，他的上司卡宁厄姆是个工作狂，每次留给他用来汇报或咨询工作的时间都十分有限，所以，大前研一便每次只汇报或咨询一个项目方案。但是，他会把这个建议方案研究到极致，并且选择最关键的节点进行汇报和确认，这样不仅节省了卡宁厄姆的时间，也大大提高了自己的工作效率。卡宁厄姆将两人间这种沟通方式称作"最简洁有效的完美反馈"。后来，大前研一升任麦肯锡日本分社社长后，也要求员工这样做。

显然，上级更关注分配给下属的任务和工作是否有进展、进展如何。了解了情况之后，上级才可以根据掌握的情况进行计划的纠偏和决策。

所以，与上级沟通时要讲究技巧，既要全面反映问题，也要抓住核心问题，汇报最重要的内容，这样，才能提高和上级沟通的效率，同时也提升自己的工作效率。

6. 积极建立"向上"的人际关系

在任正非看来，主管和员工并不是简单的上与下的关系，员工应该和主管建立积极的人际关系，学习主管身上的优点。等员工自己当了主管，他和主管的关系就能发挥作用了，遇到问题也能请教。任正非说：“朋友越交越多，机会越来越好，钱也越挣越多。”

6.1 尊重自己的上级，学习他的优点

有的员工也许之前在很厉害的上级手下工作，也许是自视甚高，时常觉得现在的上级这里不行，那里不好。用过去看上级的标准来要求现在的上级是不现实的，因为不同上级各自的性格、工作方法和领导风格都不一样。所以作为下属，要加强与上级的沟通和交流，欣赏上级间的差异，逐步实现相互了解和获得彼此间的信任。

任正非对新员工讲话时说：“员工要尊重自己的主管领导，也许主管领导没有你有水平，但如果你不尊重他，将来你做了主管，以后的员工也会不尊重你。所以要尊重前任领导，搞好关系，不至于产生冲突和矛盾，让主管领导开一条小路，‘嘟嘟嘟……’，就开过去了。你上去了，不归他领导了，还可以回过头来帮助他。如果你们总是这样直来直往，觉得‘我是很优秀的，你就不行’，然后人家就挡住道，就不让你这个车子过，石头你搬不开，你还是上不去。”

任正非指出，华为有一些很优秀的员工，但看待事物的方式太简单了，出了什么问题就直接和主管对着干，却想不到向公司投诉，绕过主管向其他部门投诉。员工给主管提意见也是一样，一定要注意方式、方法。主管管理上出错也是正常的，公司发展速度太快，主管也适应不了这个发展速度。但是，换员工上来呢？也未必就比主管高明。所谓“当局者迷，旁观者清”，员工在旁看得很清楚，等员工自己上台以后，也看不清楚，也迷糊。

一个人在职业成长的道路上，要有能向强者学习的心胸。只有认清自己的缺点，学习别人的优点，才能做出更大的贡献。在华为，任何人都要开放自己，广交朋友，学习强者，融入华为的文化生活中去。

华为员工刘洋在自己的工作岗位上努力干了3年，他认为自己能力出众，比周围的同事要强，PL一职非他莫属。但在项目组换PL时，刘洋并没有被提拔，而是提拔了另外一个同事。他不服气，觉得自己怀才不遇，萌生了离开公司的想法。

这个时候，项目组调来一个新的同事，在之前的部门已经是主管，但因为想从基层做起，就回到项目组和大家一起做研发。刘洋观察到，这位前主管在工作中对周围的同事非常友善，对事、对人都非常客观，精力也主要放在技术的钻研上。这位新来的同事在项目组进步飞快，不久就成为项目组技术专家，他的技术能力及处事方式得到同事一致认同。

刘洋意识到高估了自己的优点，却没看到自己的缺点。于是，刘洋决定要打造自己的影响力，得到别人真正的认同，而不是仅仅盯着升迁。刘洋转变了方式，以一颗平常之心努力工作，同时积极和上级交流，互取所长，与同事也是打成一片，结果很快就当上了PL，上岗转身也很顺利。

所以，要正确看待自己与上级间相互学习、取长补短的问题，不要认为学习上级的优点就是比他低一等，要多看到上级的长处和优点。与上级沟通业务时，不能只是从自己的角度考虑问题，也要从上级的角度去考虑问题，这样，便能切实地和上级建立起积极、良好的职业关系。

6.2　你把公司当作家，老板就把你当作兄弟

作为企业的员工，首先要解决好自己在公司的定位问题。通过与上级的沟通，明确自己的工作定位、职责，明确上级对自己的工作要求和期望，正确对待主管交代的所谓“琐碎工作”，更好地实现团队绩效目标。只要业务需要，就应该以积极的心态去面对，去迎接挑战。做好了上级交代的工作，便能赢得上级的信任，职业道路自然也就通坦了。

华为员工蔡鹏2010年8月加入华为，领导询问他的工作意向，他提出希望挑战自我，在挑战中学习，领导便让他去塞拉利昂，他当时不假思索地答应了。在塞拉利昂，他负责当地市场及办公室的整体工作。塞拉利昂条件艰

苦，以前都没有华为的员工愿意到那里去。

到了塞拉利昂，他才发现当地的条件远远比预期的差，突破了他的心理底线，恰逢雨季，他住的地方和办公室在一个山坡上的小破院子里，屋子里面阴暗潮湿。工作上也充满挑战，工作交接完毕之后，他发现关键客户并不信任华为，项目面临被友商抢走的危险。

在最初的三个月，蔡鹏一直在做心理斗争，多次萌生了辞职的想法。但是思索了无数次，他终于认定，人生处处都充满挑战，既然自己选择来到这里，就不能轻易放弃。这里放弃了，到别的地方可能有不同的困难。他下定决心，即使要走，也要干出点成绩再走。蔡鹏把精力全部放在工作上，每天都想着如何运作客户关系。

终于，蔡鹏做出了成绩，项目交付率达100%。地区部的领导也非常信任他，他还获得了华为的“金牌个人奖”。蔡鹏感慨道：“为什么是我，这是我自己的选择，这也是领导对我的信任。为了回报这份信任，我只能把事情做得更好，做出了成绩证明了自己，自然领导的信任就会越多，这是良性循环。”

任正非指出，华为要源源不断地发展，就必须有源源不断的接班人。华为所有员工都要有接班人的意识，把公司当作自己的事业，也要把主管看作自己的领路人，跟着他的路走。因此，接班人不仅是接主管的班，更是接公司的班。如果没有前人为后人铺路，后人就很难成长起来，就没有人才辈出。只有人才辈出，继往开来，企业才会兴旺发达。

7. 把握进退时机，赢得对上级的影响力

如今的信息时代，各类信息繁乱复杂，即便是最优秀的领导者有时也会被错误的信息误导，或者不能做出正确的决策。因此，员工在面对上级时，要有良好的沟通技巧，也要掌握好时机，在合适的时机发表自己的意见，帮助上级做出正确的决策，这样才能赢得对上级的影响力。

7.1　进能解决关键问题，退能消解矛盾

为了在适当的时机采取适当的行动，赢得对上级的影响力，就要搞清楚上级最紧急的事情是什么，面临的困难是什么，然后给出自己的建议。在这方面，华为董事长孙亚芳可谓榜样。要知道，孙亚芳并不是一开始就身居高位，而是一步步通过自己的行动赢得了任正非的信任。

创业初期的华为，和众多创业公司一样，资金周转非常缓慢，有时还发不出工资。1990 年，任正非将华为所有的利润和能调动的资金全部都投入新产品研发之中，一旦研发失败，就意味着华为极有可能破产倒闭。

1992 年，因贷款回收速度太慢，华为现金流出现严重问题。华为员工已经连续几个月没有发工资，公司上下士气非常低落，不少看不到希望的员工纷纷递交辞职信。这时，华为突然得到一笔贷款，任正非就和管理高层开会一起研究如何使用这笔贷款。在这个关键时刻，孙亚芳站了出来：“老板，先把大家的工资解决了吧!”

任正非顿时对孙亚芳刮目相看，认为当务之急确实是解决员工的工资问题。发了工资，华为内部士气大增，各种问题也迎刃而解，新产品的研发十分顺利，市场反响也不错。这一年，华为的年销售突破 1 亿元，在年终大会上，任正非第一个发言，他哽咽着说：“我们活下来了。”继而掩面而泣。

也正是从这时开始，孙亚芳得到任正非的信任，并非创业元老的孙亚芳开始步步高升，在华为的地位仅次于任正非。

当然，孙亚芳能当上华为董事长，成为地位仅次于任正非的华为二号人物，不仅仅是因为她能提意见，能解决燃眉之急，在必要的时候，她也会挺身而出，对任正非的意见发表不同的看法。

1998 年，华为市场部的高层在会议室开会，讨论市场策略和人力资源的相关事宜，市场部“老大”孙亚芳也在场。正当各个副总讨论得热火朝天的时候，任正非突然走了进来。会场一片沉默，还没等大家反应过来，任正非

就开始发表自己的意见，任正非对市场部这些副总说："你们市场部选拔干部应该选那些有狼性的干部。有些干部缺少狼性，比如说某某（某办事处的主任），我认为这样的干部就不能晋升。"任正非说完这番话后，孙亚芳以平和的语气对任正非说："老板，其实你对他不了解，他是我的部下，他的为人我很清楚，他不是你说的这样子，不能用这种眼光来看他。"任正非听后，一时哑口无言，因为他确实没有孙亚芳那么了解她的部下，于是任正非说："你们接着讨论吧。"好像在串门一样他转身就走了，后来，该办事处主任得到孙亚芳的推荐，被任正非提拔为华为副总裁。

可见，如何向上级表达你的意见至关重要，将你所知道的事情明白无误地告诉上级，尤其当上级和你意见相左时，一定要注意方法、技巧，将你的观点表达清楚。即便没有说服上级，也不要气馁，而是应该心平气和地等待更好的时机。

7.2 先找共同点，再提反对意见

当你和上级意见不一致时，要冷静思考，不能急匆匆地就提反对意见，而是先想想上级的意见和自己的意见是不是有共同之处，上级的意见是不是考虑得更周全，自己的意见是不是可以再修正一下。当你仔细思考完毕之后，才能用你的想法打动上级。

李敏是华为的内部课程培训师，2007年通过社招加入华为，她非常在意自己的专业素质，认为凡事都应该按专业情况来。一次，在跟一线客户经理的电话会议上，主管说："客户界面的需求，我们平台理应支持，高层级课程向低层级客户学员覆盖，可能跟你设计理念不同，但是市场有需求那就是合理的。"

李敏不同意，领导对她说："我们需要有不同的声音来碰撞，但是你得用实际行动说服我。"李敏没有急于反驳，而是摆出数据和事实，详细对比两种需求的优劣，终于说服了领导，按照她的设计方案来做。后来，她的设计方案获得好评，她因此也得到了领导的认可。

因此，作为下属，坚持自己的意见固然可贵，但是一定要注意时机和方法，在恰当的时机采取恰当的行动，懂得“先找共同点，再提反对意见”，只有这样，才能进退自如，赢得上级的信任。

8. 做需要做的事，成为公司的骨干

美国励志专家鲍勃·尼尔森的书被许多跨国企业作为员工培训的核心读本。关于员工职业成长和向上管理，他做了极为精彩的论述。

鲍勃·尼尔森在书中写道，在任职期间，员工通常会被要求做许多事情，一般性的职责、额外的任务、团队和个人项目，等等。在这一过程中，员工会有很多机会展示自己的能力，并超越他人。然而，对员工而言，有一项最重要的职责并没有写在岗位职责上，在其他场合也没有被提及过，上级也从来不会告诉你，那就是永远做非常需要做的事，而不是等待别人要求你去做。这也是企业对员工的终极期望。

8.1　不只做上级交代的事，还要做需要做的事

如果想成为公司的骨干，从众多员工中脱颖而出，并赢得上级信赖，那么你就得积极主动，想方设法为公司做出贡献，为上级分忧。实际上，大多数上级都喜欢积极主动又精明干练、在关键时刻能做出贡献的员工。

盖洛普曾做了42项调查，研究结果表明，在大多数公司里，有75%的员工不敬业，这些员工在公司里总是混日子，他们得过且过，缺乏敬业精神。研究结果还表明，员工资历越深，越不敬业。其中大部分资深员工“人在心不在”或“在职退休”，他们对工作的热情远远不如新员工，给公司带来了一系列的问题，比如资源浪费、商机贻误、收入减少、员工流失、缺勤增加和效率低下等。

他们通常是很被动地工作，对待老板安排的任务，总要计较分内和分外，如果不是分内的事，则会说“这应该某某去做”。即便是分内的工作，如果不

被监督，他们也常常拖延，甚至干脆不做。对于老板没有安排的工作，他们往往视而不见。

时刻记住，永远做需要做的事，而不是只做“分内之事”，当你积极主动地工作，前进的动力也鞭策着你思考和行动，进而抓住机遇，成为公司的骨干。在华为，那些优秀的奋斗者正是这样做的。

印度研究所 IT 服务部主管 Karthik 已经在华为工作了整整 10 年，他带领的 ITG（系统集成测试）团队始终以客户满意为工作标准，十年如一日，一直如此。

作为支撑印度研究所 2000 多名开发人员的 IT 部门主管，一大早，客户的电话和拜访就不断，Karthik 每次和客户交谈，总会在确认客户得到了满意的答复之后才会结束。Karthik 的邮件非常之多，但对每一封邮件，他都认真地答复，即使这件事情责任不在他，他也会细心解释并指导用户找到正确的人；即使今天他无法完成，他也会告诉客户他的计划。

有的周边部门来讨论 IT 相关的工作，一些事务需要 Karthik 去推动。讨论完后，他总是认真总结，写相关工作联络邮件时总会字斟句酌，生怕看邮件的人不理解。写完后，他还反复考虑周边部门的同事能否完全理解这个方案的全部含义。随后，他才满意地将邮件发送出去。

Karthik 将他的团队直接安排到每个业务部门中，为各项业务活动提供全方位的 IT 支持。业务要加班赶版本或者测试，ITG 团队则总是提前加班为业务搭建基础 IT 设施。正是这样长期支撑各部门业务运作，Karthik 和各级业务主管保持了良好的关系，在很多推动型工作中发挥了极为重要的作用。

可以说，做需要做的事，成为公司的骨干，这是许多华为人的共识。任正非说：“想成大事，就一定要有头悬梁、锥刺股的精神。如今这个时代，人生处处充满了机会，充满了希望。希望和机会掌握在你自己手上，每个人要找到自己的人生切入点，提升自我，积极为公司做出贡献，就一定会有希望!”

8.2　成为公司的能工巧匠，让上级信赖你

在任正非看来，人生发展的道路有很多，去一线是一条路，做管理是一条路，做不起眼的“能工巧匠”同样是一条路。华为各种管理岗位、各种协调岗位都可以让员工发展，因此，找到适合自己人生发展的方向是最重要的。任正非说：“人生要找到一个切入点，找准方向，你才会越干越有兴趣，越干越有前景。”

在一次紧急项目中，H 国 S 单板出现故障。客户要求华为进行全网整改，华为研发部门协调生产维修技师一起参与项目整改。刘爱群随团队来到了 H 国，面对严峻的形势，他提出了很多具体控制措施，严格做好不同状态区域划分，确保每一个步骤质量得到有效保障。由于整改时间紧急，客户要求由集中运输到一个整改点改为直接到各局点整改，为满足客户需求，刘爱群不得不在局点间各处奔波，移动整改场所，同时为了赶进度，当天更换下来的产品当天完成整改，他经常加班，最终使客户业务快速恢复。

刘爱群的敬业精神和对质量的严格要求打动了客户，得到了客户方负责人的充分认可，他和客户也建立了友谊。周末，他和客户一起爬山，参加客户的生日聚会，临走时客户还特意送他到车站。

刘爱群从一名维修工，到获得华为“金牌个人奖”，再到维修部门的主管，始终坚守在维修的岗位上。他说：“希望更多人能看到维修岗位的价值，不要只看眼前的得失，坚持做有价值的事情，成为公司值得信赖的人。”

任正非在内部讲话时指出，华为要提升能工巧匠的待遇，不仅是经济待遇上要逐步达到国际标准，也要在地位上肯定他们，培养他们的自豪感与自信心；通过一系列举措，让他们参与管理，也等于给华为培养了后备人才。

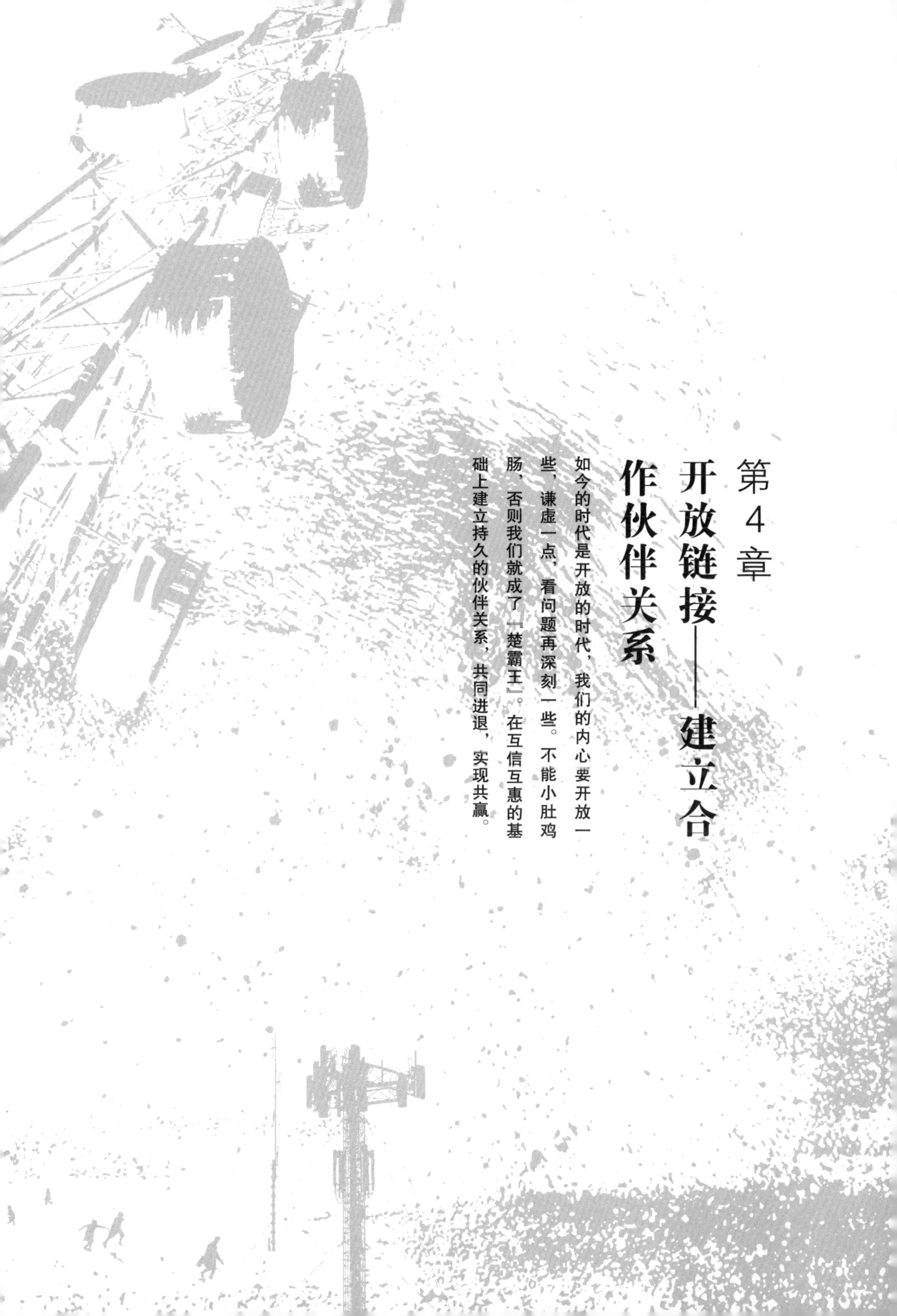

第4章 开放链接——建立合作伙伴关系

如今的时代是开放的时代，我们的内心要开放一些，谦虚一点，看问题再深刻一些。不能小肚鸡肠，否则我们就成了『楚霸王』。在互信互惠的基础上建立持久的伙伴关系，共同进退，实现共赢。

1. 系统整合，广泛建立合作关系

2010年华为在北京举行发布会，向全球发布云计算战略及端到端的解决方案。在发布会上，任正非阐明了华为的合作理念："华为要走向未来，适应新时代、新世界，就要开放、合作。我们要保持'深淘滩，低作堰'的态度，多把困难留给自己，多把利益让给别人。团结越来越多的合作伙伴一起做事，实现互利共赢。"

1.1 整合外部资源，打通上下游关系

任正非指出，一个企业想要继续生存下去，那么它必须开放合作，绝不能自我封闭，市场经济的本质就是开放，只有开放才有市场。华为在开放合作方面很重要的一个举措是整合外部资源，也就是说，围绕着企业核心业务的供应链，打通上下游关系，从而更好地服务于企业自身的业务。中国工程院院士邬重庆曾说："现在这个时代，谁能整合资源，谁就能赢得天下。核心技术不是成败的决定因素。比如说，4G手机有核心技术，假如你今天有一个好的介质，你可以造一个新的核心网，你是一个整合者。要把自己的手脚和思想解放出来。"

在2015华为网络大会上，华为与腾讯联合展示了在广域SDN（软件定义网络）领域的最新成果。腾讯技术工程事业群副总裁别洪涛在大会上发表演讲，并分享了与华为联合研发的广域网SDN解决方案。广域SDN解决方案基于华为NE路由器、SDN控制器SNC和腾讯的智能调度系统，并已经正式部署于腾讯网络。方案实现了智能的流量调度和网络管理，网络链路利用率提升到了80%，节省了大量的带宽租赁费用。另外，方案实现了链路自动调整和全网链路可视化，在加快业务部署速度的同时，大幅减少了网络运维管理成本。

互联网的发展使业务类型更加多样化，流量需求规模更大，对传统的网

络架构发起了严峻挑战。针对运营中遇到的问题，腾讯与华为联合研发推出基于 SDN 的广域网流量调度方案。通过与华为在 SDN 领域的联合研发，广域 SDN 方案已经在腾讯数据中心间广域网络实现正式商用部署。未来，华为和腾讯将继续深入合作，推动广域 SDN 方案的不断成熟及更大规模的商用部署。

实际上，华为和腾讯已经在多个领域展开了合作。除了传统的企业业务，在消费者业务领域，双方也开展了多层次的深度合作，发挥各自领域的优势，在技术创新、产品研发、解决方案以及市场营销等方面加速创新。

2014 年，华为“荣耀”手机和腾讯展开了多项合作，对双方来说，这是一次整合各自资源的跨界合作，华为作为硬件厂商，充分利用腾讯公司的软件资源，用“软硬结合”的合作模式，合力打造为优化互联网软件服务而定制的手机产品。腾讯选择和华为“荣耀”合作，则是利用华为“荣耀”的手机硬件品牌影响力，帮助自身平台支付系统的发展，拉动更多的人使用他们的支付软件。

2014 年 5 月，华为“荣耀”和手机 QQ、微信展开首发预约活动，借助手机 QQ 和微信平台的影响力，直接预约销售，取得了非常好的预约成绩。“荣耀 6”6 天内实现超过 700 万台的预约量。

2014 年 9 月，华为“荣耀”又和腾讯游戏在“TGA 移动游戏大奖赛”上展开合作，将“荣耀 6”作为“TGA 移动游戏大奖赛”安卓版比赛专用手机。这种合作方式是手机硬件厂商为软件商推出“定制”版手机，可以在细分下的市场中形成细分区域的品牌优势，腾讯因此可以为用户提供更好的软件服务。

华为“荣耀”和腾讯的“软硬结合”，已经突破基础的合作范围，是整合资源的深层次合作。随着华为和腾讯的合作越来越紧密，必然会碰撞出全新的火花，携手共进，为用户创造全新的品牌体验和沟通体验。

显然，这两大巨头各有所长，一个是硬件巨头，一个是互联网巨头，腾讯有华为需要的优质资源，华为也有腾讯需要的优质资源，所以双方才展开深层次的合作。在当今的市场条件下，一个成功的企业要做大做强，必须要整合外部资源，借力实现发展，树立自己的市场优势，从而拥有更强的竞争力。

1.2 互利共赢，与合作伙伴共同成长

除了整合外部资源，打通上下游关系，华为还广泛与客户和供应商建立稳定的合作关系，加强与国际、国内主流运营商的战略合作，提升供应链的响应速度和服务优势，扩大与爱立信、诺基亚、西门子、摩托罗拉、高通、惠普、IBM 等友商的多层次合作。

2016 年 3 月，华为企业业务中国区合作伙伴大会在成都举办。华为向参会者公布了华为的新举措。一是针对渠道政策“局部优化”，坚持“被集成”战略；二是成立合作伙伴大学，加大渠道建设力度。这表明华为与合作伙伴实现互利共赢。

华为坚持“被集成”战略，充分激发合作伙伴的积极性，不为追求短期的销售，从而偏离自己的主航道。华为“聚焦”和“被集成”战略有效帮助合作伙伴做大市场。

华为中国合作伙伴大学将成为华为面向合作伙伴培训、赋能的接口部门。华为为该大学准备了充足的资源。华为中国合作伙伴大学的成立，证明华为在实现共赢方面不遗余力。

在华为人看来，各行业、各企业的应用都不同，华为的特长不在应用开发；而数据是客户的资产，华为不会运营客户数据。因此，华为提出上不碰应用，下不碰数据，而是聚焦管道、基础设施。华为要与合作伙伴共同构建面向未来、双赢、共生的发展模式，更好地为全球客户创造价值。通过广泛合作，华为增强了自己的竞争力，也成功与合作伙伴共同成长。

2. 保持开放心态，主动去链接

任正非在谈到客户关系时说，客户购买设备时首先是选择合作伙伴，而

不是设备，因为一旦双方合作，就要在很长时间内共同为消费者提供服务。因此，客户选择的合作伙伴不但要有领先的技术水平，高度稳定、可靠的产品，能快速响应其发展需求，而且要服务好，和客户保持良好的关系。

2.1　贴近客户，发现客户的需求

任正非一再告诫华为的干部和员工，所有部门都要重视普遍客户关系。坚持普遍客户原则就是加深与客户的关系，不要认为对方仅是运营商的一个运维工程师就不去维护、介绍产品。这是华为的竞争优势。华为通过加强普遍的客户沟通，建立普遍的沟通制度，加深客户对华为的认识。

V 运营商是 B 国三大运营商之一，是华为在 B 国的重要客户之一。华为代表处负责人陈峰和 V 运营商一个员工喝咖啡时，了解到 B 国南部一个小镇，每年有一个最重要的节日，叫“Gramado 电影节”，这是南美洲最著名的电影节。小镇人口只有 3 万人，但每年 8 月 14—19 日举办电影节时，来小镇旅游的人数激增，这意味着小镇的通话量也将大幅度上升。此时，V 运营商商用 GSM 网络正好开始运营，陈峰意识到这是一个潜在的客户需求，于是，他召集项目组成员，制订了一份详细的“计划书”。当陈峰把这份电影节网络保障计划和建议书放在客户总监桌子上时，客户总监被震惊得说不出话来。看到 CDMA 网络在电影节期间的通话量数据，客户总监立即说，他看到了一个“商机”。陈峰建议客户召开一个小型的媒体宣传活动，这个建议很快就被客户采纳了。电影节后，V 运营商的用户数量在南部几大城市超越了其他老牌运营商。

华为之所以成功，就是每层每级都贴近客户。不管是高层，还是普通员工，在华为人看来，都是潜在的客户。只有贴近客户才能了解客户最真实的想法和需求。任正非要求华为的干部一定要开放自己，一定要走出去，一定要贴近客户，只有这样才能正确地获得客户需求。

2.2　与同事多交流，积极融入团队

在日常工作中，除了客户，接触最多的便是身边的同事，甚至可以说是

朝夕相处。因此，与同事多交流，建立积极的关系也是非常有必要的。优秀的领导者总是能和周围的同事保持良好的关系。

华为企业 BG CTO 梁永健 2011 年 9 月加入华为，在此之前曾在企业市场的圈子里打拼多年。但是，和所有的“空降专家”一样，初期非常难熬，和他的预期相差甚远。最开始的几个月，梁永健每天在上班的路上，想的都是要不要辞职。

第一道“关”是心理的落差。梁永健发现，他要做十几年前就不需要做的事，而且是不停地做。他来到华为的第一个任务是整理主打胶片，在他看来，这本该是下属就能完成的工作。第二道“关”是技能的落差。进入华为之前，他眼中的华为是特立独行却能扎扎实实成功的公司。但进来之后，他发现并没有想象得那么好，特别是产品文档，和他要求的标准相比，差距非常大，而且经过培训之后仍然会出现错误。第三道“关”是观念的落差。梁永健坚持认为“技术尖子”非常重要，让有技术拔尖潜力的人冲到前面去树立标杆，这样其他人很容易跟上。但是华为习惯了“蜂群作战”，一群人扑到项目上，效率很低。

在徘徊中，梁永健主动提出参加“大队培训”，全勤参加所有的课程和进行锻炼，积极了解华为的企业文化，也努力融入进去。同时，领导和同事天天陪他一起吃饭，一起交流，慢慢地，他融入了华为，他的工作也得以有效展开。

可见，即便是像梁永健这样经验丰富、久经考验的管理者，加入一个全新的企业或团队时，也会遇到各种问题和障碍，或是不适应团队的氛围，或是不理解企业文化，等等，这时候就需要自己主动迈出去，开放自己，多和同事、领导交流，打成一片，积极融入团队，和他们成为朋友。

任正非曾讲了一个他在美国考察时的故事，他们路过费城，去看了一个年收入约 4 万美元的中国留学生家庭。当时在美国，年收入 4 万美元已大致处于中产阶级家庭收入水平。费城的冬天很冷，湿气又很重，非常难熬，但这对留学生夫妻舍不得开暖气，妻子说，这样一年能节约100美元，要时不时给国内亲戚寄钱回去。他们也不敢回国，衣食住行都十分简单。任正非说："中国人省吃俭用，把钱留给后代，永远陷在中国人的圈子里，不出去交朋友，永远跳不进钱窝，在富裕的美国，仍然贫穷。美国人该花就花，广交朋友。美国人朋友越交越多，机会越来越好，钱也越挣越多。朋友多了，机会才多，人生的成功，很大程度上在于机会。"

与同事建立积极的关系，就是扩大你自己的人脉圈，进而结识更多的人，不仅能提高你的影响力，也能获得更多潜在的合作伙伴，在与他们的交流中，你才能拓展思路，获得新的技能。美国钢铁公司董事长查尔斯·施瓦布说："与每个人交朋友，交到朋友后你就会发现身边总是不乏支持者。在工作和生活中，积极对待每一个人，你会发现生活充满乐趣，也会看到你的影响力无处不在。"

3. 保持内部服务意识，管理上下游

任正非要求华为干部一定要多关注周边部门，对上下游要有足够的认识，并且要多和周边部门协作，在部门之间形成合力。只有企业内部形成合力，才能将整体利益最大化。维系好组织关系，加强内部协作，是一个管理者的责任。

3.1　从全局出发，强化协作精神

加强内部协作，就要求管理者从全局出发去考虑问题，以客户经理为例，从资源维度而言，客户经理是个人绩效贡献者，但从项目维度而言，客户经理要为项目负责，需要协同产品行销经理、服务经理、财务人员、研发人员，甚至办事处秘书文员投入项目中。

在任正非看来，作为管理者，需要站在全局来看问题，有时候不能计较一城一池的得失。如今，虽然企业许多业务已经流程化了，但还是有很多流

程边界、组织边界和岗位边界模糊不清，这个时候需要有人去主动承担。即使职责划分得很清楚，有时候由于不同组织的能力差异、短期内的工作重心等，相互分担也是必要的。要成为优秀的管理者，就应该站出来主动承担这些工作。

2010 年初，王勇峰作为第一批总会计师到越南进行试点。于是，他的工作就从单一的模块变为全覆盖，也就是说，解决所有账务相关问题，但他并没有把工作限定在账务流程内，而是找许多机会去贴近业务。

王勇峰说，按流程指导去完成工作，容易产生“部门墙”甚至是“岗位墙”，导致很多时间都浪费在沟通和确定职责上，也让许多工作实际做了无用功。而用开放的心态去了解上下游、周边流程，能够深刻了解业务，精准解决甚至是预防问题。业务有问题，他和业务部人员一起从源头追查；除了核算方案，还积极阅读公司术语库，了解各种业务术语、产品和方案的解释；存货盘点时，详细地询问业务人员各设备的功能，得不到答案的，记下来查术语库。了解业务后，账务上的数据便能看得明明白白，也不再是一堆硬邦邦的数字，背后的业务逻辑也就清晰了。

在华为看来，流程、组织、岗位的设立是为了使目标执行时更清晰，让员工便于理解，从而保证可以持续不断地产生预期的结果。但如果目标不能顺利地完成，再清晰的流程、再明确的岗位也无济于事。所以作为管理者，不能本末倒置，只有加强内部协作，完成目标的流程才能更顺畅。

3.2 及时“补位”，填补工作中的空缺

为了形成端到端全流程化解决方案，华为不仅要求加强内部协作，在部门之间形成合力，还要求华为人及时“补位”，以填补工作中出现的空缺。在进行能力的评核时，华为也以各部门之间达成整体利益最大化的努力程度为依据。

“补位”是足球比赛中常见的专用术语，就是说队员之间要相互照应，当队友来不及撤防时，其他队员要及时补上队友的位置。工作中难免会出现意

外情况，或是遇到从没出现过的问题，这种时候，华为人的“补位”意识便体现出来了。

2012年，华为巴西代表处法务经理马塞洛发现华为INSS退税项目存在问题。INSS属于社保税，由于多方面原因，华为巴西没有使用自己的INSS账户来抵扣INSS，而是直接向税务局缴纳现金，等于多交了大量不该交的钱。

马塞洛发现这个问题后，找到上级，希望主动承担这个任务。但让税务局退回已缴纳的税金并不是一件容易的事。马塞洛利用周末时间，在办公室一遍一遍地查找相关的文档，找出了几百份退税证据的文档。在他的努力下，税务局总共退回3000万美元的现金税款，极大地改善了华为巴西子公司的现金流。

这项工作并不是他分内的工作，但他说看着公司交了那么多“冤枉钱”很心疼，强烈的责任感和“补位”意识让他站了出来。他主动查漏补缺，发现多个税务筹划的机会点，并且协助相关部门推动落实，他的“补位”工作让华为公司累计受益超过1亿美元，为华为业务增长贡献了重要力量。2014年，马塞洛荣获华为公司“金牌个人奖”。

马塞洛首先考虑的是企业的整体利益。因此，即便是“分外”的工作，他也毫不犹豫地站了出来，积极承担职责。对华为而言，“补位”是集体配合的基础，也是华为获取集体成功的关键。

华为某业务部门提出固定核心网要实现×亿元的目标，但前四个月才不到计划的一半。财务部门的杨羽开始主动关注这个异常的数据，她分析了往年的数据，再把行销部门今年的预测拿过来拟合后，发现市场的风险很大。她马上找到BMT主任，阐述了自己的观点，并提出了自己的建议。当时BMT主任也意识到了这个问题，但缺少一个清晰量化的数据评估。得到杨羽的分析后，他对情况就把握得更准确了，并接受了杨羽的建议，及时修正了业务部门的目标。

杨羽这样总结道：“业务关注什么，我就去做什么；业务没有关注的，我们也要提前关注。发现问题了，要提前预警。财务要当预警机，不是灭火器。用财务工具和方法在前端就把风险识别出来，给业务领导的管理提供量化依据。”

被埃森哲公司评为全球最权威的50位管理学家之一的约翰·奈斯比特指出，企业必须要有一个内部供应链的理念，即对企业内部而言，所有人相互都是客户。因此，在华为人看来，及时挺身而出，适时“补位”，对上游环节主动拉一把，对下游环节主动推一把，整个流程就顺畅起来了，对自己的长期成长也是有好处的。

4. 以整体利益最大化为准则建立合作关系

企业与客户的合作通常不是一蹴而就，而是经过一轮又一轮艰苦的谈判才达成的。显然，如果只考虑自身的利益，而不考虑客户的诉求，那合作自然无法实现。但是如果只是一味满足客户的要求，那就可能损害企业自身的利益。这就需要管理者积极思考，看清双方的“牌面”，找一个合理的平衡点，让双方的整体利益最大化，这样才能和客户建立起合作关系。

4.1 找到平衡点，实现双方的共赢

在任正非看来，华为只需从客户那里获得必要的利润，保证华为能正常运转，能生存下去，合作就能继续下去。

任正非专门强调：“我们主观上是为了客户，一切出发点都是为了客户，其实最后得益的还是我们自己。合作才能共赢，我们和客户本质上是合作的关系。有人说，我们对客户那么好，客户把属于我们的钱拿走了。但是那些钱本来就是客户的，我们只有服务好客户，客户才会心甘情愿地付钱，你不对客户好，一分钱都拿不到。”

由于S客户的超长期应收账款问题，华为和该客户的关系降到了冰点，

网络投资也已经萎缩，业绩惨淡，该地的客户经理更是换了又换。

康明来到该地担任客户经理后，坚持每两天拜访一次客户。从基层客户开始，要么和他们聊天，要么约出去一起喝咖啡，慢慢增进感情。康明坚持每天给客户 CEO 打电话，还上门邀请他参加“巴展”。康明的行动打动了客户，客户董事长和 CEO 答应和他一起去“巴展”，探讨双方下一步的合作战略。在“巴展”的双方高层会谈上，客户提出全部还款存在困难，希望华为多少有点让步，华为初步答应了客户的请求。S 客户超长期应收账款问题出现了转机。

经过 3 个多月持续几十轮的艰苦谈判，华为和客户签署债务重组方案，约定如果年底完成所有欠款清理，可免除一部分债务。双方对这个方案都比较满意，在回款过程中，客户想尽办法努力还款，最艰难的时刻，甚至停发工资来支付欠款。华为也积极配合，大力牵引和支持，适当时机会晤客户，积极交流，强化客户合作信心。

最终，困扰华为多年的 S 客户超长期应收账款，实现了清零，双方再次建立信任。客户 CEO 多次正式发函感谢华为，感谢华为在这一问题上的大幅度让步，并希望借此机会，深化双方的合作关系。

可见，华为与客户合作时，并不完全只考虑自己的利益，而是找到中间的平衡点，让双方都有利可图，合作便能顺利进行下去。任正非强调：“把多的钱让出去，让给客户、让给员工、让给合作伙伴，华为才会越来越强大，这就是‘深淘滩，低作堰’。”

4.2　看清双方的“牌面”

对华为而言，客户也是合作伙伴。为了达成合作，除了找到平衡点，适当让步，华为还主动贴近客户，了解客户的需求，深入挖掘和分析合作的潜力。即便有些合作伙伴暂时还“一穷二白”，只要能看到合作的前景和潜力，华为仍然愿意和他们合作。

波兰移动运营商 P4 于 2006 年成立，当时欧洲的无线业务，2G 是欧美厂商的天下，3G刚刚起步，华为在欧洲的业务拓展需要一个契机。而P4的战略和华为在欧洲实现格局突破的战略不谋而合。所以，华为和P4有了合作基础。

不过，这个新客户既需要供应商提供技术方案，也需要融资方案。当时国家开发银行（简称“开行”）与华为达成了100亿美元的战略合作协议，力推“走出去”战略，P4、华为、开行三方的战略诉求碰撞到了一起。

但P4提出的总体融资需求高达数亿欧元，而P4的股东仅仅是两家私募基金，没有资金雄厚的母公司担保。况且，当时的P4一切都是从零开始，建网、获取用户、开展业务等，不确定的因素太多。面对这样高风险的融资项目，即便是操作过大量海外融资项目的开行也心存犹疑。

因此，为了达成合作，华为融资经理李嘉楠深入了解各方“牌面”，一方面，从宏观经济、政策环境、市场空间，到发展战略、管理层经验、股东投入等各个角度做出理性的考察和评估；另一方面，亲自走上街头，从电信监管局到客户办公室，从各大运营商大楼到街头的访谈，以更深入地了解对方的情况。

从经济、市场环境来看，当时的波兰，经济发展态势良好。借助于欧盟，波兰电信政策稳定、规范，移动运营商利润也非常不错。波兰监管当局为激活电信市场，有意增加一家新运营商，并提供相应的鼓励政策。P4管理层均是业内的资深人士，商业计划也具有较高的可行性。所有这些都表明，为P4融资，是可行的。基于这样的判断，融资部门和市场一线向华为总部多次汇报，华为高层逐步认可了一线的判断并做出决策。

2006年10月，华为、开行、P4三方签署首期商务合同以及融资协议，开始快速部网。2007年3月，P4网络投入商用，短短一年时间，便获得超过3%的市场份额。这也让华为实现了在欧洲3G市场“零”的突破，打开了欧洲市场的大门。

在这次合作中，华为可谓殚精竭虑，从方方面面摸清了客户的“牌面”，从而为各方顺利合作打下了坚实的基础。当然，有时候合作伙伴会提出不太合理的要求，这时，当然要坚守自己的原则和立场，看准双方合作的利益最大点，通过合理的方式说服对方让步。

波兰运营商 P4 经过初期的发展，设定了更高的发展目标，提出要做波兰第一大运营商。这个颇具雄心的计划，融资需求高达数亿欧元。

虽然华为和 P4 合作相当顺利，但 P4 这一计划超出了华为的预估。华为融资经理张洪斌和一线团队都认为 P4 的计划有些激进，和开行一起深入分析后，认为 P4 确实有更大的发展空间，有必要继续提供融资支持，但是融资额度需要压缩。

华为对 P4 的高层说："P4 要成为 P1，目标固然是好的，但需要一步一步来，中国有句老话，叫'一口吃不成胖子'，从贵公司的经营状况来看，在未来两到三年内 P4 还不需要这么多的融资，如果一次性融资过多，不仅给开行和华为带来巨大的风险和压力，对 P4 的稳定发展也是不利的。"

经过多轮谈判，再加上开行从中协调，P4 同意将融资额度压缩一半，但双方有一个条款仍存在分歧。客户的融资额度需要按一定的比例用于购买设备建网，剩余融资额度用于运营支出，这是一个常见的条款。对于这个比例，客户自然希望越低越好，但对华为是有风险的，因此还存在争议。

经过几轮沟通，华为和 P4 达成了一个双方都能接受的比例。会谈结束彼此道别时，客户说："我们是谈判桌上的对手，但我们更是朋友。"

经过数十年的耕耘，华为已经与许多国际知名的企业在诸多领域成为合作伙伴，既有各国的运营商，又有当地的企业，还包括存在竞争的同行。任正非强调，通过合作取得共赢、分享成功，实现"和而不同"，和谐以共生共长，不同以相辅相成。华为要建立广泛的利益共同体，长期合作，相互依存，共同发展。

5. 彼此信任，建立伙伴关系

在合作中，与合作伙伴建立起相互信任的关系并不简单，不过，一旦建立起这种信任关系，合作便很容易水到渠成。任正非要求华为的干部一定要深刻理解客户，深刻理解合作伙伴，深刻理解人与人之间的关系。只有深刻理解客户和合作伙伴，才能彼此信任，才能创造合作的条件。

5.1　与合作伙伴共同进退

任正非在内部讲话时说："华为跟别人合作，不能做'黑寡妇'。这方面，我们过去的心态还不够开放，过去跟别的公司合作，一两年后，我们就把这些公司吃了或甩了。如今的时代是开放的时代，我们的内心要开放一些，谦虚一点，看问题再深刻一些。不能小肚鸡肠，否则我们就成了'楚霸王'。在互信互惠的基础上建立持久的伙伴关系，共同进退，实现共赢。"

开行和华为的合作关系可谓优秀典范。由于华为海外拓展销售融资业务与开行"走出去"的战略合拍，因此两家看似毫无渊源的组织走在了一起。开行走出国门伊始，面临着缺乏客户的困境，而华为有大量的海外客户资源，华为积极和开行合作，将这些资源与开行共享，共同打造强健的销售融资产业链。

华为与开行合作的全球第一单保理业务，是阿尔及利亚电信数百万美元的单子。得益于华为大量的海外融资项目，这些项目如同潮水一般涌入开行，开行陆陆续续往全球派了 80 多个工作组，每到一个地方，他们都会找华为。华为当地代表处便协助开行的工作人员，请他们吃饭，帮他们找办公室、招聘员工等。华为员工与开行的工作人员结下深厚的战斗友谊。有华为员工开玩笑说，在全世界任意一个偏僻角落，只要有华为的人，十有八九就能遇到开行的人。

在华为人看来，他们一起摸爬滚打、一起成长。华为和开行不是甲方和乙方的关系，也不是企业和银行关系，而是一个战壕里的战友。

正是因为这样亲密无间的合作，华为与开行的合作从涓涓细流变成奔腾的大河，一起奔向广阔的大海。

在海外市场，由于不同国家有不同的国情，情况复杂多变，偶尔遇到突发情况，在这种情况下，华为人不仅临危不乱，有时还能与客户或合作伙伴结下深厚的友谊。

2007 年，巴基斯坦大选之后陷入严重动乱。一次，华为在南部奎塔的固网交换中心被极端武装的火箭弹击中，全套设备和部分房屋损毁，损失严重。由于设备刚刚安装，尚未验收，客户认为是华为的责任，要求重新装修机房和安装设备。但华为显然不同意，华为要求客户重新下发 PO（Purchase Order，订单）。于是，双方僵持不下。另外，设备的某个值双方在合同中并未明确约定，华为的设备虽然达到国际标准，但客户要求更严格。奎塔极其干旱，华为尝试了各种特殊手段和工艺，依然无法满足客户要求。

华为和客户多次沟通，客户执行副总裁同意与华为客户经理吴健一起到现场解决这两个遗留问题。他们在检查一个站点时，一个火箭弹突然在几十米外爆炸了。吴健反应迅速，把这位执行副总裁按在地上，躲过一劫。吴健的举动感动了客户的执行副总裁，在这么紧急的关头，竟然还能想到要保护他。对方也意识到，这样的不可抗因素随时随处都可能发生。

当吴健再次讨论那两个遗留问题时，执行副总裁当即承诺：被炸毁的交换中心责任不在华为，他们会重新下发 PO；另外，卡拉奇、海德拉巴和奎塔等地凡是被烧毁的站点，只要提供照片并拿到本地客户的签字就能重新获得 PO，设备的那个值也按国际标准验收。

这次惊险的经历，也让吴健和客户的执行副总裁成了“一个战壕里的兄弟”，后来感情越来越深，很多悬而未决的项目问题也进入“快车道”。

吴健的事迹并非个例，在紧急关头，华为人总是不会忘记他们的合作伙伴，一起迎接挑战，一起解决困难，共同进退。正是这种精神，才使得华为“以客户为中心”的核心价值观具有说服力。

5.2 你对客户好，客户就会对你好

与客户的关系，实际上很多时候就是人与人之间的关系，所以在与客户建立关系时，不妨先和他建立良好的私人关系，通过良好的私人关系建立起

合作的桥梁。任正非要求华为的员工要建立“不打领带的客户关系”。

华为在孟加拉国某项目的合同谈判遇到了许多问题，导致合同一直无法签订。负责该项目的王世东又即将调离孟加拉国，他为此烦恼不已。离开的前一天，客户CTO打电话给他，让他下午去一趟他的办公室。到了办公室，CTO却完全没有谈合同的意思，这让王世东有些失望，但既然是客户的要求，他只得按客户的要求做。到下班的时候，CTO说希望和王世东一起去喝酒，到了酒吧才发现客户CFO也在，就这样他们三个人喝到9点多，什么也没有谈，完全是普通朋友周末休闲放松的状态。正当王世东准备告辞时，CTO说要带他去个地方。王世东哭笑不得，敢情客户是把他当成一起寻欢作乐的朋友了。

他们来到一处豪华别墅。这时，CTO对他说：“我们董事长在这里。我们知道你明天要离开孟加拉国了，所以我们希望今晚就把合同签了。”说完拿出一份打印好的合同文本。王世东这才明白是怎么回事。

王世东也了解到，客户对一直坚持的几个条款也做出了巨大让步，他立即打电话给领导，获得了完全授权。他们直接在已打印好的合同上对修改进行标识，不用更改的页面就直接页签。董事长说：“我听他们经常说到你，说你很有激情，年轻人有激情是好事，能干大事。这份合同对你很重要，而你明天就要离开孟加拉国，我们希望有一个圆满的完结。”CTO接着说：“签了合同，明天我送你去机场。”

在任正非看来，市场瞬息万变，技术每时每刻都在进步，唯有与客户的关系不会随时间的推移而变化。要是和客户的关系发生了变化，那一定是没有去贴近客户，没有深刻理解客户的需求。任正非说：“华为文化就是服务文化，只有服务才能换来商业利益。服务的含义是很广的，不仅仅指售后服务，从产品的研究、生产到产品的优化升级，员工的思想意识、家庭生活，等等。我们只有提供优良的服务，才能争取到客户的信任。你对客户好，客户也会对你好，这是人之常情嘛。”

6. 与“友商”保持良好的关系

在任正非看来，国际化大公司不仅仅是竞争者，更是华为的老师与榜样。遇到了国际竞争，才让华为认识到什么是世界先进。国际大公司的营销方法、职业修养、商业道德，都给了华为许多启发。华为在竞争中学会了竞争的规则，在竞争中学会了如何赢得竞争。世界范围内的竞争者的进步和发展咄咄逼人，稍有松懈，差距就可能再次拉开，国内同行同样紧紧追赶，华为在这场长跑中不敢有丝毫惰怠。任正非说：“竞争促使我们所有人快速进步。既竞争又合作，是 21 世纪的趋势和潮流，竞争迫使所有人不停地创新，而合作使创新更加快速、有效。”

6.1　少栽刺多种花，学会与“友商”合作

经过多年努力追赶，华为在通信设备领域成功超越思科和爱立信两大电信巨头。但是任正非也清醒地认识到，未来的道路会愈来愈艰难。一是思科和爱立信仍有很强的实力，华为与对手在某些方面还有很大的差距；二是树大招风，难免会遭到各方围剿。因而，华为把竞争对手都称为“友商”，强调与对手共同分享利益，共同维持产业生态环境，以摆脱不利处境，还罗列了具体的“友商”名单，包括思科、阿尔卡特-朗讯、北电、西门子、摩托罗拉、NEC 和爱立信等。

1971 年，王安电脑公司推出了当时被称为世界上最先进的文字处理机——1200 型文字处理机。凭借着这一项技术，王安电脑公司很快成为全球最大的信息产品商，而王安的个人财富一度超过了 20 亿美元。在 1985 年的《福布斯》“美国富豪榜”上，王安高居第 8 名。

然而，好景不长。王安电脑公司长时间在技术方面采取封闭路线，不愿意与别人合作，排斥其他企业，导致这家原本拥有极为强大的技术研发能力的企业很快走向了衰落。1992 年，王安电脑公司宣布破产保护，公司股票价

格也由全盛时期的每股 43 美元暴跌至每股 75 美分。

王安电脑公司的例子不可谓不典型。当一个企业缺少竞争对手之后，很容易自我满足，将自己封闭起来，就不愿意去创新，待市场环境剧变之后，才发现“船大难掉头”。

任正非要求华为人要“少栽刺多种花”，就是因为担心独霸世界会让华为陷入“安乐”，继而沉沦。对此，华为公司高级顾问彭剑锋也认同任正非的观点：“产业是个生态圈，过去华为是追赶者，现在是领跑者，领跑者要成为产业生态良性循环的维护者，要给别人留口饭吃，自己才有更多的饭吃。”

任正非非常认同以色列前总理拉宾提出的“以土地换和平”的概念，2005 年，任正非曾说：“华为在很多方面还存在不足，不足以和‘国际友商’直接抗衡，华为要有韬光养晦的意识，向拉宾学习，宁愿放弃一些市场、一些利益，也要与‘友商’合作，成为伙伴。”

在这一思想的指导下，华为提出了强强联合的“被集成组织”的概念。也就是说，不是主动去整合对手甚至是吞并对手，而是成为强者的支持者、合作者，承认自己处于“守弱”的局面。在被集成组织模式下，华为不会成为合作者的竞争对手，特别是在行业领域，华为不轻易涉足对手的业务领域，双方的合作也只限定在技术、方案和服务层面上。

2005 年，任正非把“与竞争对手合作”放到改变华为未来发展的高度上，与很多竞争对手建立了合作伙伴关系。例如，华为和德州仪器、IBM、英特尔等公司建立了联合实验室，在多地建立了研究所；与西门子、赛门铁克等公司成立了合资公司。

2012 年 7 月 26 日，SAP 中国商业同略会在北京举行，华为正式和 SAP 签署合作协议，双方结成全球性技术合作伙伴。双方将在研发合作、技术整合和技术支持、建立互操作性测试中心、构建有竞争力的企业应用解决方案以及全球共同销售和营销活动等方面展开深度合作。通过强强联合，华为将有力地支撑 SAP 业务开展。

通过这种“被集成组织”的强强联合，华为不仅提升了自身在国际市场上的竞争力，提高了华为的品牌影响力，也极大地增加了合作伙伴的数量。任正非强调：“开放与合作是未来的大趋势，只有加强合作，你中有我，我中有你，才能把蛋糕做大，获得更大的共同利益。所以这种广泛对等的合作，使我们的优势很快得到提升，可以迅速推出很多新的产品，在很短时间提供和外国公司一样的服务。”

6.2 “友商”的问题也要全部解决

华为这种不与“友商”为敌，而是积极合作，保持良好关系的理念，不仅在公司战略大的层面上得到体现，在一些小的具体的事务中，也时常得以体现。在通信设备领域，设备更新换代很快，运营商通常也会从不同的企业采购设备，因此通信出现问题时，客户找到华为，却发现是“友商”的设备出了问题。在这种情况下，华为也会积极帮“友商”解决问题。

2015年1月，委内瑞拉通信部部长访问E国，手机漫游业务出现问题，他们向华为委内瑞拉代表处客户支持团队寻求支持。收到客户请求后，基于“最快恢复业务”的原则，委内瑞拉代表处马上组织技术工程师攻关，服务项目经理通过GTAC热线协调到E国技术专家配合提取信息，定位出是“友商”的DNS设备配置错误。这本应该由“友商”出面解决问题，但“友商”迟迟未能给出解决方案，客户于是授权华为启用临时解决方案。华为很快出动，迅速解决了客户的问题，从接到请求到解决问题，仅用时31分钟。

“友商”客户运维总监Carlos特意发来邮件向华为表示特别感谢：“我非常感谢华为所提供的问题定位处理和解决方案支持，再次证明华为是我们的战略合作伙伴，帮助我们提升网络质量和终端用户服务！”这次关键事件中的优异表现，让华为不仅赢得了客户的信任，也让“友商”赞赏和钦佩不已。

在任正非看来，在竞争的基础上，和“友商”加强彼此间的了解和合作是很有必要的。任正非曾说：“如果我们和对手联合起来搞研发，共同研发一个产品，研发成本一边一半，我们的成本就降了一半，利润就上去了。所以我们和竞争对手也要手拉手，也要走向合作。大家都要活下去。”

7. 面对冲突，寻找合理解决方案

华为轮值 CEO 徐直军指出：“华为 20 多年来一直坚持‘质量是企业的生命’的理念，努力提升产品质量和服务质量，赢得客户的信任，建立全面的合作伙伴关系。但客观来讲，在我们成长的 20 多年时间里，在客户服务上还存在许多不足，很多时候我们签了合同，把东西卖给人家就觉得万事大吉了。未来，华为明确要‘以服务取胜’。尤其是消费者业务，现在已经进入公司的主航道，普通消费者更在意我们的服务。如果我们的东西卖出去，消费者得不到我们的服务，他们的意见很快就传到网上去了。”

7.1　切实解决客户提出的问题

“以服务取胜”，就意味着产品质量首先要过硬。好的产品就是最好的服务，拿出好的产品，才会让客户放心。当然，百密难免一疏，尤其是像通信设备这样复杂精密的产品，还经常与其他公司的产品互联互通，出现问题也是常有的情况。当出现问题和冲突时，必须切实解决客户的问题，双方的合作才能更加紧密。

2013 年 7 月 27 日，华为邀请国外某领先电信运营商的 CEO 与华为 EMT 及各 BG、BU 相关高层领导进行质量问题的交流，从客户 CEO 的视角看华为的质量管理。

该运营商与华为合作已有 7 年多，购买的华为产品有网络系统设备、智能手机、数据卡等。客户 CEO 对合作表示基本满意，同时客户 CEO 也展示了合作过程中华为设备导致的各种问题。这些问题有的得不到及时回复，有的重复发生，有的也许不是华为设备问题，但与华为设备互联互通，也需要华为考虑。客户 CEO 表示，任何产品都可能会有质量问题，但如果重视他们的意见，能够很快解决，对他们的影响就会减小。

任正非指出，质量管理也要从客户的需求出发，要去听客户真实的声音。华为要经得起批评，需要更多的客户来“炮轰华为”。有客户愿意直率提出意见是非常难得的。华为不仅要解决现场客户这次提出的问题，也要考虑系统的意识提升和管理改进。

除了产品质量要过硬，更重要的是能够及时解决产品在使用过程中出现的问题。实际上，如今的客户服务是贯穿产品使用全过程的。所以说，客户也好，合作伙伴也好，在质量和服务方面的要求会越来越高。

李峥是华为津巴布韦的高级客户经理，当时有一个光缆项目，客户 CEO 直接向他投诉，并且相当不满。李峥了解到项目的主要问题是工期延迟，这在津巴布韦比较常见。但客户 CEO 如此不满，李峥推断肯定还有其他没解决的问题。李峥便邀请客户 CEO 一起下站点检查，花了整整一天的时间，穿越整个津巴布韦，检查光缆项目的交付。最后暴露的问题触目惊心：大量光缆暴露，没有回填。李峥发现交付质量才是最严重的问题。

李峥一方面跟客户真诚地道歉，承诺华为一定会及时解决所有问题；另一方面全力推动项目整改，连夜讨论整改计划，每一样都抓到细节。整个项目的整改历时半年，投入了几十万美元，最终客户肯定了整改结果，取消了 200 万美元的罚单。之后，客户更是不计前嫌，把 2.5 亿美元的大订单也交给了华为。

所以说，出现了问题，不要试图掩盖去稳住客户，避免冲突，将大事化小、小事化了。虽然客户可能一时不会追究，但给双方的合作埋下了隐患，毕竟合作是一个长期的过程。只有真诚地为客户着想、解决问题，才能让合作进行下去。

7.2　无法达成合作时也要坦诚交流

当然，不同的客户背景千差万别，面对的形式和环境也是复杂多变。有时候因为种种原因，例如当地政局不稳、对方经营业绩比较差等，会遇到无法合作或者合作风险较大的情况，面对这样的客户或合作伙伴，应该坦率交流意见，直接说明无法达成合作的理由，给双方都留有余地。

乌干达当地有一家非常强大的有地方势力背景的公司，一直想和华为合作。在经过一段时间的接触和摸底后，华为发现这家公司背景过于复杂，运营商客户的真实意见无法传达出来，因此，华为如果与这家公司建立合作只能使得局面越来越复杂，并且会影响华为在客户中的形象以及声誉，便屡次拒绝对方的合作要求。

一天，这家公司 CEO 找人告诉华为的客户经理梁友明，希望他过去“谈一谈”，会谈的地点选在一个非常偏僻的地点。梁友明犹豫了，心里既有点害怕，也担心如果同这家公司的关系弄僵，华为在当地的业务开展可能就存在许多阻力。虽然他的同事也劝他最好不要去，但梁友明觉得躲避只能使事态变得更为复杂，只有和他们坦率交流，讲清楚华为的立场，才能解决实质问题。

梁友明决定还是前往会谈地点，和对方谈一谈。到达会谈地点之后，梁友明坐在对方 CEO 面前，开始有策略地表明华为的立场和原则，开诚布公地告诉 CEO 双方无法深入合作的原因。之后，再经过后续几次的洽谈，这家公司也理解了华为的原则和处境，就不再要求和华为合作了。

有时和客户或合作伙伴出现争议乃至冲突也在所难免，坦率交流，表明立场，才是解决问题的途径。华为深刻地认识到，持续为客户提供高质量的产品和服务，持续实现对客户的承诺，离不开整个行业组织，也离不开与合作伙伴的密切合作和共同努力。

第5章 教练式辅导——帮助下属快速成长

各部门管理者有责任记录、指导、支持、激励与合理评价下属的工作，负有帮助下属成长的责任。下属才干的发挥与对优秀人才的举荐，是决定管理者的升迁与人事待遇的重要因素。

1. 好的干部都是从优秀思想导师做起的

华为2015年一份报告指出，员工始终是华为实现可持续发展的主体力量，也是华为保持竞争力和持续领先的关键因素。任正非认为，员工来到华为不仅仅是来华为工作的，也是来生活和学习的。一定要让员工有归属感，让员工在工作中成长，企业才能充满活力、和谐有序地持续发展。

1.1 持之以恒地执行“全员导师制”

华为在内部设立了“导师制”，也是国内最早实行“导师制”的企业，实施的效果也非常好。华为对导师的确定必须符合两个条件：一是绩效必须好，二是充分认可华为文化。这样的人才有资格担任导师。华为同时规定，一名导师最多只能带两名新员工，目的是确保成效。

华为对导师有相应的激励政策：一是晋升限制，规定凡是没有担任过导师的人，不能得到提拔；二是给予导师补贴；三是开展年度“优秀导师”评选活动，以及导师和新员工的“一对红”评选活动，并在公司年会上进行隆重表彰。这些措施，激发了老员工踊跃担任导师的积极性和带好新员工的责任感。

在华为，确定导师和新员工的关联后，导师首先要和主管沟通对新员工的大致定位和期望，让新员工有个方向。基于这个定位，跟新员工讲解公司、部门的组织架构，让他找到自己的位置，了解自己的前后端、兄弟部门或团队，以及自己团队的使命是什么，自己将来的大致方向是什么，发挥自己价值的地方在哪里，等等。这也是新员工是否继续留在公司的第一考量点。

接下来导师会和他进行一次比较全面的谈话，但不会过于深入。主要是了解他的个人情况，大致判断一下个人性格、三观等，了解他在华为的生活状况，同时也解答新员工的一些疑问。告诉他，在华为，人和人之间的关系相对而言是非常简单的，更多聚焦业务改进，心态尽量开放，不要有太多顾虑。第一次谈话气氛通常会比较轻松，导师尽量让谈话接近于朋友之间的聊天。

华为还规定，导师除了对新员工进行工作上的指导、岗位知识的传授外，还要给予新员工生活上的全方位指导和帮助，包括帮助解决外地员工的吃住问题，甚至化解情感方面的问题等。

2012年8月加入华为的姜宏就对华为的“导师制”有着深刻的感触。刚进部门，很多东西他以前没有接触过，越是着急上手越是找不着出口。他还是习惯性地按照之前公司的工作方式，想找一种固定的工作模式。从对账单发送、催收到对账输出，虽然一直在执行，但疑问越来越多，特别是对差异分析的方法和逻辑有一些不解。

写月度工作总结时，他把自己的思考和看法写了下来。导师看到后，找他沟通，肯定了他的部分建议，并邀请他一起参与方法论的研究。通过与导师和同事反复讨论与论证，他明白了要学什么、短板在哪、怎么去弥补。导师也在一旁耐心引导，教他打开视角看问题，培养分析问题、解决问题的能力。导师的积极指导，让他工作顺利了起来，试用期结束后，他得到优异评价，还获得了账务“优秀新员工”称号。

在华为内部，广泛流传着一句话，“好的主管都是从优秀思想导师做起的”，能带好一个徒弟，自然可以带好一群徒弟，然后可以带好一个团队。通过推行“导师制”，不仅大大缩短了干部与员工进入新环境的“磨合期”，使员工迅速适应新岗位，还拉近了干部和员工之间的距离。

1.2　及时疏导，帮助受挫员工树立信心

在华为，除了基本的业务指导外，导师最大的作用还是跟员工进行交流，了解他们的工作、生活状态，当员工在工作中遇到困难时，导师应及时疏导，帮助他们走出困境。

华为海外某代表处产品维护骨干调离岗位，为确保业务平稳，维护部员工李远航接手了这项全新的工作。

该产品类似于 WCDMA-CS，但原理较 WCDMA-CS 产品简单，而李远航之前维护 WCDMA-CS 产品已经得心应手，他乐观地以为维护这个产品是一项轻松的工作。然而，由于该业务处于放量发展阶段，大量产品投放市场，不巧的是，产品质量接连出现问题，导致部分区域用户无法上网，业务受损。最严重的一次由于版本 bug 导致计费话单丢失，最终引发客户运维高层投诉。面对突如其来的问题，作为维护责任人的李远航感到了压力，甚至动了离职的念头。

导师及时发现了他的异常，便开导他："犯错的人还可以得到改正的机会，何况错不在你，不要因为挫折就放弃，振作起来，相信自己。"经过和导师的深入交流，他重新激发出斗志，找手册，学案例，钻协议，终于挺过了难关。

除了常规的"导师制"，任正非还号召华为的干部要跟员工做朋友，他要求每级行政管理团队主管都要和员工有固定时间的沟通。任正非说："谈上 10 分钟、15 分钟都是可以的。不要认为时间少就没有作用。在员工眼里，你找他谈心代表你在关注他。而你什么都不跟员工说，员工也就不会理解你。"

2. 欣赏他人，激发下属的潜力

任正非总是对华为的青年员工说："你们要树立起远大志向，有的人会说，我考评要拿 A，我要当主管，那不是远大志向。什么是远大志向？就是做世界上排得上名次的专家、学者和商人，那才是远大志向。你们去看看市场部，他们动不动就称自己是'国际营销专家'，是不是真的'国际营销专家'姑且不论，首先你得有这个想法，然后按照这个标准去做。"任正非强调，华为的希望寄托在年轻人身上，华为公司也是个年轻的公司，年轻就要充满希望，要有大的目标。

2.1　树立大目标，让员工带着梦想前行

任正非曾说，华为成立之初，只知道通信市场很大，前景很广阔，所以才选择通信市场。进来之后才发现市场的竞争如此激烈，国际大厂如此之强大。面对如此残酷的竞争，华为围绕一根电话线，从窄带语音开始做起，到拥有千兆带宽门槛的技术，不断丰富全世界各地人们的沟通与生活，正是怀揣着远大的目标和梦想，今天华为才成长为世界通信设备行业的巨头。

1999年，李东来进入华为交换机产品线，思想导师告诉他："进了华为，就是和一群有梦想的工程师一起工作。"

他问导师："华为人的梦想是什么？"导师说："成为世界通信行业的领导者，让中国用上自己的通信设备。20世纪90年代初的中国，通信设备市场主要被北电、西门子、富士通、阿尔卡特等国外厂商占领，当时装一部电话光初装费就要好几千元，这对很多家庭来说都是一笔不小的开支。"因此华为立志要研发自己的通信设备，还打算要卖到海外去，为全世界的人们提供通信服务。如今，华为成功超越了那些曾经在通信行业领跑的国际厂商，实现了华为人最初的梦想。

为了鼓励员工树立远大志向，不断在工作中提升自我，实现自己的理想。任正非讲过这样一个故事：50年前有两个青年在抬石头修教堂，一个智者问他们："你们在干什么？"一个青年告诉他："我在抬石头。"另外一个青年则说："我在修教堂。"50年过去了，智者云游天下，再次回到此地，发现说"抬石头"的人还在抬石头，说"修教堂"的已成了哲学家。任正非用这个故事教导华为员工，华为瞄准了一个发展大目标，做的事情是天天在"搬砖头""搬石头"，但是总目标是为了提升华为的核心竞争力。所以华为每天都在修教堂，50年后可能就修成了，华为人就成为哲学家、企业家、管理者。

2.2　下属的潜力是逼出来的

在华为，物质文明和精神文明是并存的。在任正非看来，企业的发展不

能单纯以利益来驱动，君子取之以道，小人趋之以利。只有物质利益，是建立不起强大的队伍的，也是不能长久的。因此，管理者必须使员工树立起远大的目标，使员工感到他的奋斗与祖国的前途、民族的命运是连在一起的。要让他为祖国的繁荣昌盛、为自己与家人的幸福而努力奋斗，这样才能最大限度地激发员工的潜力。

华为乌干达代表处当时有不少有难度的项目，一直没攻克，其中有一个项目已经运作了一年，但一直没有签约，负责这一项目的是系统部部长顾明宇。顾明宇的个人能力主管相当肯定，但主管觉得他还有潜力没有被激发出来，为了推进项目的进度，主管决定用"激将法"将他的潜能"逼"出来。

6 月的一天，代表处主管将一张 9 月底回深圳的单程机票放在负责项目的系统部部长顾明宇桌子上。顾明宇看着回深圳的机票，大概理解了主管的意思。主管也是毫不客气地告诉他："如果你在飞机起飞前还没有把这个项目签下来，你就直接回国吧！"

主管的激将法果然起到了作用，顾明宇忙前忙后，天天跑客户。终于在约定的时间之前差不多谈妥了合同，就差几个关键客户的签字。

这天，客户在酒店开会，主管和顾明宇一起来到客户开会的酒店。顾明宇拿着合同，守在门口，终于等到客户出来，没想到客户还是有些犹豫，不愿意签，并且上车离开。回到公司之后，顾明宇说："我要去他家里，无论如何今天也要签下来。"当晚，在顾明宇的不懈努力下，合同终于签订了。

正是在代表处主管的激发下，2004—2007 年，华为打开了乌干达市场，业务额从几百万美元飙升到近 2 亿美元，也一举拿下乌干达政府的"尼罗河"项目，许多员工在能力得到提升的同时，也得到上级主管和公司的大力肯定，丰厚的奖金和各项荣誉接踵而至。

3. 眼睛盯着下属，做好传帮带

华为公司顾问、中国人民大学教授吴春波谈到企业管理时说，做好一个管理者，第一是指明方向，引导员工朝着一个既定的方向前进。员工可能是迷茫的，看不清前面的方向，但是管理者必须要站得高、看得远。第二是做好监督工作，员工工作有错误时，管理者要指出他们的问题所在；员工遇到难题时，管理者要帮助他们渡过难关。

3.1　在关键点上给予下属指导

在工作中，许多管理者虽然知道及时给予下属指导的重要性，但往往忙于上级分派的任务或自己职责范围内的任务，而无暇顾及下属，因而也不能给予下属及时的帮助。而下属遇到问题和困难得不到帮助，便可能产生消极的想法，甚至萌生去意。

小泉加入华为之后，工作中考虑问题的思路很清晰，擅于使用时下的一些新工具辅助工作，接受能力和理解能力很强，在校期间又有丰富的项目经验，得到了导师郑经周的认可。

转正之后，小泉被分派去做其他开发工作，和导师郑经周并不在一个项目组。郑经周在做一个较大的解决方案，小泉接手持续集成专家工作，而且是三个小组的持续集成工作。

虽然小泉能力出色，但因为版本迭代过于频繁，而很多持续集成工程又是从无到有，所有人每天都在改代码，持续集成运行很不稳定，导致小泉经常要维护几十台服务器，还需要每天检查各个指标是否正常，求助持续集成维护人员等。小泉承受了较大的压力。这个时候，他的导师郑经周的工作也非常繁忙，无暇指导小泉，也没能帮助小泉分担压力。压力之下，小泉选择了退出项目组。

小泉的退出也让郑经周不禁反思，如果当时能给小泉一些关键且必要的指导就好了。很多时候，管理者都在忙于应付“上面”交代下来的任务，而有意或者无意地忽视了下属的困难。下属埋头干活，问题又接踵而至，茫茫然看不到希望，就失去了信心，团队也没有士气。实际上，不仅仅是一个部门存在这样的问题，许多公司也存在类似的问题。

当然，作为管理者，指导下属不可能事无巨细、面面俱到，具体到每一个细节。但是在关键问题上给予下属指导，必然使下属受益匪浅，让下属更快地成长。

华为员工杨瑞当时负责某全球发布的版本，版本应用规模大，现网配套厂商多，客户需求紧急，他一时比较焦虑，怀疑自己到底能不能完成这个任务，主管了解到他的情况，每天晚上加班过后，便找他沟通，进行业务辅导。主管仔细倾听他对业务的策划与布局、考虑的风险与应对措施等，并在他讲解过程中适时点评。同时，主管从更高层面提醒他潜在的风险等。主管的运作视角和提出的思路让他茅塞顿开，主管还答应帮他打通关键节点。最后，主管鼓励他说："版本整体把握得很好，放手去干，把版本做成交付的样板。"但是也告诉他，以后不会常常去"辅导"他，只有遇到解决不了的困难，才会帮他。此后，杨瑞迅速成长。

任正非专门指出，带领一个积极、有效的团队，以制度化的流程和方法，提升团队的整体业务水平，去实现企业组织目标，是目前职业管理者所必须面临的任务和挑战。指导下属，做好传帮带，创造环境，建立充满活力、高质高效的有机团队，是每一位职业管理者的责任和使命。

3.2　对员工进行精细化的辅导

为了建立充满活力、高质高效的有机团队，从整体上提升团队的业务水平，管理者不仅要给予下属及时的辅导，还要注意辅导的成效，不是泛泛地指点一番，而是精细化辅导。所谓精细化，就是进行详细的沟通，找出问题，找到症结，针对问题给予辅导。

1998 年 3 月加入华为的黄坤负责产品管理，他便对精细化指导有着深刻的认识。当时他属下的 PL 大部分都是大学刚毕业一两年，年轻气盛，总是简单地以为把任务派发下去就完事了，也不和员工多交流，任务没完成就大发脾气，甚至跟黄坤大吐苦水："这些事情我跟他们说了，说了没做就是他们的事。"黄坤反问他们："凭什么你一句话大家就完全遵照执行呢？你不去沟通，不去指导，怎么知道问题出在哪？不是说你自己会这个事，你的下属想当然就会，他们缺乏经验，就需要你的经验。这时候就需要言传身教，和他们详细沟通，进行辅导。"通过他这一番话，他们了解到对员工进行精细化指导的必要性。

在任正非看来，评价一个主管，不仅要看他带领的团队业绩，还要看他团队的干部和员工是不是够出色、有进步。管理者在团队中起到的是催化剂和黏合剂的作用，同时也起到给组织造血的功能。带领的团队业绩突出，培养的干部和员工个个出类拔萃，这样的人才是优秀的管理者。

4. 训战结合，给下属锻炼的机会

为了公司的发展，华为必须要有优秀的科学家、营销专家、管理家，但这些人才不会从天而降，是需要在工作中培养的。华为的培养工作实行"低重心"战略，重视普通员工、普通岗位的培训，从普通员工、普通岗位抓起。任正非说："一方面要苦练基本功，培养过硬人才。另一方面，也要给每个员工锻炼的机会，可以让员工多去几个岗位，尤其是市场一线。要紧紧抓住'做实'这条方针，这样才不至于出现眼高手低的状况。"

4.1 通过实践让下属得到锻炼

无论是管理者，还是某一领域的专家，都是在实践中成长起来的。只有通过不断的实践，让员工在实践中锻炼，在实践中成长，员工的能力才能得到提升，潜力才能得到激发。因此，管理者要积极创造机会，让员工得到锻炼，早日成为企业的栋梁之材。

华为员工梁宇是2013年底入职的90后员工，勤奋好学，但梁宇对PL工作安排有很大意见，因为PL总是安排他做一些非挑战性的工作，梁宇认为这导致他绩效一般，由此感觉自己发展无望，决定提出离职。

原来，PL认为梁宇当前能力还不足以承担一些复杂性高的工作，很担心他搞砸了，影响业务。另外，项目组骨干老赵反馈，PL给他安排了太多工作，他曾多次向PL反映困难，希望调整一些工作给别人，但每次PL都以“能者多劳”为由婉拒了他的请求。项目组其他员工也表达了对自己绩效的担忧，因为PL把项目组的“要事”都安排给了老赵这样的骨干员工，其他人根本得不到锻炼的机会。

经过一番详细的沟通，PL做了反思。为了留住梁宇这样的优秀并且有潜力的员工，部门进行了一系列改革，提出全新的解决方案：

一是结合业务规划，制订每个员工长期职业发展规划，与员工充分沟通，在日常工作安排时与员工发展方向相结合。

二是工作安排时采用“认领”“竞聘”等方式，最大限度激发员工主观能动性，对于技能匹配确实存在GAP（差距）的人员，通过安排骨干辅导的方式降低业务交付风险。

部门改革之后，团队氛围得到了明显改善，梁宇成功竞聘上了自己心仪的岗位，找到了自己的发展方向，打消了离职念头，也取得了满意的绩效。

可以看出，主管对于新人长期职业发展规划不足，在日常工作安排时缺少对新人的实战牵引。新人得不到锻炼，自然就会对自己在公司的发展前景产生怀疑。因此，任正非专门强调：“如果我们的员工实战经验不足，面对问题就可能处理不当，甚至造成全网瘫痪。各级组织、各级干部，要从实际出发，积极培养员工的实战经验。”

4.2 员工培训是为实践服务的

除了注重让员工得到锻炼机会，给员工实战经验，华为还非常注重对员工的培训。多年来，华为对自己的培训体系不断进行优化，提出了“721”培训法则，即70%的能力来自实践，20%的能力来自导师的帮助，10%的能力来自课堂。

张泽波是华为GTS（全球技术支持与客户服务）员工培训平台部硬装工程营教师，他担任硬装培训教师已经5年。张泽波说，硬件安装看似简单，却是工程交付项目的短板，尤其是海外海量交付项目的最大难题。因此，每次开新学员的开工会时，张泽波都会语重心长地说：珍惜公司提供的到一线实践的培训机会，只有真正动手干过，才能更好地了解公司产品及一线交付流程。

培训部在各个区域搭建硬装培训基地，带领学员到站点进行华为设备安装及理论传授。为了更真实地模拟站点环境，让华为员工深入一线了解站点交付流程，培训站点有的在连绵起伏的高山上，有的在万木争荣的森林深处，有的在高耸入云的高楼里，还有的在阴暗潮湿的地下室里。

任正非指出，华为要重视培训工作，华为也把培训工作作为考核各级干部的重要指标之一，每个干部都应负有培训下级的责任。将来华为要建立各类干部标准，对将提拔的人进行资格审查。有了干部标准之后，大家自然就会重视培训。

除了常规的员工培训外，华为还时常举办各类技能比赛，一来是提升员工的应变能力，二来也能调动员工的积极性，使其重视自己的技能提升。

2015年1月6日，华为运营商BG“大IT大咖秀”拉响决战的号角，从518名参赛者中脱颖而出的10位选手轮番登场，挑战难题。

解决方案重装旅的周涛的目标是拿到客户CEO名片。“我们认识吗？”扮演客户CEO的张森给他来了一个下马威。周涛马上递上自己的名片，并以分享云转型高端论坛上某运营商CEO的见解为由，希望拿到客户名片。他着力强调这些见解对于客户的价值和意义。不到90秒时间，他成功地完成了任务。

西非地区部张涛遇到了比较棘手的问题，要在2分钟内完成和客户数字化业务转型交流。他单刀直入，直接进入主题，指出语音和短信业务明显下滑，并列举出华为帮助运营商数字化转型的成功案例，希望继续拜访客户进行深入交流。翔实、具体的分析也让客户动了心。

中国地区部王正一出场就和客户寒暄起来，只用寥寥几句话，就把客户逗笑了，原本生硬的谈话氛围瞬间活跃起来，紧接着切入主题，邀请客户参与汇报互联网化运营转型方案。很快他也完成了任务。

尽管拿到的是不同的题目，但 10 位选手各显神通，在 90 秒时间里将自己对于大 IT 的理解以及最佳的沟通能力展现出来。

通过多样化的培训、活动和比赛，华为建立起一系列提升员工能力的体系，引导员工将能力应用到实践中去。任正非指出，华为的快速发展，拉动了员工队伍的增长、员工能力的提升，又推动了公司事业的成长。高素质、高水平的员工是华为的财富，是华为可持续成长的保障。

5. 引导下属做总结，累积经验

任正非曾经指出，华为最大的浪费是经验的浪费。但是，华为至今还在有意无意地浪费着宝贵的经验。每个人都是流程中的一分子，在工作中碰到的问题、已有的经验教训、产生的数据等很多有用的信息没有保存下来。如果华为能够更好地利用已有的经验，建立起良好的反馈机制、解决机制和监控机制，例外事件将越来越少，流程运作将越来越顺畅，运作效率也越来越高，最终达到“无为而治”。

5.1 要让员工总结经验成为习惯

为了做好经验总结和数据累积，一方面，要建立一系列良好的机制，确保数据和信息能有效保存下来；另一方面，管理者也要言传身教，将自己的经验分享给下属，做好经验总结的示范工作，让下属养成保存数据、总结经验的良好习惯。

华为内部刊物《华为人》上曾刊载过这样一个故事：一个汽车的 QCC（Quality Control Cirde，品管圈）发现部分零件上有毛刺，就自己买一把锉刀，把问题零件上的毛刺锉掉，于是零件就通过验收了。但他并没有把自己的经验告诉别人，在他退休以后，出现大批量的不合格零件。

由此可见，在一个企业中，经验传承是非常重要的。尤其是在一些无法形成流程化、需要具体问题具体分析的岗位上，就更需要个人的经验和过往数据的辅助。一个人在工作中累积的经验，也是企业重要的财富，只有让这些经验继续传承下去，才不至于因为一个人的离去而导致一系列问题的出现。因此，在华为，管理者便非常重视经验传承的问题。

作为长期坚守维修岗位的维修技师，华为维修部门的主管刘爱群积累了丰富的维修经验。这种经验如何传递给他人，为整个维修团队和公司创造价值，是他长期思考的一个问题。

维修人员的大多经验都在自己的脑子里，维修分析过程和具体现象没有记录和保存下来，一旦人员变动，这些针对具体产品的定位经验也会随之流失。刘爱群在平常的维修工作中，每次遇到故障都会花一点时间详细记录诊断过程，并把自己的工作习惯总结成《维修定位记录总结模板》，形成故障品“病历档案”。这些档案方便个人经验积累及新手快速上岗学习，也为自己和他人后续遇到同类问题时提供思路。

刘爱群担任主管后，推广维修“病历档案”，他动员属下的维修员勤写总结，还评选“优秀维修定位记录总结”。经过一段时间的努力，填写“病历档案”渐渐成为维修员的工作习惯。“病历档案”的建立，除了维修经验的有效积累，也成了维修质量改善的第一手数据，方便技师从中挖掘共性问题，支撑维修质量，建立改善体系。

任正非说：“人生就是通过不断总结，形成一个一个的网点，进而结成一个大网。如果不会归纳总结，就会和猴子掰苞谷一样，掰一个，丢一个，最终一点收获也没有。我们的员工要多记笔记、写总结。没有平时的归纳总结，就无法结成这种思维的网，就无法解决随时出现的问题。不归纳你就不能前进，就不能上台阶。人是一步步前进的，你只要一小步、一小步地前进，就会发现你前进了一大步。”

5.2 使员工相互分享经验，共同进步

在日常工作中，除了日常的经验总结外，作为管理者，还要时常组织座谈会、交流会、分享会等活动，让所有员工都参与进来，相互分享各自在工作中的经验、心得、体会等，营造一个相互分享、相互学习、共同进步的氛围。

2003 年，华为高价中标拿下阿联酋 ETISALAT 和中国香港 SUNDAY 的 3G 商用网络，实现了 WCDMA“零的突破”，可当真正交付商用局时，却没有一套系统的资料能够用来指导 UMTS 网规网优交付。于是，2004 年初，谢智斌和同事们一边交付香港 SUNDAY 项目，一边把交付流程和遇到的问题总结整理成指导书，并在项目上进行验证和优化，形成 UMTS 第一版网规网优指导书，为后续批量交付打下了基础。

谢智斌认识到，一个人的经验总结只有转化为团队和组织的资产，才能真正被传承下去。2011 年 6 月，谢智斌在 3MS 社区创建了“RPOT”团队，与全球的工作者分享相关技术经验，与此同时，他还建立了 3 个技术交流群，实时解决网规网优工程师关于技术、工具、资料、流程等方面的问题。如今，社区和交流群都已成为全球网规网优人员分享经验、获取帮忙、提升能力的重要途径。

任正非指出，华为走过的道路是曲折、崎岖的，这中间既有经验也有教训，这些失败教训和摸索出来的经验，是华为宝贵的财富。华为走向规模化经营，面对国际化大企业强有力的竞争，就必须将华为这些痛苦而宝贵的积累与探索，通过先进管理思想和方法，再进一步提升，成为指导华为前进的理论，并且在实践中不断地优化，引导华为正确地发展。

6. 培养后备人才是干部的重要责任

任正非要求干部要积极培养后备人才，他说：“我们的事业要兴旺，就要

后继有人。每一位干部都要负责地培养接班人。如果一个干部业绩优异，在接班人培养上搞不好，也不能提拔。干部要有博大的胸怀，培养我们事业的接班人，没有这种胸怀，何以治家？无以治家，何以治天下？只有那些公正、无私的人，才会担负起培养接班人的责任和使命。只有源源不断的接班人脱颖而出，我们的事业才会兴旺发达。”

6.1　培养后备人才就是给组织造血

在培养干部和后备人才方面，华为主要抓住两个要点：

一是关键岗位群：基于目标关键岗位再继任计划，例如在市场系统，有大 IT 部长和国家代表两个关键岗位，华为选出优秀的人才进行重点培养，等岗位空缺时便能上岗。

二是后备资源池：设置人才资源池，有意愿的员工可以申请进入资源池，边学习，边待岗。当岗位出现空缺时，便从资源池中挑选合适的人才。

毛国峰是华为企业通信设计部 5 级专家。他认为，保持战场常胜的秘诀就是要有一支素质过硬、敢打敢拼的队伍。毛国峰对人才相当珍惜，对新员工尤其重视。每当有新员工加入时，他便组织员工研讨交流，顺势为新员工推荐入门学习资料，激励他们从小处着手做探究，并鼓励新员工多发言。

在毛国峰看来，跟水平相当的人交流，这样的交流往往最高效，最能碰撞出火花，也更好避开由于知识体系架构不同而存在的“理解落差”。为此，毛国峰经常引导团队成员自行组队讨论，谈工作感想、谈人生体验，就是为了让他们在讨论中提升自己。

毛国峰说：“华为可以提供更宽广的技术平台，可以让真正想做技术的人走进技术的核心，实现‘技术控’们的职业夙愿。我的责任就是培养他们，使他们成为真正的技术人员。”

为了确保培养后备人才的政策落到实处，在干部的责任中，明确要求干部要有意识地培养接班人，同时这也是干部任免的一个重要指标。《华为基本法》第一百零一条明确写道：“尽贤与尽力是领袖与模范的区别。只有尽贤和不断培养接班人的人，才能成为领袖，成为公司各级职务的接班人。”

6.2 努力培养超越自己的接班人

任正非强调，各级干部都必须努力培养超越自己的接班人，这是华为源源不断向前发展的动力。没有前人为后人铺路，就没有人才辈出。只有人才辈出，继往开来，才会有事业的兴旺发达。任正非说："中高级干部任职资格最重要的一条，就是看他能否举荐和培养出合格的接班人。不能培养接班人的领导，在下一轮任期时应该主动引退。仅仅使自己优秀是不够的，还必须使自己的接班人更优秀。"

借助于"导师制"，华为培养了一大批后备人才，为后续的发展打下了坚实的基础。导师们培养和辅导员工，也为组织发现和培养未来的"将军"，他们最大的成就感就是看到自己培养和辅导的员工成长了。

焦健2013年底从产品经理转入客户线，任客户经理。工作初期，几十个项目先后密集发标集中统一谈判，加上采购工作需要很强的敏感性，客户普遍与供应商保持安全距离，这让焦健无所适从。在最开始的两个月，焦健每天都在思考如何多跟客户待上几分钟。

华为安排STC系统部客户部部长王庆作为焦健的"客户线导师"，带领他一同拓展难点客户关系。担任焦健的导师后，王庆积极指导焦健如何拓展采购部客户关系，帮助焦健详细分析客户的情况，比如个性、家庭背景、KPI以及他对业务的诉求等；并且一起制订了一个月的突破计划，把目标分解成多个阶段性的小目标——能见面打上招呼、能进办公室、能进办公室坐下谈几分钟、能进办公室谈业务等，步步为营。

经过王庆的一番辅导，焦健建立起了自信，也一步步摸准了客户的需求，获得了客户的认可，圆满完成了系统部给他定的战略目标，更成为客户线2014年的金牌员工。

焦健说："从产品经理到客户经理的转身，这中间也遇到了很多困难。但是很幸运，有一位好导师和好兄长与我一起并肩战斗，让我成功完成了转变，现在也更加热爱这份工作，还获得了一些成就感。"

王庆说："客户经理都是一步步成长起来的，每个人都有自己的特点，要发挥自己的特点并不容易。看见新人，就感觉看到了当年的自己，我就觉得有责任帮助他们，让他们少走些我当年走过的弯路。担任导师的过程，也让我不断去完善自己，只有自己不断进步，才有底气去辅导他们进步，不然自己有什么资格去做他们的导师呢？我自己也从焦健身上学到很多，他像我的一面镜子，让我看到自己的不足。”

任正非说：“广大干部要甘愿做后来人的铺路石。要承认长江后浪推前浪，后来者肯定比先来者优秀。要是后来者不如先来者，那就说明工作没有成效。华为的希望寄托在年轻人身上，只有培养出超越自己的接班人，华为的未来才大有希望。”

7. 干部要肩负传承企业价值观的使命

在任正非看来，一个企业要长治久安，继续保持前进的步伐，就必须树立起自己的核心价值观。任正非指出：“华为的核心价值观是推动华为向前发展的动力。这些核心价值观要被接班人认同，干部要肩负传承企业价值观的使命，把价值观传承给接班人，用核心价值观约束、塑造接班人。”

7.1 基于企业价值观灵活执行政策

任正非说：“我们现在有些主管只会僵化地执行文件，有的人奋斗得很好，但条款上不符合，他们就机械地按照文件把人狠狠地打击一下，这样的打击是有问题的，挫伤了奋斗者的积极性，华为需要的是那些拿着高薪冲锋、有使命感的人。”

华为高管丁耘在评价华为合同评审流程时指出了其中的一些问题。他说：“我在区域出差时，与一个合同商务部的主官交流，发现他们只对合同评审过程负责，却不对服务质量和效率负责。一个评审要走一个月，这么长时间的评审，怎么给我们的作战部队提供‘炮弹’？作战部队怎么作战？我问这个合同商务部主官，你对一线的职责是什么？他说是质量。质量只是底线，还有时效。我们要对结果负责，对服务质量和效率负责，而不只仅仅保证流程正确、完美。流程正确、完美但是结果很差，我们怎么赢？”

在任正非看来，文件的条款是严格的，但执行中要灵活授权，各个部门可以具体问题具体分析，认为哪里不合理或者对某个人不合理，可以不执行公司的文件，华为的干部要敢于站出来，成为“满广志、向坤山”式的干部，敢于为那些优秀奋斗者说话。

华为系统部高管邓涛在组织学习“满广志、向坤山”研讨会上指出，干部要向敢负责、敢担当的“满广志、向坤山”式的干部学习。这类干部在关键竞争的时候，不受机关的限制去放弃和退出项目，而是想方设法挽救项目，最后成功完成项目。这些优秀的干部都是聚焦业务，细读每一个条款，分析业务场景，掌握流程细节，把握谈判节奏。比如说，与 TLF 做生意时，每个标书都有 30～40 条核心关键条款。其中一条出现错误，损失就是几百万元，甚至上千万元；改正一条，就是数百万元利润。这种细致的工作，机关领导很难看到，可是在系统部，这是最核心的价值所在。邓涛说：“复盘很多项目发现，要是听从机关的命令，放弃了项目，造成的损失实在太大了。因此‘机关的要求既要听，也不能全听’！所以说，干部聚焦自己的核心价值，以高度的责任心去履行自己的职责。”

任正非强调：“要在公司价值观和导向指引下，基于政策和制度，各级管理团队应实事求是、灵活地执行、落实和操作，并对执行结果承担责任。同时通过这样的过程，不断优化我们的政策。”

7.2 言传身教，帮助文化落地

为了传承企业价值观，除了基于企业价值观灵活地执行企业的政策，干部还要言传身教，以自身经历或体验，引导员工理解企业价值观，向先进和榜样靠拢。因为最好的榜样就是身边的榜样，作为领导者，做好榜样，企业价值观才能真正传承并且真正落地。

华为消费者 BG CEO 余承东与新员工座谈时，有员工问："深圳房价这么高，应届毕业生初来深圳，多长时间才能买一套房子?"余承东以自己的例子做了示范："1993 年我加入华为，当时的工资是 800 元人民币，住在深圳大学教工宿舍楼那一带。深圳大学对门有一个楼盘，我计算了一下，以我的工资，我一辈子在深圳都买不起房子。后来你们也看到了，不仅买得起，更贵的房子也买得起。今天你刚到深圳来，你算了一下，你这辈子可能在深圳买不起房子了。但事实上，只要你努力奋斗，为公司不断创造价值和做出贡献，公司也不会亏待你，给你的回报也在不断增长，没有什么是不可能的。华为是一个有潜力、不断进取的公司，对于员工个人的发展也是如此。"

华为正是通过高层干部的言传身教，当好员工的榜样，使员工积极融入华为，理解华为的核心价值观，并贯彻到员工的每项工作之中。这样，才形成了华为今天的文化和核心价值观。

第6章

任务管理——用关键举措保障执行

华为的管理进步，要立足在任务管理进步的基础上。华为要以战略预备队的方式建立起任务管理的干部、专家资源池，通过人员循环流动任职的方式，把先进的方法、高效的能力传递到作战一线去。

1. 战略目标解码，与部门对齐

一个企业为了生存和发展，就必须要制定战略目标，明晰使命和愿景。为了实现战略目标，就必须发挥组织的力量，需要所有人目标一致。如果目标不一致，组织是松散的，就无法形成合力，不能达到目标。组织内部的部门各有各的目标，部门下的员工也有自己的个人目标，因此管理者必须将个人目标和公司目标统一起来，多方兼顾，不要相左。

1.1 个人目标同公司目标的协调一致

为了对齐个人目标和公司目标，将个人目标统一到公司目标上来，并且有效地实现公司的战略目标，应该制定相应的绩效考核体系，并且针对每个员工的特点，制定个人绩效目标。

在 IBM，绩效考核以“个人业务承诺”（Personal Business Commitments，PBC）为中心，围绕着 IBM“力争取胜、快速执行、团队精神”的公司价值观展开。IBM 的个人业务承诺体现在以下三个方面：

第一个承诺：承诺必胜（Win）。想要完成任务，就必须抱着必胜的信念，而必胜的信念又源于团队高效、默契的配合。

第二个承诺：承诺执行（Execute）。IBM 员工时刻铭记“执行”一词。在 IBM 看来，除了严谨的计划和目标，完成项目更为重要的是执行。执行贯穿于项目落实的全过程。

第三个承诺：承诺团队精神（Team）。IBM 认为发挥团队力量，共同合作才有可能取得成功。通常，IBM 采用跨部门的沟通和协作，发挥公司整体优势。

与此同时，IBM 的主管还会辅导员工做 PBC，以让员工能更清楚地认识公司目标的价值、个人的能力、业务的重点，以及如何展开工作等。IBM 主管辅导的整体思路如下：

1. 了解现状与问题：产品线今年与去年相比有哪些变化？这些变化对您这里的业务提出了什么要求？您是怎么考虑的？

2. 阐述目标：您今年要达到什么目标？您的目标为什么是这样的？

3. 聚焦独特价值：哪些事情是您必须花很大精力去关注的？这些事情，哪些是您主管做的？哪些是您下属做的？哪些是您做的？为什么必须由您来做？不做行不行？做好这件事情的关键点在哪里？

4. 强调结果导向：这件工作怎么样就算完成了？做到什么程度您的主管（或客户）就很满意，或体现了您的价值？

5. 回顾工作成效：这样目标就可以实现了吗？问题就可以解决了吗？您的主管（或客户）就满意了吗？

作为管理者要清楚，尽管个人绩效是为公司目标服务的，但个人绩效并非等同于组织绩效。个人绩效是员工为实现公司目标过程中能够体现个人独特价值的绩效，而组织绩效是通过组织的日常运作能够完成的绩效，也就是说，PBC 实际上已经对齐了公司的目标，因此 PBC 应包含这两个部分，并重点突出个人绩效，这样才能牵引员工向独特价值聚焦，做他们最该做的事情。认识到这一点，便能将个人目标同公司目标协调统一起来。

在员工刚进入华为时，华为便清楚地告诉员工这一点。任正非在《致新员工书》中说："华为公司是一个以高技术为基础，着眼于大市场、大系统、大结构的高科技企业。华为的战略目标和发展方向要求所有的员工必须坚持团队合作，走集体奋斗的道路。"

1.2 战略落地，目标层层分解到各个部门

许多企业实际上对自身的战略目标认识很清晰，战略规划也很完善，未来三年的发展方向、发展目标、最主要的业务领域等规划得很清楚。但是到具体实施的时候，就大打折扣。

在华为，为了让战略目标成功实施，坚决贯彻"以客户为中心，以目标为导向"的理念。以客户为中心，就是确保方向是正确的，做正确的事；而以目标为导向，就是把事情做正确。

华为的目标制定非常明确，然后把战略目标分解成不同的目标，自上而下地垂直分解，从公司到体系，再到部门，再到岗位，分解到产品线、销售线，分解到各个部门，甚至到主管的个人 PBC，保证组织 KPI 和个人 PBC 从上到下是一致的。这样，战略目标便细化到各个组织，让各个组织得以实现，也就是所谓的“战略解码”。

华为在制订年度业务计划时，包括三个部分：

第一，体系的目标、策略和行动计划。制定清晰的产线、销线、人力资源、财经等各个体系的目标，分解到足够可管理的组织单元，同时制定相应的策略、细致的行动计划，由这些细致的行动计划来支撑这个目标的实现。

第二，非常强调机会点订货。一旦确定机会点，包含在年度业务计划里面，就制订相应的目标销售额，同时确定今年的订货。

第三，与订货对应的其他关键的财务指标、预算和组织 KPI 等。

华为战略解码的核心原则是“价值创造决定价值分配”。创造更多收入的行为，一定是价值创造行为，分解下去就是影响驱动因素的战略和行动计划。比如销售，选择了合适的市场目标，能提升整个部门的销量，这样的行为就使创造的价值变成一个组织的 KPI。华为把战略里面所有的行动计划，都分解成相应的价值创造行为，制订相应的 KPI。如此一来，华为在战略目标的执行上就获得了强有力的保证。

2. 统揽全局，做出精确执行的计划

本田汽车创始人本田宗一郎说：“行动快的人不一定是第一个完成任务的人，准备工作做得最充分的人才是工作效率最高的人。完善的计划加上坚决的落地执行，一切自然也就变得顺利了。”

2.1 在计划的指导下起航

古人说，“磨刀不误砍柴工。”这句话所阐述的道理就是精准、明确的计

划对于目标执行的重要性。在麦肯锡，工作计划充当着最完美的“磨刀石”的角色，每个麦肯锡员工都要制订每天的工作计划。在麦肯锡人看来，在为客户进行咨询服务之前，如果没有一个合理的工作计划，客户的问题和要求可能就得不到解决，进而失去客户的信任。

林国沣是麦肯锡全球董事、亚洲零售银行咨询业务负责人。刚刚加入麦肯锡公司时，林国沣和大多数踌躇满志的年轻人一样，急切地想要证明自己的才能，对工作充满了激情。然而，一个星期以后，他发现，虽然每天忙至深夜，但自己仍然是所在团队中效率最低的人。

林国沣向同一项目组的法国同事马克请教，马克了解到林国沣的情况后说：“项目组工作要求表第十一条清晰地写着，每天开始工作之前请先制订工作计划，然后行动。工作计划是非常必要的，它能让你理清思路，抓好计划的落实，这样我们就可以掌握时间的主动权，实现工作效能的最大化。”

马克的话让林国沣幡然醒悟，当天夜里，他抛弃了自己习惯的工作模式，根据第二天的工作制订了一个合理的计划，工作效率果然提升了许多。在之后多年的工作中，林国沣始终坚持着这一习惯，并且坚定地要求他的部下这样做。

《21世纪经济报道》记者采访林国沣：“是什么成就了您的今天？”林国沣毫不犹豫地回答说：“是麦肯锡和麦肯锡的工作指南。”

合理的计划安排能够让你在有限的时间内对繁多杂乱的工作事务做出科学的排序，区分重要的事务、需要紧急处理的事务，高效能地分配时间和精力，心无旁骛地处理各种大小事件。可以说，高效、合理的计划，是达成目标的第一步。

由于通信设备市场的复杂性、多变性和困难性，华为人一直以来就很重视提前做好精确的工作计划的准备。华为往往在项目的初期就从全局出发，考虑项目执行中方方面面的问题，准备各种应对方案和措施，确保项目顺利推进。

2012年，华为的核心路由器赢得了无锡核心节点搬迁项目，为了更好地服务客户，针对客户关心的问题，项目负责人赵杰辉、刘志强带领团队与客户进行了十几次技术交流。核心节点搬迁项目组还在北京搭建模拟搬迁环境，带客户参观模拟环境，并且请IP顶级专家熊怡一一解答关于IP路由的复杂问题，打消客户疑虑。

割接总指挥赵杰辉很快制订出项目方案，召集产品线实战经验最丰富的服务、产品、平台保障队伍，分层组建了不同保障小组：总指挥、硬件割接实施组、业务割接实施组、定位组、后方保障组等。为了保障方案的完备性，项目组在战术上引入“红蓝军演练”的方式进行割接演习，从而保障整个方案更完善。事实证明，充分的准备为割接工作打下了坚实的基础。

9月19日，割接工作正式开始，所有经过实验室精确验证过的业务下线、设备拆除、光纤跳线、业务恢复等活动紧凑进行。第二天凌晨4点，割接工作顺利完成。两天后，任正非对无锡核心节点搬迁项目组以及所有参与的开发人员颁发了总裁嘉奖令。

可以说，越是重要的任务，越是复杂的任务，就越需要事先制订好合理、精细的计划。任正非指出，现代企业管理，要基于数据和事实的理性分析与科学管理，在计划和流程的基础上，建立规范的管理控制系统，也就是说，工作要有前瞻性和计划性。

2.2　以客户需求为导向，确保计划可行性

为了确保计划的可行性，保障结果能够高效输出，华为要求制订以客户价值观为导向的宏观工作计划，因为对一个企业来说，只有客户满意，战略目标的结果才是有成效的，工作计划才是可行的。在行政组织结构中，建立了战略与市场体系，专注于理解、分析客户的需求，并基于客户需求确定产品投资计划和开发计划，以确保客户需求来驱动华为公司战略的实施。

华为的HLR（归属位置寄存器）并非主力产品，项目组负责人王金认为，必须做得比公司的主力产品更有竞争力，客户才会选择它。为了实现这一目

标，王金开始着手制订计划。

经过1个月的技术规划和2个多月的架构，项目于2006年4月正式立项。6月，王金拿着架构找SPDT（超级产品开发团队）经理审核，期望可以通过TR1（概念阶段技术评审点），却没有通过。SPDT经理认为这个计划虽然比较完善，但是关键在于能不能获得客户的认可；于是让他拿着架构和方案去找客户，看看客户的意见，看这个产品的架构与客户的期望是否一致。王金只身前往欧洲拜访客户，经过一番探讨，他的产品架构和方案与客户的期望基本一致。产品线领导又请来了架构部、其他产品线的总架构师20多人，组成了一个架构评估团队，花了1个多月时间对王金的架构进行评审，并提出了30多个核心问题。在这个过程中，王金与下属反复进行讨论，验证可行方案，一点一点地往前推进。9月，王金的产品架构和方案，在CDCP、核心网IPMT两次会议上，经过了长达5个小时的讨论，终于审核通过。

任正非要求，华为各产品线一定要贴近市场，贴近客户，倾听客户需求。制订计划时，要确保将客户需求放到产品的开发路标中。同时要求各部门贯彻产品生命线的一体化管理方式。

3. 随时给出关键举措和行动方案

在制订了细致、完备的计划方案之后，为了保障组织战略目标的有效实施，执行过程中，对于出现的问题要随时采取关键措施。当然，这也要求在制订计划方案时应考虑到这一点。

3.1 提供创造性的改善方案

实际上，任何计划都不是万无一失的，在实际执行过程中，随时可能会遇到各种各样的问题，有时甚至是致命的问题。作为管理者，在实际执行时，就应该想到这一点。所以这也要求管理者提高业务水平，当出现问题时，能给出解决方案。

O国B项目是该国第一大运营商重点项目，客户项目总监伊萨克对项目管理非常重视和严格，由于前期交付缓慢，客户高层对华为相当不满，屡屡投诉。为了解决客户的问题，华为项目组了解项目实际进展情况和问题后，与客户项目总监伊萨克见面，提出了项目执行整改计划。项目组首先诚恳地承认了进度的延误和局部站点的工程质量问题，并细致地分析了其中的原因，接着将整改计划告诉伊萨克：

一是编制关键里程碑和单元小区执行计划跟踪表；

二是制订项目组织结构与客户的对应图和沟通计划；

三是确定质量监控流程和关键检查点。

伊萨克听了华为的解释，然后说："我一直在等这样的计划，我相信你们可以把项目做好。"伊萨克当场指定了与华为配合的接口人，借测试工具给华为，并答应只要执行过程中出现的是客户方的问题，就当天解决。

和客户项目总监的沟通起到了积极的作用，离开时他再次说："我相信华为是可以做好交付的。"华为项目组按照制订的整改计划严格执行，按承诺在第四天完成了优先区域的放号，得到客户的表扬。

任正非要求，华为的干部和员工在执行战略目标的过程中，针对不同的业务需求，要提供满足业务需要的解决方案。要学会随机应变，从整体上看待任务目标，这样才能有新思路、新想法，才能切实解决问题。

华为在尼日利亚推行"账实变革"时，有个分包商的项目经理对变革负责人李国峰抱怨说："你们华为的要求太多，变革太多，又是App，又是培训，不同要求之间有什么关联，我们也搞不清楚，反正你们要求我们就得做，做了之后你们又说做的顺序不对，总之要求太复杂了。"

变革负责人李国峰想了想，发现华为的要求确实过于复杂，导致分包商执行不到位。李国峰又拜访了分包商的总经理，总经理说："华为的要求这么多，管理起来难度太大了。某施工队用不用工具，我也不知道，工具的运营绩效数据是我整个公司的数据，绩效不好，也不知道是哪个施工队干的，只好把所有人批评一遍。华为如果能让我在手机上就可以看到哪个施工队干得不好，问题就好办多了。”

分包商的意见让李国峰陷入了沉思，变革计划很完善，实际执行起来却不是那么回事。李国峰反思，华为没有从分包商的角度去考虑问题，所以在执行上出现了偏差。经过一番思索，李国峰提出了以站点为维度，实现信息流归一的解决方案，他的提议得到了项目组的一致认同。然而，系统的方案变动牵一发而动全身，经过1个月的讨论，他们终于设计出两个创新方案并率先在尼日利亚实施。

这两个方案很快推动了变革计划的实施，2016年底，华为终于实现了尼日利亚的中心仓账实一致率100%、站点账实一致率100%、工具运营绩效100%。外审子公司存货无账实相符问题，财报质量从略不满意提高到基本满意。

许多富有成效又有创新意识的执行方案都是在任务受阻时诞生的。华为在引进国外先进管理技术时，曾遇到过许多这样的问题，如果原原本本按照计划或者西方先进管理技术执行，那势必不能解决途中遇到的问题。也就是说，要有随时纠错的能力。

3.2 梳理流程，寻找项目的“个性”

在华为人看来，每个业务、每个项目都有自己特殊的流程，要执行好任务，就必须将业务的流程从端到端梳理清楚，弄清楚业务流程中的每一个细节，发掘出其中的“个性”，并针对性地制定策略和思路，保障项目顺畅地跑起来。

华为员工邓海平曾经负责一个项目，经过他的仔细分析，发现原有方案损耗多，工作量大，若按计划完成这个项目，不仅没得赚，还要亏上不少。另外，他了解到，客户做这个项目是为了升级现有的网络，使旧的网络能够有更多光纤用于传输。

于是，他多方搜寻欧洲国家以及美国、日本和国内的标准与相关案例，研究传输设备的能力和要求，决定调整原先修复光缆线路的测试方案。他拿着新方案去与客户沟通，客户看到他的新方案，颇为犹豫，但是考虑现有网络历史太久，工期紧张，加上从技术上评估该方案可实施性更高，于是同意了新方案。邓海平的新方案大大减少了工作量，满足了客户对工期的要求，项目也得以扭亏为盈，实现了双赢。

任正非曾对华为的干部说：“做项目，就要时常为项目‘把脉’，从财务、客户、合同等方面综合进行分析，制定相应的策略，事事‘虑’为先，抓住项目的‘个性’，这样做起工作来就能举重若轻。”

4. 以团队价值为导向分工，并落实责任

要达成企业或组织的目标，管理者应该清楚地认识到，需要整个团队形成合力共同努力，需要每个人都做出贡献。与此同时，也要对团队进行分工，明确每个人的职责，让工作有序进行。

4.1 责权明确，各司其职

如果一项任务分工不清、职责不明，那整个团队的工作势必一团糟，甚至各自推诿，谁也不肯负责，将工作推给其他人，问题就得不到解决。因此，只有分好工，让团队内的成员各司其职，工作才能顺利推进。

当然，分好工是第一步，在任务执行过程中，还要及时跟进，了解任务的进度，将责任落实到每一个人身上。

在麦肯锡，每个项目组成员都必须为自己的工作负责。不管是刚进入公司的商业分析员、最底层的行政助理，还是顾问秘书、咨询顾问、项目的最高管理者，都是如此。麦肯锡管理咨询顾问保罗·弗里嘉说：“每位麦肯锡成员，不仅要洞察全局，而且要对自身被分配的任务负责。”

为了明确每个项目成员的具体责任，麦肯锡团队在执行过程中重点强调的一个原则就是设定每个人和团队各自的项目期限。麦肯锡人认为，设置项

目期限能够有效促进团队成员工作效率的提高。另外，项目期限的设置也能有效促进团队成员间的持续沟通，了解各自工作的进展情况，并确定下一步执行计划。

对麦肯锡而言，每项任务都是“个人时间”和“团队时间”的集合体，因此，项目期限的设定就是为了要求麦肯锡员工在规定的时间内做好自己的工作，确保留出充裕的时间，最终完成团队任务。同样，参考团队时间，麦肯锡员工也可以明确自己的工作完成程度。

有一次，通用集团的员工问通用电气 CEO 杰克・韦尔奇：“成为一个优秀的员工，做好自己的工作，应当怎样做?”韦尔奇说：“做好自己该做的事情，担负起自己的责任。”韦尔奇所说的也正是麦肯锡人所强调的——“责权明确，各司其职”。

2005 年，华为西安研究所迎来了一项非常重要的任务——当时最重量级的产品 C&C08 研发从深圳搬迁至西安。18 个老员工带着 100 多个应届毕业生一起去深圳接产品。

搬迁完成后，一个周六早上，一个紧急电话打了过来：某省有个 32 模的点瘫痪了，影响了几万用户的通信。PL 罗萱立即组织团队成员攻关，但是由于团队分工不明确，协作不熟练，配合混乱，经过近 10 个小时仍无法恢复通信。各种压力排山倒海地袭来，压得人几乎透不过气来，整个团队都开始慌乱起来。最终，还是当地的技服专家解决了问题。

经过这一事件后，西安研究所痛定思痛，开始重新梳理重大事故的处理机制，明确流程和每个人的分工。此后，他们都按照处理机制来处理这类事故，保证在最短时间内恢复通信，整个团队变得愈发稳健和成熟了。

任正非指出，华为要进一步对岗位责任制进行合理设计，让管理逐步变得规范，操作变得明晰，职责变得明确。任正非强调：“用五到十年的时间，将内部关系合理地理顺，基于团队的目标进行合理分工，责任落实到人。各级干部要努力提高自己的素质，增强管理组织的能力，并在实践中不断优化和改进。”

4.2 了解每个人的能力后分配任务

在给团队成员分配任务时，管理者也要对自己的员工有充分的认识和了解。有的管理者习惯性地只信任自己的老部下，把难的任务都交给他们，新人却得不到机会；也有的管理者任人唯亲，把轻松的任务丢给自己的“亲信”，困难的任务丢给其他员工，也不考虑他们是不是有能力完成这些任务，一旦出现问题，就把责任推给他们。一个优秀的管理者，就应该充分调动团队的积极性，发挥每个人的特长，让每个人做他最擅长的事情。当员工能力与目标相匹配时，员工才更有执行力。

吴楠是华为某项目部PL，团队成员的业务背景、年龄阶段、成长阅历、能力特长各不相同。有跟他一起入职的“老哥们儿”，有应届刚来的“90后”，有社招入职比他还年长几岁的新员工，还有从别的业务模块合入的“新”成员。如此复杂的团队组合也让他在团队分工时总要花费不少的功夫。

2016年，一个新模块合入项目组。该模块由于积攒了几十个问题单，已经延期交付，还可能导致整体项目交付延迟。吴楠仔细思考，觉得首先得让项目组成员深入了解项目交付情况，搞清楚每个问题单的来龙去脉；还要了解清楚每个人擅长的领域，这样在分配任务时才能合理分工，提高解决问题的效率。吴楠很快召集团队成员，向大家说明项目的情况，同时征求他们的意见后再进行分工。经过梳理规整后，善于交流的“90后”负责对外接口，精于技术、善于钻研的老员工负责处理疑难杂症，终于让所有人各自发挥自身的长处，协同作战；同时做好项目跟踪，责任落实到人。仅仅用时两周，项目组就有序地解决了遗留的问题单，模块也开始进入正常的交付阶段。吴楠说：“除了自身技术过硬外，PL的另一职责就是要管好自己的团队，合理分工。”

华为在成长的道路上造就了一大批英雄，哪里需要人就把人放到哪里去，其中的许多人确实创造了历史。但是在任正非看来，华为要继续往前发展，成为国际化大公司，就必须走职业化、规范化的道路，做到人尽其才、物尽其用，以合理、科学、规范的制度实现组织目标。

5. 识别和传达任务关键控制节点

在大数据、大流量时代，团队的定位能力非常关键。未来大数据、大流量，一个项目的流程越来越复杂。如果不知道关键点在哪里，就难以区分轻重急缓，做到有的放矢。任正非举了一个例子：“这就好比‘2012’海浪涨起来了，去找一颗丢掉的钻石，比喜马拉雅山还高的浪，水下还有几千米，汹涌澎湃，要找到钻石在哪儿，这是相当不容易的一件事。”

5.1　从核心需求中梳理关键节点

为了更有效地对任务目标进行管理，华为会事先设定一个个关键控制点，确保在执行的时候，通过这些关键控制点准确把握计划进展状态，以控制整个目标得以实现。

2012 年底，泰国 3G 牌照突然宣布延期。华为本来成立了项目组准备满足客户的需求，但现在项目组一下面临无所事事的局面，项目组经理李峰组织项目组成员利用这个时间端到端仔细梳理各个业务流程，进行大量的沙盘推演。通过细致的梳理，项目组摸清了关键环节。为了能适配海量交付，他们提前打通从站点物料供应、分包资源、站点建设到商用的全流程，保障项目快速、顺畅运行。

2013 年初，项目终于启动。客户提出第一个月交付完成 1000 个站点和 100% 上站检查的质量要求。于是，在交付前的准备阶段，项目组再次封闭研讨，针对客户需求，重新设立组织架构，成立了 4 个独立功能团队，分别是 PMO（项目管理办公室）、TMO（团队管理办公室）、MMO（物资管理办公室）和 RMO（扩广管理办公室）。

独立的 MMO 团队主要解决之前项目货物没有人员端到端负责的问题；完全本地化的 RMO 团队，主要与客户对接，解决沟通问题；TMO 团队是专门成立的子项目组，针对网络商用保障，和客户多次研讨商用保障方案，并且模拟演练了各种应急预案；PMO团队拉通售前售后各个环节，快速识别短板和瓶颈，实现客户的商用目标。这些明确的分工，使项目组在站点商用过程中大受其益，没有发生一起客户投诉和事故，所有网络KPI实现合同承诺。

实现目标有很多要素，有很多流程和节点，在开始任务之前，作为管理者应该积极思考：支撑目标实现的核心在哪里？关键的突破点在哪里？搞清楚了这些问题，抓住了核心，任务流程自然也就通畅了。

5.2 快速调整，找准关键切入点

有的任务并没有太多的时间去梳理流程，去一个一个设定关键点，甚至有时候临时接手一项任务，从半途开始。这时候可能就需要过去的一些经验，同时还要有及时应变的能力，快速调整，迅速找到任务的切入点。

2016年，陈翔华加入英国V运营商M项目，一进项目组，PD（项目经理）就告诉他，由于货发不出去，已经被客户和区域分包商抱怨过多次。经过调查发现，物料无法及时派送，是因为物料派送单无法及时下发。他仔细核对每一条物料派送单，发现问题是由站点实际所需物料与客户下达的PO配置不符，或者客户PO未及时获取导致的。

于是，陈翔华要求供应链交付配置专员提前一个月检查站点配置，如果配置与PO不符，立即进行交付预警。但他知道，解决问题的关键在于拉通售前售后协同解决。陈翔华主动牵头，联系产品经理、共享中心，希望解决这一问题。

但接下来陈翔华又发现，经常到快发货时，客户提出要变更配置，这又得重新进行合同变更。配置变更后，客户和华为双方共涉及8个节点要处理，这一来二去，发货的时间又给耽误了。

怎么办呢？陈翔华认为，必须从两方面来解决这一问题。在华为内部，制订解决方案，及时跟进客户的需求，确保每个变更都能闭环管理；同时，他找到客户，阐述问题，客户也意识到问题的重要性，当场安排专人负责PO更改，还认可了陈翔华两周内安装计划冻结的方案，减少不必要的配置变更。经过多轮沟通和双方流程的优化，最终解决了站点配置和PO不符的问题。

在工作中，无论是管理者还是普通员工，都需要有快速调整的能力，学会抓重点，抓主要矛盾，找准位置和关键节点切入。只有及时找到关键控制节点，避免“眉毛胡子一把抓”，才能从整体上把握整个任务目标，才能从关键节点进行有效的突破。任务执行起来就轻松许多。

6. 带领和督导团队按日程完成各阶段任务

在任正非看来，商场如战场，实际上时间是任务管理上最大的敌人，与竞争对手的赛跑很多时候就是与时间赛跑。一个优秀的管理者不仅能带领团队完成企业的任务，还能最大限度地在规定的日程内完成任务。

6.1　日程问题是最大的流程问题

日程问题实际上是最大的流程问题。如果日程不能按计划推进，那么接下来的计划可能全部都会被打乱；并且许多项目展开之后，需要大量的人力、物力去维持运转，如果不能按期完成任务，那么大量的资源就会被浪费。因此，作为一个管理者，一定要重视日程问题。

洪兵是华为网络技术规划优化六级专家。2012 年，洪兵进入华为 A 级项目澳大利亚 V 运营商搬迁项目，担任主管。刚进项目组，客户就叫停了搬迁项目。客户指出，最近用户投诉数量激增，连续 4 个月高于搬迁前，且呈上升趋势。此时，华为投入交付的人力达数百人，暂停项目对华为来说就意味着成本大量增加。

作为网优模块重大问题攻关的负责人，洪兵立即组织对网络进行逐段核查，以确保进度和搬迁质量。他带领项目组先集中力量解决共性问题，然后逐个解决单站问题，一个月后，客户用户的投诉数量降到正常水平。华为的效率得到了客户的赞许，同意再次启动搬迁项目。为了确保搬迁项目顺利推进，不再出现类似的情况，洪兵建立全过程监督的机制，对交付各单位负责的内容设置了新的核查标准，并重新整合，在搬迁工作流程中增加每日审查这个环节。在严密的过程监督之下，再也没有出现类似的状况，项目顺利按照日程推进并交付，让华为避免了资源的浪费。

华为发展的过程，可以说就是一部与时间赛跑的历史，前有掌握先进技术的国际化大企业，后有步步紧追的本土厂商，在如此残酷的竞争下，华为人清楚地认识到，如果不跑快一点，等待他们的就是被“逐出赛场”。

6.2　把控每一个环节，严格执行项目日程

执行力是一个团队最核心的竞争力。只有执行力强的团队，才能保障任务有效完成。而执行力的强弱，很大程度上就是看该团队是否能够严格按照日程完成任务。因此，必须有效地提升员工工作效率，才能在规定的时间内保质、保量地完成任务。

2013 年，印度尼西亚微波订货和销售毛利双负增长，到处都是微波产品“交付难”“销毛低”等负面声音。为了扭转颓势，华为印度尼西亚代表处主管毛凯利用表格详细列出微波要做的几件事——总体目标、订货预测、人员安排等，并制订了相应的执行措施。

针对当时销售人员日常工作效率低的问题，毛凯制订了严格的工作流程，并要求严格执行。而由于微波产品种类多，毛凯又制订了详细的进度追踪表，严控每个环节的时间，保证新产品能够在第一时间进入市场。2014 年底，在毛凯的带领下，微波再次为华为带来了不错的利润。

除了提升员工的工作效率，还要把控项目的每个环节，制订相应的时间节点，每达到一个时间节点，便对照计划的日程，看哪个环节是可以改进的，对其进行优化，这样就能最大化地将任务完成的时间控制在可以接受的范围内。

华为巴西某项目由于资源不足、物料问题突出、分包商搬迁经验欠缺、团队磨合度不高等，交付异常艰难、缓慢，客户很不满，特别是对于货物供应能力。

文旭来到巴西担任项目经理后，很快制订了相应的措施，联合客户在年初制订了全年交付站点、优先级、站点级到货和实施计划，客户也明确规定了月度发货目标。随后他拉通供应链经理、产品经理和巴西供应中心计划专员，改变原来由产品经理负责物料进口计划的运作流程，由文旭牵头，细化发货计划到天，盯紧订单履行各个环节。一连串的措施，终于实现了连续6个月100%完成月度发货目标，得到了客户的认可，项目顺利推进。

做好了物料保障工作，项目组又和客户、分包商、区域项目组制订集成实施计划，层层细化，6个月完成了1600多个站点搬迁工作，比去年同期进度加快1倍，计划完成率接近100%。由于集中、高效率的交付，项目组获得了当年GTS最佳交付项目奖，文旭也获得“金牌个人奖”。

华为在狠抓执行力上花费了巨大的力气，优化项目环节，提升员工工作效率，制订相应的工作流程，等等。在华为人看来，只要哪里有改进空间，他们就会去主动改进。这些就是华为在任务管理上执行力强的地方。

7. 及时给予下属支持和帮助

经营好一个项目，抓好一个任务，要考虑现有的资源配置、人员配置是否合理，是否有足够的能力完成任务，是否能够有效支撑基础经营单元的需求。在一个项目中，员工在完成任务的过程中可能遇到各种困难，有可能是相关技能不足，也可能是获得的资源不到位，也有可能是相关经验不足。当出现困难或者问题时，管理者应当及时给予下属支持和帮助。

7.1　优化项目的资源配置

在华为，项目是经营管理的基础单元，围绕着一个项目，许多部门都参与进来，例如研发、行政、财务、采购、市场等，由于不同部门的参与程度不同，配置到项目的资源难免存在差异，不一定是最适合这个项目的。不仅仅是物力资源，也包括人力资源。因此，在项目执行中，就要发现缺陷，优化资源配置。

任正非在谈到华为的资源配置问题时指出，当前在项目管理上，要把最优质的资源配置到项目上。很多项目主管反映，项目实施和落地存在困难。比如说项目财务，环顾四周，发现项目财务大多数是13、14级的员工，极少数是16、17级的员工，虽然有冲劲、有激情，但其能力和经验还很难承载项目经营和管理的一线责任，这些都是需要时间积累的。管理机关也很少关注一线项目，导致一线缺少足够的、实时的专家团队支撑。仅凭他们的一己之力怎么能够满足项目的期望和要求？

任正非又指出一点，不仅人力资源配置不完善，在物力资源配置上也有需要提高的地方。任正非说："我在考察欧洲的代表处时，发现他们都没有汽车，就缩在代表处不出去，这怎么能叫作战部队？大多数项目的干部和员工都要冲在一线的，如果不给他们最好的资源配置，怎么指望他们打胜仗呢？"

从业务期望来说，希望员工技能与业务需求能相匹配，越是贴近客户的组织，越需要能力强、经验好的干部。从员工的期望来说，业而优则仕，积累专业经验后，总希望能走到管理岗位，也只有走到管理岗位，才能有更顺畅、更有效的上升通道。不从项目中挪出来，个人的成长就会受到影响；从项目中挪出来，项目就不得不接受新员工、基层员工当家的局面。

7.2 针对性地提高员工能力

除了优化资源配置，更关键的还是要持续提升员工的作战能力，确保业务效率与质量不断得到提升。任正非认为知识管理正是华为持续提升员工作战能力的钥匙。任正非说："知识管理不是'一锅倒'，把什么东西都塞给员工，要有所区分，教给他必要的知识，针对性地提升他的技能和能力。有的主管喜欢高瞻远瞩，员工还在做这个项目，主管就把下一层的东西'倒'给他，员工也有意见。依我看，那不是高瞻远瞩，是好高骛远。他负责这个项目，你就帮他提升这个项目的经验和能力，扎扎实实做好眼前这个项目。"

邓海平是华为的项目经理，在他看来，在项目中对员工进行培养是非常快速、有效的方式。每当接手一个团队时，他首先会分析团队中各人的特点，然后制订不同的培养目标、计划以及方式。例如，某国项目的员工都是刚毕业的本地工程师，就制订一系列的培训课程，并从其他国家调来有丰富经验、语言相同的本地员工，协助他进行培训，同时由他带队一起做设计，在实战中锻炼。

华为企业业务 BG CTO 梁永健相当重视提升员工的能力，在他看来，对于企业业务，一个客户就是一个项目，一线员工的能力就相当重要。在企业业务市场，与客户见面的机会非常宝贵，在有限的时间内如果没有抓住客户的痛点打动客户，不但会丢失机会点，还会让客户打下“浪费时间”的标签，下次敲门就更难了。“谈痛点、抓需求”，就要花大力气培养干部和员工的基本功。

《华为人》上曾刊载了一篇《你眼中的好主管长啥样?》的文章，文章中说，主管比下属员工经验更丰富，掌握着更多的资源。当员工碰到困难的时候，主管理应利用自己的知识、资源为下属解决他不能解决的问题，并且帮助下属成长，为下属的成长、进步付出心血。正所谓“士为知己者死”，员工工作除了养家糊口，更希望实现自己的理想和抱负。如果一个主管只是一味地给员工安排任务，却不愿意帮助员工成长，提升员工的能力，也不给员工提供成长的机会，那他就不是一个合格的主管。

第7章

质量保障——遵从流程和标准做事

各级领导干部不但要学会做人，也要学会做事，踏踏实实地做事，认认真真地做事，学会用科学的方法做事，那种只说不做或只会做表面文章的人不能得到提拔和重用。

1. 主动寻求对既有工作流程的改变

在任正非看来，要让华为的产品质量好、服务好、运作成本低，全面满足客户需求，华为就必须进行持续的管理变革，实现高效的流程化运作，确保端到端的优质交付。

因此，华为在发展过程中，一方面是建立起各方面的标准化工作流程，另一方面，在大量的实践中，也对自己的工作流程不断进行改进和优化。任正非说："流程变革就是管理体系的改革，通过变革，减少中间不必要的环节，打造一支精简、有战斗力的队伍。"

1.1　改变流程之前，先"吃透"流程

但是，在对现有流程做出变革前，必须先沉下去，深入理解现有工作流程的运作方式，"吃透"工作流程，这样才能对流程做出有效的改进。

任正非曾经批评道："现在有一部分干部，也许学了点新方法、新理论，一上来就想把负责的工作流程更改一下。工作流程是那么简简单单可以建立起来的吗？不是，那是经过反复检验的，要改变也需要反复讨论、反复检验。干部想改流程，可以星期天找几个人开个论证会，要是大家认为新程序比老的管理程序更有效，就以规范化的文件把建议写出来，提交上级讨论，经过多次论证、多次审批，才可以更改流程与操作。"

2013 年，胡敏华调到地区部总裁办，负责流程、质量、运营、变革等工作。上任后胡敏华接到的第一个任务，是简化一线交付项目组车辆申请处理流程。然而他对这个所谓的流程却完全陌生。因此，他不得不花费额外的时间多次去亲身体验这一流程，总算对它有了大致的了解。之后他详细调研、多次访谈交付项目组，与地区部财经、交付、行政等人员协商，解决了这个影响交付项目进展的问题。改进后，申请车辆不需要再去查阅相关文件要求，只要打开一张申请表模板就可以清晰处理。审批周期从十几天缩短到了几天，最快只需要

1天。

任正非强调，无论从计划管理、品质控制、流程操作，华为都要向国际标准看齐，这样才能与国际大厂竞争。华为要向管理要效益，提升整体效率和产品质量，不断优化工作流程，在实践中形成新的标准。

1.2 流程工作要直指客户痛点

虽然华为非常重视对工作流程的优化，但他们并不轻易对流程做出改动，不会为了标准化而标准化，为了改流程而改流程，而是在提高效率和为客户创造价值的基础上改进流程。华为轮值CEO徐直军指出："流程工作要从客户界面入手，不能光在内部折腾，要对准客户痛点，对准代表处和系统部的经营指标，通过梳理客户界面，从预算、采购、交付验收、回款四大流程来解决问题。"

2013年下半年，华为中东地区部抓住"客户界面流程适配"这一件关键任务，从解决TOP 25系统部的预算、采购、验收、回款等各个环节的关键问题入手，进行了一系列改革，通过改革，2013年该地区部运营资产效率同比提高21.7%。他们还积极与客户召开研讨会，共同探讨流程优化的问题，得到了客户的广泛好评，认为华为帮助他们解决了不少问题。该地区部流程质量团队被华为评为"2013年度金牌团队"，并获得在2014年的市场大会上分享"客户界面流程适配"的方法和实践经验的机会。

在华为看来，流程变革要把能否获得持续商业成功放在最重要的位置上。通过流程变革，逐步建设和完善业务运营管理体系，通过在流程、组织、IT等方面的改进支撑好业务价值目标实现，帮助客户创造价值，这样的流程变革才有意义。

2. "主管"是流程的第一责任人

高效的流程必须有组织支撑，必须建立流程化的组织。只有建立起流程化的组织，企业才能继续提高单位生产效率。减掉多余的组织，减少中间层，运营成本就降低了。规范化的格式与标准化的过程，是提高效率与去除冗余的基础。

2.1 干部是业务流程改革的重要保障

任正非指出，在流程化的组织里面，干部是第一责任人，干部改革是业务流程改革顺利进行的重要保障。如果重要岗位的干部不称职，流程改革就得不到高效统一的执行，他就成了流程改革的障碍。任正非说："干部一定要敢于负责任，加快流程运转的速度，对明哲保身的人一定要清除。"

任正非曾经给华为干部讲过一个关于美军第二十四师师长的故事。伊拉克战争时，第二十四机步师是攻击巴格达正面战场的主力部队，开战前一天，师长却临时提出还需要增加两个基数的弹药。这是一个近乎不合情理的要求，战区司令官就拒绝了师长的要求，因为两个基数实在是太大、太复杂了。这些弹药的种类要从哪些仓库调出，装在哪里，投放在哪里，如何配套是一个相当复杂的工程，工作量也相当大，然后还要把这些东西分类清楚，并运到指定地点，就更难了。但负责后期的装备少将和后勤少将表态说："没问题，你把路途的集结点告诉我们。我们负责运送过去。"就这样，美军后勤部只用一天就满足了师长的要求。

在上面的例子中，负责后勤的美军少将本来可以拒绝师长的要求，但是因为他们对自己的工作流程足够自信，能够很快地完成任务，因而答应了师长的要求。任正非就是用这一事例，要求干部担负起简化流程的责任。只有这样，组织建设才能有效率，才能让更多的员工去"打粮食"。任正非强调，华为要进一步改革，优化工作流程、提高效率。干部要切实地负起责任来，不能在会议上反复讨论一件事。

2.2 建立对流程负责的责任体系

在华为，干部是对流程负责的，而不是对人负责的。在任正非看来，要让最有责任心的人担任最重要的职务，把权力下放给最明白、最有责任心的人，让他们变成流程的第一负责人。在流程中设立的监控点，由上级部门执行监察控制即可。这样公司才能达到任正非理想中的“无为而治”。

2009年1月，吴楠参与某产品版本的开发及生产支持工作，到6月底产品通过验收，并顺利完成Y国重点项目的发货任务。这5个月是和各种问题反复斗争的过程。

研发进度最密集的时候，产品在高温和低温情况下都出现异常，所有人围着温箱轮番上阵，分析现象、查寄存器、改软件设置，然后纷纷找出责任不在自己的证据，无数次让测试部搞不清楚问题单该提给谁。几乎每个功能模块都有一套迅速为自己摆脱“嫌疑”的办法，这种“自扫门前雪”的做法给产品开发造成了很多困难。最直接的表现就是出现了问题却找不出原因，也不知道该让谁负责。对此，吴楠明确团队的分工，建立起一整套问题整改措施，一旦出现了问题，按流程一个个分析，找到问题之后再根据流程的分工确定是谁的责任。渐渐地，“这个不是我的问题”的声音不见了。

在一个成熟的工作流程里，每个人的分工既明确又相互配合，管理者是保证流程顺畅运作的人，同时也担负起对流程的责任。要让整个团队的成员都明白，所有人都应该对整个项目或任务负责，而不是对自己所做的事情负责，而流程是确保项目顺利运转的重要保障。

3. 快速建立满足实战需求的工作标准

随着行业的发展和市场环境的变化，企业运行机制也在不断地变化，因此，规范化的流程和标准也需要随着环境的变化而变化。

对华为而言，从当初客户只需要对接运营商、只有通信设备产品的业务相对单一的企业，发展为多个事业部并重的大型集团公司，呈现出运营商、企业市场和消费者终端三足鼎立的态势。这就使得华为在业务量上不仅剧增，新的领域、新的业务也如浪潮一般涌来，原有的工作标准和流程显然远远不足以应对这些局面。

3.1　勤做功课，在实践中学习和摸索标准

为了适应这种变化，快速建立起满足实战需求的流程，就必须根据自身的业务状况制定和执行科学的管理制度和业务流程，不断调整和变革，实现标准化管理，并将新的工作流程迅速以制度的形式确定下来。只有通过这种标准化的管理，才能有效满足市场和客户的需求。作为领导者，应该积极适应这种变化，勤做功课，带头学习，在实践中摸索，以建立新的标准和流程。

2013 年 4 月，华为准备拿下某个地铁项目，进入商务谈判阶段，项目组却犯了难，由于缺乏行业先例，很多合同条款他们都不懂。

比如谈到如何定义罚款时，当时地铁的周期长，产权和物权转移与运营商不一样，验收就和运营商不一样，原来的经验基本不能用。项目组于是陷入了两难的境地，一方面他们非常渴望拿下这个项目，另一方面也怕对行业的理解不够导致意想不到的后果。

比如采购，在企业业务上，业界一般都是项目经理采购制，但华为依然延续了自己的传统，采用的是研发合作制，最终是由没有参与项目的研发员工去决定中标对象。该地铁通信包项目中的信息指示牌采购业务，最后并不是当地的供应商中标，这为后续的交付、维护都带来了隐患。

为了解决这种可能留下隐患的问题，切实建立起一个适应该项目标准的工作流程，项目组负责人王明做了大量的功课。比如咨询行业里的专家；通过各种途径获取类似项目的合同文本条款，逐一比对，如果是业界的统一标准，就与对方达成一致，如果只是客户单独的要求，他们就努力和客户沟通，弄明白条款为什么要这么写，出于什么方面的考虑，看看是不是还有商量的

余地。就是在这样的“较真”中，他们对行业的理解快速提升，一群“门外汉”终于进了门。

在企业业务起步期，华为人正是凭借敢打敢拼的作风和不断学习的态度，尤其是华为的干部，在开拓新的领域时，总是带头冲锋，和员工们一起历经锤炼和打磨，在实践中逐步自我摸索，不断完善流程，建立起符合这些领域的标准。

3.2　基于具体情况建立标准

除了要不断在实践中摸索，建立起满足实战需求的工作标准，有时也要考虑合作伙伴的现状和客户的需求。有时候合作伙伴的能力存在欠缺，不足以支撑现有工作流程的执行，或是沟通不足，双方对流程的理解存在分歧。这就需要管理者及时应对，根据具体情况，因地制宜地制定相应的流程和标准。

陆钧昀2007年9月来到摩洛哥，开始负责硬件安装督导工作。2007年初，华为逐步启动切换分包商的政策，即分包商由过去的中方分包商逐步转换为本地分包商，一来是降低成本，二来可以更快地适应当地的情况。但是，过去中方分包商和华为合作多年，非常熟悉华为的标准。而本地分包商却存在诸多问题。

陆钧昀来到摩洛哥之后，发现本地分包商的交付能力比较差，经过多次培训后仍然不见效果。实地勘察后更让他担忧不已，本地分包商在电信领域的能力远低于预期：机柜、电源线、信号线等的安装方式和工艺过程都不规范。陆钧昀意识到，华为过去都是对有电信经验的人员进行培训，但这里的工人没有经验，华为和本地分包商也缺乏沟通，需要重新设计SOP（作业流程标准）。很快，他找到项目经理，组织分包商管理人员一起定制SOP文档，规定了每一个安装动作，包括进站先拆哪个箱子，再取哪个部件，剩余尾料如何堆放标记，等等。有了SOP，陆钧昀还蹲在现场，一遍遍与分包商人员沟通、改进，保证分包商能有效地按照SOP去执行。经过陆钧昀一番努力，项目走向了正轨，分包商也非常感谢华为帮助他们成长和解决问题。

在任正非看来，建立和改进流程应该聚焦在产品的易交付、易维护、易用性等商业竞争力上，而不是只关注产品技术。如今的竞争是全方位的，分布在全流程各领域中。任正非在谈到华为当前存在的问题时说：“现在我们卖给全球的基站都是一样的，我们这个标准适用于全球，沙漠、城市、高山都是这一个标准，欧洲发达城市用，亚非拉地区也用，珠穆朗玛峰也用，非洲为什么要用欧洲的基站？我们反复跟客户推销，说我们的产品好，但到非洲投标没有成本优势，客户说其他运营商的简易基站也能用啊。要因地制宜，根据不同客户的要求和标准给他们不同的产品。”

4. 强化团队遵从流程和标准做事的行为

任正非对华为干部说，一定要坚持流程化组织建设，活学活用好，坚决按流程来确定责任、权力。华为的干部不仅要自己学会，还要融会贯通，把它推广下去。流程化的体系需要广大员工一起来执行和完善。华为干部要学会领导方法，去创造环境，让下属积极地遵照流程做事。

4.1 督促下属养成按流程做事的习惯

在任正非看来，流程化是所有员工快速管理进步的法宝。他说：“一个新员工，看懂模板，会按模板来做，就已经国际化、职业化，现在的文化程度，三个月就掌握了。”因此，管理者的任务就是引导和督促下属养成按流程做事的习惯，创造良好的氛围，使工作流程得以有效地运转。

IBM 曾经有一位研发费用经理。有一次他做预算时，上级要求研发部将某季度的研发费用压缩到某个数字以下，这是一个极具挑战性的目标。在 IBM 的管理体系中，预算是要严格走流程的，费用不能超出预算，当有可能存在风险时要及时预警。这位经理和下属拟制了一份分析报告来支撑这一目标的达成。他认为虽然有风险，但这些风险都是可控的，而且无须采取特别的行动就能达成目标。因而他就没有向研发团队说明这一分析结果。但事情并没有按照他想的那样进行，最后研发费用超标了。产品线高管找到这位经理，批评他没有按照流程去预警风险，导致研发费用超标。

任正非一直非常重视流程化管理，他一直将流程变革视为华为的“二次创业”。为了在华为内部营造按流程做事的氛围，任正非多次指出，华为迫切需要建立起遵从流程和标准做事的习惯，各类流程标准必须得到严格的执行。严格按规范来操作，任何改进必须经过周密计划。任正非举了一个例子，根据知名咨询公司的调查，国外的优秀公司70%的工作在规则内可以完成。但是在华为，70%以上的工作游离在规则之外，甚至可能更夸张。任正非说：“现在有一些员工盲目将助焊剂不经实验就任意大规模采用，随意将烘烤温度从100摄氏度提升到200摄氏度，不是一种认真负责的行为。”

4.2 流程执行和责任体系同步推进

在任正非的推动下，华为经历过多次流程变革。每一次流程变革，对于华为都是一次理念上的转变。流程变革不仅转变员工的行为习惯和管理理念，更重要的是能够真正对公司的经营负责。为了实现这一目标，就必须建立起与流程相匹配的责任体系，这样的管理体系才能支撑企业的未来战略。

许明是乌鲁木齐办事处一名普通的客户经理，2011年11月加入华为。此时，华为尚未启动流程优化，许多流程也是员工按经验去走。这个评审怎么做，那个合同怎么签，都是员工自己用经验摸索出来的。许明第一次接触业务，工作开展得还算顺利，也没出现什么问题，慢慢形成了所谓的“流程”。

然而，这样的流程却缺乏相应的问责机制来匹配，这就导致一些员工钻了流程的“空子”。尤其是销售部门，每个销售人员都背负着高目标，PBC打“A”和打“B”之间的收入差距，让许多业务人员只顾签单，冲指标，也不管能不能按时回款，先把客户搞定，没资金也可以先签合同。指标冲上去了，奖金就上去了，两年后交接出去就与他们无关了，导致“前人挖坑后人填”。

之后，华为启动了“LTC（Lead to Cash，从线索到现金）”流程优化，内控管理，加强对流程的监管，及时问责。许明说：“办事处变得更规范、更职业化了。从最开始的抵触，到现在的不断磨合，再到规范，我们自己的良好习惯正在养成，违规操作和界面外业务行为得到很好的管理，这样既维护了公司利益，也保护了自己。”

因此，对管理者而言，一方面要督促下属养成按流程做事的习惯；另一方面要从制度上保障流程体系的有效性，建立相应的责任体系，及时发现流程执行中出现的问题并解决。

5. 发扬工匠精神，守护华为产品品质

华为自成立起，一直坚持“质量好、服务好、运作成本低、优先满足客户”的理念，任正非说：“华为要学习日本人，坚守工匠精神，拧紧每一颗‘螺丝钉’，让所有的客户都信得过我们。华为从一个几百万的小企业，到四千亿的国际企业是怎么过来的？就是靠着华为产品的硬质量，打动了一个又一个客户。”

5.1 状态文档同样需要标准化

产品质量是全方位的，哪一个方面没搞好，让客户产生困惑，就会导致客户对产品质量的担忧。因此，为了保障产品的质量，就需要在方方面面做到标准化。任正非不止一次地指出，华为产品研究队伍相当一部分员工只重视成果，不重视文档，甚至是轻视文档，随便应付了事，特别是生产指导文件、检验文件、用户指导书、培训教材、故障处理路标等状态文档。

2007 年 12 月 11 日，经过漫长的评估和审计后，德国著名电信运营商 T-Mobile 正式和华为签订合同，华为获得了 T-Mobile 德国、英国、荷兰、奥地利、捷克 5 个国家的全部分组市场。

T-Mobile素来以要求严苛著称，历史上，还从来没有一个厂家能够按照其要求的交付周期准时交付。T-Mobile看中的是华为的综合实力，迫切希望华为能够帮助他们在数据领域占据先机。因此，按时、高质量交付就是项目成功的关键因素，双方在合同中规定：如果华为无法按时交付，则要接受巨额的罚款。

为了满足T-Mobile的要求，华为一线交付团队详细定义了各个阶段的关键动作，将之通过指导书和交接清单的方式统一、固化下来。在项目执行中，编写了《开局指导书》《割接手册》《服务手册》等大量文档，每一个文档经过仔细核对后，都会交给客户检查确认。项目组通过统一的流程、行动、过程监控和确认，保障了平稳的交付。客户高层对华为准备的割接清单和其他文档的印象非常深刻，他说："你们的文档如此之标准让我惊讶，也让我对你们顺利交付项目充满了信心。"

任正非强调："华为在短短几年时间内，从十来个人的小作坊，发展成销售额几千亿元的大生产企业，虽然有了巨大的进步，但是和世界一流企业相比，还存在许多不足，尤其是标准化方面。产品质量要从方方面面抓起，抓好每一个细节，不能因为看起来不重要就随意对待。"

5.2 拧紧产品的每一颗"螺丝钉"

为了将产品质量提升到所有客户都满意的程度，华为在产品质量上可谓下了很大的功夫。对此，任正非特别指出，要把握产品生产过程中的每一个细微环节，把好每一道关，每一颗"螺丝钉"都不能忽视。只有过硬的产品才能建立起标准，只有能经受住考验的产品才能赢得客户的信赖。

华为美国研究所研发的PID芯片——光电集成器件刚一问世，就在市场上获得一片好评。但是在组装上，芯片工艺复杂，对可靠性要求极高，无法满足直接安装在单板上的要求，只能由人工来将引脚焊接上去。密密麻麻的引脚靠人工焊接，难度极大，需要焊接人员具备很高的功底。生产线焊接组组长李辉亲自试着去焊接，第一次焊接完成后，芯片功能无法正常启动，连试两次才成功。经过他们的估算，焊接成功率只有70%。

为了确保产品的质量，李辉带领团队员工先用模具练习焊接，逐渐熟练后，用实物焊接。焊接的一次性通过率达到85%，但离他们追求的“零缺陷”十分遥远。一天，李辉在电视里看到医生在显微镜下为病人做心血管手术。这启发了他，做一个高倍放大镜，在焊接时，既可以清楚地看见密密麻麻的引脚，又可以观察到焊接质量。他与研发人员沟通后，很快就做出一台高倍放大镜。试用时又发现，移动的单板对不上放大镜，或者芯片引脚对错位。李辉模拟滑动仪器，反复实践，想出一个方案，就是固定芯片，只需要操作、移动仪器即可。研发人员重新优化设计，解决了这一难题，产品一次通过率达到了100%。方案因此固化下来，成为工作标准流程中的一环。

由此可见，产品的标准无处不在。每一个细小环节经过深入的钻研，都可能将其变成一个产品的标准。任正非说：“如果我们将产品质量提升到别人达不到的高度，将来华为的标准，就是产品的标准。越南遭遇史上最强台风，其他公司的铁塔都塌了，就华为铁塔还在。这就是我们的优势，这就是我们的核心竞争力。”

6. 强化服务质量，塑造“HUAWEI”品牌

任正非多次提出，华为要走“高质量、高成本、高价格”道路，不能为了抢占市场而降低产品和服务的质量。低质量的产品和服务是在损害企业的品牌形象，不仅会削弱企业在市场上的竞争力，对企业的战略部署也是极大的破坏。任正非说：“爱马仕不会被淘汰，被淘汰的只会是地沟油。”

6.1 用标准化的服务打造“华为”品牌

华为轮值CEO徐直军指出，作为一个企业，品牌是最核心的资产、最核心的竞争力、最核心的战略，只有构筑起强大的品牌影响力，才能更高效地获得产出。为了在国际上树立起“华为”的品牌形象，华为不惜成本引进世

界上最先进的生产装备，使用最先进的工具、方法，吸引和留住最优秀的人才。

在谈到华为标准化服务和品牌形象方面的问题时，徐直军指出，现在，华为在全球很多国家都开设了体验店，在中国就有两千多家体验店，但这么多体验店，并没有给消费者带来一致的体验和服务。消费者来到华为的体验店，第一是没有音乐，最多就放几首华为自己的主题歌曲，第二是没有预装的游戏、应用让消费者可以体验。这样的体验店顶多就是一个产品展示店。华为的体验店，不管是华为自建的还是合作伙伴建的，一定要让消费者感受到华为一致的服务，这样才能让华为的品牌形象深入人心。

徐直军说："不仅是体验一致的问题，有些店基本的服务都欠缺，部分员工板着脸对待消费者。我每到一个代表处，都会问当地终端业务主管，有没有亲自去买过一次华为手机？有没有亲自去修过一次华为手机？有没有亲自打过一次消费者服务电话？大多数终端业务主管都告诉我'没有'。我们终端业务各级主管要加强学习，如果说我们连消费者的体验都不清楚，如何打造高端品牌？"

因此，对一个企业而言，要树立起属于自己的品牌，在激烈的市场竞争中赢得一席之地，就必须把品牌放在战略层面来建设，全方位提升产品和服务质量，从产品、公司形象、营销传播、购买体验和服务体验等方面为客户或消费者营造全方位的体验。

6.2 服务标准化能更好地赢得客户

1997年，IBM的顾问对华为当时的管理现状进行了全面诊断：缺乏准确、前瞻的客户需求关注，反复做无用功，浪费资源，造成高成本；没有跨部门的结构化流程，各部门都有自己的流程，但部门流程之间是靠人工衔接的，运作过程割裂；组织上各自为政，造成内耗；专业技能不足，作业不规范，严重存在个人英雄主义，项目难以复制；项目计划无效，项目实施混乱，无变更控制，版本泛滥。正是为了解决这些问题，华为才下定决心，从IBM那里引入了“IPD”体系。

任正非指出，华为引入“IPD”管理体系，做流程变革，正是为了适应市场的变化，贴近客户，让服务标准化，满足客户的需求。任正非说：“我们以前做产品时，只管自己做，做完了向客户推销，说产品如何好。但是如今的市场形势千变万化，如果我们只是埋头做‘好东西’，怎么知道客户需不需要这个东西呢?”

2015 年，华为的产品进入日本无线市场。12 月，日本客户进行第一次验收，主要验收产品的安装、体积、滤波器等常规指标。结构工程师周春山把安装件用一根钢带绑定在安装杆上，再把产品往安装件上一挂，在两者相接的地方用一颗螺钉拧紧。只用了五分钟，产品就安装好了。日本客户见状，要求自己安装一遍，发现确实很方便。

检测线缆质量时，日本客户不可谓不严谨，用尽全力去拉线，以检验线缆是否易松脱，确认安全性。对于产品的体积、重量，日本客户不仅亲手测量模块的长、宽、高，计算体积，称重更是精确到小数点后两位。对于滤波器 40 多个指标的测试，更是一个不落，逐一确认。

2016 年 4 月，产品陆续到达日本，等待正式上站安装，日本客户开始第二次实验室验收，这次重点验收第一次未验收过的产品射频性能。客户派来两个技术专家，一直蹲在测试仪器边上，13 项测试每项都反复确认，并要求测试结果全部截图存档，针对测试结果还会和研发人员交流确认，每测完一项就在验收表上打钩，最终顺利通过验收。华为可靠的产品和服务让日本客户大为赞赏，因此又购买了华为用“SD 卡”开通基站的产品。

通过近十年的探索和实践，华为以客户需求为导向，构筑了流程框架，实现高效的流程化运作，将产品和服务标准化，确保端到端的优质交付。在任正非看来，华为坚持走这一条路是正确的，华为在这一过程中也真正认识到客户需求导向是一个企业生存发展的根基。

7. 组织团队开展持续改善活动

创新是一个永恒的过程，核心竞争力也是一个不断提升的过程。发错货少一点，企业的核心竞争力就提升了一点；订单处理速度提高 30%，整个业务运行速度也就得到了提升。因此，提升核心竞争力可以从多方面出发，在不同层面对企业的流程或产品进行改进，并非只有创新才能提升核心竞争力。

7.1　质量圈管理，广泛推动员工进行持续改进

为了能更有效地推动企业各方面的改进，应该积极利用广大员工的能量。因为在日常工作中，员工对自己的工作流程最清楚，对自己的业务也最熟悉，哪方面存在问题，往往是他们最了解的。但在许多企业，员工改进的意愿并不强烈，甚至是毫不关心。其原因一方面在于，企业的改进对员工本身并没有直接的动力；另一方面则在于缺乏有效的改善渠道，即便员工知道问题在哪里，也不知道如何反馈，向谁反馈。

日本东京大学石川馨提出的质量圈概念，便是由员工参与质量改进的典范。质量圈是由一些基层管理人员及一般员工组成的。一般说来，质量圈小组成员都是自愿加入的。小组的人数比较少，一般在 6～10 人的范围内，这样便于所有成员相互间进行自由交流。成员定期开会，解决在其工作环境中普遍出现的各种共同的重要质量问题。该质量圈或自己选定要解决的问题，或根据上级管理者的建议选定题目。选定问题后便开始根据设定的程序来分析和解决问题。通常要解决的问题限定在小组自己的责任范围内，并且能够实现这一改进。一个公司内可能会有许多小组。建立小组的方式有多种，可以在一个班组内建立，也可以跨班组建立。20 世纪 50 年代，石川馨提出质量圈的概念之后，质量圈在日本得到了全面的普及，参与的工人达数百万。例如丰田公司，将售后问题分为大问题和小问题，丰田公司将大问题交给工程解决，小问题交给质量圈去解决。

质量圈利用团队合作打破了个人和部门之间的壁垒，给普通员工提供了机会，也能更好地利用集体智慧。华为也相当重视质量圈对公司产品的改进作用，充分调动员工的积极性，发挥他们的智慧与才能，并从中发掘员工的潜力。

2010 年，华为的产品在全球实现全面突破，迎来了全球业务拓展高峰期，客户需求源源不断，开发测试应接不暇，但是因设备系统升级造成的网上问题也接踵而来。为了解决升级验证效率低的问题，申琼瑾成立“全自动”QCC（Quality Control Circle，品管圈），招揽有热情、有能力的员工，严格按照 QCC 流程开展活动，运用科学的质量管理方法进行改进，包括调查表、雷达图、柏拉图、关联图、因果矩阵等，改变了过去“拍脑袋”的做事方式。

由于设备在全球发货，每个运营商应用场景和配置文件都不一样，如何保障版本升级后所有业务正常呢？他们尝试分析这些差异，但海量配置文件差异分析太耗人力，于是又尝试版本升级前后用工具自动化对比配置文件，但配置文件是否生效、业务是否正常还是判断不了。通过与许多的行业专家讨论，他们将各个运营商场景配置自动分析归纳成几套组网，并对版本进行自动加载升级，升级后自动验证业务，最终确保版本升级前后业务一致，解决了当时的一大难题。

任正非指出，要让持续改善成为华为员工的工作习惯，华为人要敢想敢干。华为有很多有奇思妙想的青年人，给他们展示能力的空间，这个空间既可以是质量圈，也可以是其他改善渠道，发挥他们的聪明才干，这样华为才能增强自己的核心竞争力。

7.2 小改进，大奖励，从每一个细节做起

在任正非看来，改进和创新也要实事求是，不能盲目改进和创新，要以客户需求为导向，提升华为的核心竞争力。因此，华为实行“小改进、大奖励，大建议、只鼓励”的制度。任正非说：“能提大建议的人已不是一般的员工了，也不用奖励，华为并不提倡一般员工提大建议，因为每个员工要做好

本职工作就可以了。我们鼓励员工做小改进，改善每个小的缺陷，公司也就有了进步。”

小川在成都 LTE（Long Term Evolution，长期演进）开发部操作与维护开发组工作。按照当时的架构，操作与维护是直接面向客户的操作与维护界面，关系重大。那时，故障报警检测模块不仅代码量大，问题也非常多。

为了解决故障报警检测缺陷值居高不下的问题，小川向主管、系统工程师、模块设计师和代码开发师等诸多同事请教，同时结合自己对编程的理解，决心重构代码。用了一个月的时间，小川重构代码量超过 10000 行，重构后代码减少 30%，优化 CPRI（通用公共无线接口）故障检测逻辑 2000 行代码。重构期间弥补老代码隐藏缺陷超过 8 个。

这时，客户反馈基站的报警帮助不易理解，小川继续进行优化，以全新的图形化语言颠覆式地重构原有资料，并通过分离近/远端操作，提升网上运维可操作性。改进后的产品获得客户的广泛好评。

任正非强调，华为将继续贯彻“小改进、大奖励，大建议、只鼓励”的制度，以客户需求为导向，不断追求管理的优化与改良，持续追求、孜孜不倦、一点一滴地改进，促使管理不断改良，增强核心竞争力。只有在不断改良的基础上，华为才会离发达国家著名公司的先进管理制度越来越近。

第8章 时间管理——养成高效的工作习惯

人生处处充满机会，充满希望。机会、希望掌握在你自己手上。你们只要开放自己，广泛地吸收别人的营养，珍惜时间、珍惜机会，学会自我管理，学会对自己的时间进行管理，你们就一定会有希望！

1. 保持专注力，一次只做一件事

对领导者而言，时间总是短暂而宝贵的，容不得任何浪费。因此，做好时间管理相当重要。高效的时间管理可以让领导者从容应对各项事务，并在有限的时间内做出处理，从而让工作更有成效。

1.1　在注意力最集中的时候做好一件事

英国唯物主义哲学家培根说："合理安排时间，就等于节约时间。"为了更高效地进行时间管理，让工作富有成效，最好的办法就是保持高度集中的注意力去完成工作。但是，每个人的精力毕竟是有限的，即便是一个卓越的领导者，也不可能每时每刻都保持高度集中的注意力。因此，高效的时间管理者总是会集中注意力，一次只做一件事。

管理学大师德鲁克曾描述过一位时间管理高效的人士，他是一家大银行的总裁，德鲁克每月都会与他会谈一次。在会谈之前，他们就已经约定好讨论的话题，这位银行总裁总是会事先做好充分的准备。在见到德鲁克之后，即开始就准备的议题与他进行讨论。在谈话时间将近1小时20分钟时，他就会提醒德鲁克时间快到了，对他们讨论的议题进行总结，并约定下一次会谈的主题。在1小时30分钟时，他就会站在门口与德鲁克告别。

对此，德鲁克询问总裁："为什么每次只会谈1.5个小时？"总裁回答说："我的注意力最多只能集中1.5个小时，一旦超出这个时间，我的注意力就会分散；如果时间少于1.5个小时，那么重要问题可能就无法展开、讨论清楚。所以，我才把会谈时间定为1.5个小时。另外，通常我还有其他工作要做，所以我会将会谈的时间严格限制在这个时间内。每次会谈的时候，我都会告诉秘书'在会晤期间不接任何电话'，这样，我们的谈话就不会被打扰，效率就不会受到影响，其他工作也不会因此被耽搁。"

一次只做一件事并不容易，在现实工作中，许多领导者有许多时间都花费在无关紧要、没什么价值却不得不做的事情上，例如，接待“顺道来访”的重要客户，出席不重要却反复开的会议，等等。这些琐碎杂乱的事务有时会干扰领导者本来正在做的事，甚至使其不得不中断。如果是短期事务还好，再找个时间就能继续做完；如果是长期规划的事务，在漫长的过程中，可能就会出现偏差，让这件事半途而废。

1.2　利用好“聚光法则”，避免半途而废

为了避免做一件事被中断，从而导致半途而废，领导者在进行时间管理时要利用好“聚光法则”。阳光聚集到一点，才能产生足够的热量把火炬点燃。工作上也是一样，把有限的时间聚焦到重要的目标上，才能保证目标高效地完成，这就是“聚光法则”。

为了搞清楚除了销售物料清单、产品基本信息等数据以外完整的产品数据到底是什么样的，业界究竟是如何解决的，2010年，胡朝华与同事来到瑞典向爱立信学习，希望就近学习业界成功企业的经验。产品信息架构就此拉开了序幕。

在此之前，无线部门在华为瑞典研究所调研了两个多月，写了一篇非常详尽的《爱立信公司产品和文档信息管理体系》，这篇文章让我们了解到产品数据的标杆在哪里。

瑞典研究所所长王超斌安排他的管理团队与这些不远万里来的“客人”进行交流。交流时，胡朝华提出产品信息架构要做5～8年。回国后他与一位他非常敬重的老领导谈产品信息架构的目标时，老领导善意地提醒他：“5～8年，你有想过谁愿意与你一起干吗?”的确，周期这么长的一个项目，实行起来难度确实很大。要花这么长的时间专注做好一件事情，可不是嘴上谈谈。

5年过去了，在胡朝华看来，虽然依旧困难重重，但过去的经历让他更加坚定信心，产品信息架构可以做下去，也值得做下去。只要坚持下去，产品信息架构实施就走在了正确的路上。

时间管理并不只是局限于非常微观的层面，也可以在很宏观的层面上，对时间进行管理。实际上，有许多企业曾经看见了机会点，也建立了项目，投入了大量资源，但是因为看不到市场前景而常常半途而废，甚至在即将成功的时候放弃。这一点尤其体现在企业内部管理上，因为缺乏时间管理，对时间的概念太模糊，也搞不清楚自己走到了哪一步，最后在一片混沌中半途而废。

2. 分清轻重缓急，管好时间

华为十分重视时间管理，为了提高管理水平，提升工作效率，华为及时引入了多种科学的时间管理方法。新员工在刚进入华为的时候，华为会对他们进行培训，其中一个很重要的课程就是时间管理，从一开始就培养他们对时间进行管理的习惯。

2.1 利用好四象限时间管理法

在华为，四象限时间管理法得到了广泛的应用，它是由美国管理学家科维提出的，科维把工作按照重要和紧急的程度，分为四种情况，也就是四个“象限”，如图 8. 1 所示。

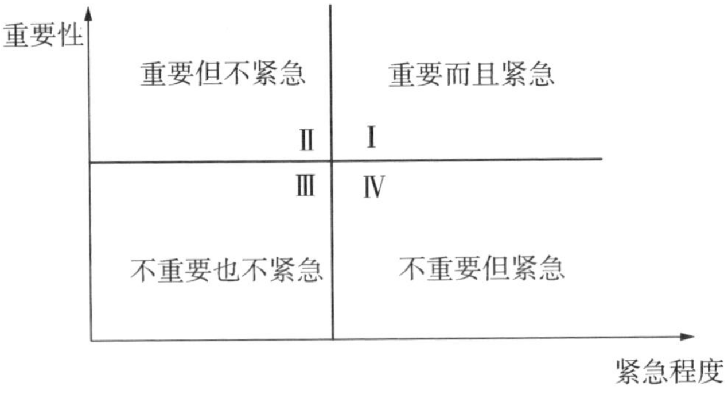

图 8. 1　时间管理四象限

工作中，根据时间管理的四象限对各项事务进行划分，从而确定做事的优先顺序，并坚持执行，这就是四象限时间管理法的主旨。四象限时间管理法的重点是把主要的精力和时间集中放在重要但不紧急的工作上。

当然，将每项事务都仔细划分清楚并不容易，要判断一件事情重要与否通常需要借鉴过去的经验，而紧急的事又往往让人产生事情很重要的错觉。但总的来说，灵活运用“四象限法”，可以大体解决时间总是耗费在不重要的事情上的问题，解决所有事情都成为紧急事件的问题，解决重要的事情总是被耽搁的问题，因而能更充裕地支配自己的时间。

根据“四象限法”，华为把员工的日常工作细分为四种状况，如表 8.1 所示。

表 8.1　员工日常工作状况

	不紧急	紧急
重要	Ⅱ象限：重要但不紧急 ·制订计划、未雨绸缪的工作 ·改进流程、挖掘机会、关注变化 ·学习、健康、家庭、休闲	Ⅰ象限：既紧急又重要 ·突发的危机事件 ·有时间要求的工作计划 ·事关大局的急迫问题
不重要	Ⅲ象限：不重要也不紧急 ·某些烦琐的事 ·某些应付差事的会议 ·某次推销或闲聊的拜访或电话 ·有趣但无意义的活动	Ⅳ象限：紧急但不重要 ·下属的请示汇报 ·不速之客 ·某些会议、电话、信件 ·某些宴会、论坛、演讲

每一个领导者都可以试着将自己的日常事务分为以上四大类，优先处理重要且紧急的事务，把主要精力放在重要但不紧急的事务上，并合理安排时间，在正确的时间做正确的事，工作效率就能大幅提升。

2.2　为目标和任务设立优先级

为目标和任务设立优先级，可以有效地提高个人的工作效率。但人们奋力完成的往往是根本不需要做的工作。为避免新员工始终纠缠于繁杂事务的处理，华为在时间管理培训过程中着力向新员工强调：先完成你最需要完成的工作。

华为前副总裁徐家骏离职前曾给任正非写了一封信，其中对自己在华为工作十年进行了一些思考和反思。徐家骏总结说："在华为工作十年，3650天，工作日差不多有3000天。这些时间是不是花在最重要的事情上了？高效有产出的工作时间究竟有多少？我从前没有认真思考过，如今想来或许有点晚了，但是我想这些思考对于华为、对于华为的员工还是有益处的。时间管理是我在华为工作当中最大的教训之一，当然这也是华为整体性的问题。工作常常缺乏计划，被各种事务打断；或者是不断去打断同事或下属；或者是不断的会议、讨论，占去绝大部分的时间；或者是被自己的兴趣牵引，花大量时间搞一些不着边际的事情；或者是花很多时间在一些细枝末节的事情上，把很难很重要的事情一直拖到非解决不可的地步然后被迫仓促行事。以上种种都是缺少时间管理的结果。"

事实上，徐家骏所陈述的问题也是任正非一贯重视的问题。缺乏计划、项目存在随意性、反复开不必要的会，等等，不仅仅是流程管理上的问题，更是时间管理上的问题，任正非数次推动华为流程变革，实际上也是从另一个方面去解决时间管理的问题。

当然，经过多次变革，华为员工在时间管理上取得了巨大的进步。以下是四种已经被华为人证实有效的为工作任务设立优先级的技巧：

一是衡量自己完成工作的能力。在开始工作之前，管理者或员工首先问自己：我有什么特长、能力？我过去所做的工作中哪些做得最出色？哪些工作任务我可以做得又快又好？然后，将答案写在纸上，为工作制订计划、确定截止日期。

二是分析工作任务的优先级别，根据任务的价值，定期对工作任务实施类选法。

三是关注可能带来大价值的工作任务，这类任务通常具有很大的潜力，具有较高的优先级别，可以多花一些时间和精力在这类任务上。

四是抛开琐事，专心工作，从最重要的任务开始做。

3. 把时间留给最重要的事

意大利经济学家帕累托研究发现：80% 的财富掌握在 20% 的人手中，而余下的 80% 的人只占有 20% 的财富。这就是“帕累托原则”，也叫“80/20 法则”。实际上，“80/20 法则”广泛存在于经济学和社会学领域，在时间管理上亦是如此——20% 的时间创造了 80% 的价值，80% 的价值来自 20% 的任务。

3.1　灵活运用“80/20 法则”

“80/20 法则”告诉我们，工作中要有重点地分配、使用自己的时间，集中 80% 的精力做 20% 的重要工作，投入其他 20% 的精力做另外 80% 的不重要工作。在华为时间管理培训课上，培训师讲述了一则关于穆尔的故事：

1939 年，刚刚大学毕业的穆尔在哥利登油漆公司找到一份业务员的工作。当时他的月薪是 160 美元，他却丝毫不满足于眼前的薪水，他的下一个目标是达到月薪 1000 美元。穆尔积极而努力地工作着，很快就对这份工作得心应手，他拿出客户资料以及销售图表，以确认大部分的业绩来自哪些客户。他发现，80% 的业绩都来自 20% 的客户，但是，不管是哪个客户，他花在每个客户身上的时间都是一样的。穆尔明白了其中的道理，就是要集中精力服务那些能给他带来大部分业务的客户。

穆尔利用“80/20 法则”大显身手，业绩大幅度上升，一年后就实现了月薪 1000 美元的目标，后来他成为美国西海岸数一数二的油漆制造商，又成为凯利穆尔油漆公司的董事长。

因此，在工作中，要学会将能产生大部分价值的任务和带来大部分业务的客户分辨出来，灵活运用“80/20 法则”，把主要时间和精力花费在“20%”的重要工作上，如此才能事半功倍，提高工作效率。

3.2 做好最重要的事情

任正非最近在内部讲话时强调，华为要聚焦主航道，在主航道上航行就要产生价值，提高核心竞争力。任正非说：“就好比吃下午茶，我们要集中精力吃几个甜点，剩下的让别人做。华为要进一步收缩边缘化产品，梳理乱投资行为。”

其实，聚焦主航道讲的就是“做好最重要的事情”这个道理，时间管理也是如此。美国汽车业巨子李·艾柯卡也指出：“正是懂得计划和安排时间的人，也才能够为自己节省更多的时间，把时间关注在那些真正重要的事情上。”

21 世纪初，华为开始走出国门，开拓海外市场。但是海外市场存在诸多不稳定的因素，包括各国的政策不一、客户实力不一等问题。尤其重要的一点是，许多海外客户并没有足够的现金用来支付款项，这对华为来说无疑是一个风险。但是国内市场趋于饱和，华为要继续发展就必须走出去。因此，任正非坚定了看法，即海外市场将是华为未来最重要的市场，华为不能因为一时的风险而不去做。如果华为不去做，那么就不可能成长为世界一流的企业。2004 年，华为与开行达成合作，由开行向华为的客户提供贷款，借助于开行的支持，华为在海外急速扩张。华为也将工作重心转移到开拓海外市场上来，到 2005 年，华为销售额增长的 80% 以上来自海外市场。

在任正非看来，华为要有所为有所不为，决不能大包大揽，任何事情都自己去做，做好自己最核心的业务才是华为正确的发展道路。《华为基本法》里的“我们永远不进入信息服务业”，正是为了时刻提醒华为的人做最重要的事，而不是做所有的事。转换到个人的时间管理也一样，把时间留给最重要的事。

张俊 2005 年从产品经理转做客户经理，独立负责 F 电信公司。因而，张俊要对 F 电信的市场、建设、采购、运维、财务等各部门各科室的客户都熟悉，并保持良好的沟通。F 电信每年大小一百多个合同，从项目启动到合同签订，再到交付回款，都需要张俊参与。从产品经理转到客户经理，对张俊来说无疑是一个挑战，他每天从早忙到晚，甚至从宿舍走到办公室的几分钟时间都要打几个电话。在这一过程中，张俊开始对自己的时间进行管理，什么事项优先处理，如何优先处理重要的事务，不同的项目该投入多少精力，等等。从一开始的手忙脚乱到后来应对自如，张俊利用时间管理完成了职业转型。

实际上，时间管理的对象并不是“时间”，也不是那些繁杂的具体事务。时间管理其实是自我管理，管理的是自己。什么时候做重要的事情，什么时候处理琐碎的事项，都是需要自己去决定并执行的。成功的领导者能很好地利用时间管理对自己进行管理，约束自己的行为，以提高自己的工作效率。

4. 保持工作节奏，避免干扰

对时间进行有效的管理，通常需要从整体上把握自己的工作计划，建立起自己的工作节奏。任正非也就此说过：“如果你发觉自己没有足够的时间去做真正重要的事，那么你必须学会掌控你的时间，这样你才能有足够的精力去应对工作。”

4.1　让保持工作节奏成为一种习惯

为了高效地完成工作和任务，应该制订有条理的工作计划，明确自己的目标，并按照工作计划保持一定的工作节奏。美国管理学家蓝斯登曾这样评价有节奏的工作：“我十分提倡有条理的工作方式，带着明确的目的去做事，就可以减少不必要的额外环节，这样就能够大大提高工作效率。”

保持高效的工作节奏并不容易，必须在不断的实践中慢慢调整，找到最合适的方式，使它成为一种习惯。

蒋申刚进入华为的时候，感觉工作太多，内心很压抑，甚至每天忙得连喝口水的工夫都没有。但是，如此忙乱的工作并没有让他取得有效的成绩，每件事情开了个头就丢下了，很少有完全做完的时候。

蒋申找到直接主管，与他进行交流。主管告诉他，要有明确的目标和自己的工作节奏，要从计划、时间管理和及时求助等方面入手。而如果没有自己的工作节奏，在工作过程中遇到困难又没有及时反馈，工作自然一团糟。蒋申意识到自己的问题，他开始积极行动起来。

他留意观察那些做得好的同事，发现他们做事情十分专注，始终踩着自己的“节奏”；同时，遇到问题及时和上级、周边同事交流。就这样，蒋申慢慢适应了华为，找到了适合自己的工作节奏：每天早上来公司第一件事情，是把当天的工作计划发给团队；整理一天的工作思路，找准当日的工作“主旋律”；每天下班前给主管发一份工作总结，告知自己的工作进展，反馈遇到的困难；保证整段的工作时间以专注自己的工作。

华为给员工干部的培训里，就有时间管理的课程。在华为时间管理的培训中，培训师提出了3种有效保持工作节奏的方法。

一是在固定时间内开展同类工作。将同一类工作任务安排在某个固定时间集中完成。开始一项任务后，要持续进行，不要中途停下来又去开展另一项任务。

二是事先明确任务。工作任务执行前，一定要明确任务的内容和预期达成的效果。在任务执行过程中走“直线”，减省不必要的工作步骤。

三是划出与他人共同操作的环节。对于可能被人打扰的工作环节，要提前划出专门的时间，以确保其他工作任务在执行过程中不会被迫中断或延误。

4.2　快速处理工作之外的干扰

在工作中，人们常常会被其他事项打扰，打乱工作节奏。例如推销电话、客户来访、上级视察、紧急会议等。实际上，这种意料之外的打扰总是屡见不鲜，有许多员工在工作进展不顺利的时候，便会抱怨时常被打扰，导致他们无法专心工作。这看起来虽然是一种借口，但很多时候也不无道理。

日本一家数据咨询公司的数据显示：人们在工作时平均每 8 分钟会受到 1 次打扰，每小时大约 7 次，或者说每天要被打扰 50～60 次。平均每次打扰时间大约是 5 分钟，总共每天大约 4 小时，也就是约 50%。其中 80% 的打扰是没有意义或者是极少有价值的。同时，人被打扰后重拾原来的思路平均需要 3 分钟，总共每天大约为 5.5 小时，按 8 小时工作制度算，这占了工作时间的 68.8%。

那么，如何避免这些无谓的打扰呢？在长期的工作实践中，华为总结了以下几个经验，能有效地帮助他们处理工作之外的打扰，提高工作效率：

（1）坚持“工作中请勿打扰”的原则。在最忙碌的工作时间段，最好告知他人：在这个时间段，请勿打扰！华为的科研人员会在自己的办公室门上悬挂一个标识牌，表明其正在工作中，请他人不要打扰。

（2）安排一段时间处理其他事情。在工作中，与上级或同事的交流是必要的，所以适当留出一点时间，用来交流或帮助他人。

（3）快速排除外来干扰。被干扰的时间越长，对工作的影响越大。一旦出现意料之外的干扰，就尽快处理掉。

（4）不浪费他人时间。在一个团队中，虽然可能分工不同，但整体的目标是一致的，所以浪费他人时间可能就是在浪费自己的时间。

5. 做好多任务管理，有条不紊开展工作

任正非指出，华为的管理与世界一流企业相比还存在差距，最直接的体现就是干部不会做事，工作日程排得满满当当，什么事都要自己去做，既不信任自己的员工，又抓住手中那点权力不放，把自己弄得很累，效率也不高。

5.1　将例行事务交给下属去做

一个管理者的工作通常分为例行事务和例外事务，而那些例行事务很多都是琐碎而日常性的事务，华为一些干部很多时间就花在这些例行事务上了，

而真正重要的事情，要么抽不出时间去处理，不得不加班去应对，要么匆匆忙忙去做，结果成效很差，影响整个项目的进展。任正非说："管理干部应该做一些非常重要的但不很紧急的事，为明天做好疏导，我们的许多干部还整天忙于琐碎的事，这些事交给秘书去办就可以了。"

在华为，秘书起着非常重要的作用，华为80%～90%的例行工作是由秘书进行管理，秘书有处理例行问题的权力。华为公司有很多高层领导都是出自秘书。在任正非看来，办事处的行政秘书就是"管家婆"，把办事处这个家乱七八糟的事情管理好，主任就可以省心了，也就减轻了管理者的压力。分担管理者的压力，并不是说替他决策、出主意，而是要减轻他大量事务性、重复性的劳动，保证管理者在主攻方向上集中精力，这就是秘书的作用。

一个优秀的管理者，懂得适时将琐碎而繁杂的重复性事务交给自己的下属去解决，这样一来，管理者就有精力专心去做别人做不了，只有他能解决的事务。也就是说，并不是所有事务都值得管理者亲力亲为，那样既效率低下，成本也太高。

5.2 批量完成同类型的工作

一项研究表明，在一个合理的时间段内连续完成重复、同类型的工作，工作效率会按照一定的比率递增，从而大幅度减少完成一定任务量需要的时间。也就是说，应尽可能集中处理性质相同的事务性工作，如一次性打完所有的电话，一次购齐所需的办公用品等。在日常生活中，我们也可以看到，快递员在处理快递时，并不会一件一件地送快递件，而会把快递件集中起来，统一送达。集中处理琐碎的事情，时间才能得到更合理的利用。

李强是华为某分公司人力资源部部长助理，每天都要处理大量的工作。比如检查和处理信函、E－mail、电话、传真；协助部长传达对内、对外的信息；安排部长的工作日程，包括出差和住宿安排；协助部长准备、收集及翻译各种会议、会谈资料及报告；协助部长开展人员招聘、面试等人事工作；

甚至协助部长安排一些私人事务。他的工作量不仅大，而且事情很琐碎，一不小心就有可能忘了什么事。李强做事很细心，把这些事务安排得井井有条。李强很会利用时间管理，他会先把事务性工作按照轻重缓急进行排列，优先处理重要的事和急事，集中处理一些不重要、不紧急但又必须办的琐事。在处理文件时，李强会暂缓处理一般性传阅文件，待紧急文件来时一并送给部长，这样既节省了来回送文件的时间，又避免频繁地打搅部长。

李强出色的表现给部长留下了深刻的印象，所以当公司在华南区成立办事处的时候，李强被任命为人事经理，全面负责办事处的人事工作。

其实在工作中，许多人都要应对和处理大量的琐碎工作，不管是管理者还是普通员工，只有掌握合理的方法，才能在应对时进退自如。管理学大师彼得·德鲁克曾经说过："每个人都觉得自己很忙，但是忙对地方了吗？一个好的管理者，是不会忙成这样的！"

6. 预先规划和统筹，一次把事情做对

美国《财富》杂志曾经描述过许多企业的高级主管在工作中分身乏术的情形：他们每天都十分忙碌，会议、电话不断，甚至吃饭时也有人汇报工作。

管理学大师德鲁克认为：优秀的管理者并不会立即就着手工作，他们往往会对自己的工作时间进行统筹规划，预估每一项工作大致需要的时间，哪一项工作安排在什么时间比较合适，然后才妥当安排工作。

6.1　做正确的事，正确地做事

谋定而后动，这意味着开始工作之前的规划非常重要。只有预先规划好工作安排，做起来才能得心应手，效率显著。在这方面，华为的员工普遍遵循一个原则，那就是"做正确的事，正确地做事"。在华为人看来，工作完成的速度和质量很大程度上取决于事先的规划和设计，因此，华为的员工在工作之前，都会将手中的事情进行仔细的统筹和规划。

华为很早就进入了印度市场，印度办事处也有许多印度籍员工。一次，一个印度籍项目经理提出了自己的意见，他对中国籍的华为员工说："我非常佩服你们中国人的执着和干劲，你们总是'work hard'，但是却很少'work smart'。"他解释说，在开始工作之前，应该仔细思考，哪里需要额外的资源，哪里可能会出现问题，等等。这位印度籍项目经理的话不无道理，虽然华为人一向注意事先的统筹规划，但是在做事缜密的印度人看来，华为人做事还是缺少计划性和严谨性。这位印度籍项目经理一般会在项目准备阶段，把工作做得非常细，包括项目开发计划、培训计划、质量监督计划、风险控制计划，等等。中国籍员工总觉得印度人做事慢，纯粹耽误进度。可等项目一展开，就会发现在需要某个资源或数据时，印度人早已准备妥当。

"达喀尔拉力赛"是世界上最著名的汽车越野拉力赛，从巴黎出发，跨越欧洲和非洲两大洲，越过直布罗陀海峡，穿越炽热的撒哈拉沙漠，最终抵达比赛的终点达喀尔。由于"达喀尔拉力赛"经过的地区气候多样，地形复杂，参赛者很容易在漫长的赛程中迷路。因此，每辆车会配备导航员，导航员的任务就是提前研究地形和路线，选择正确的路线，确保他们不至于迷失方向。

任正非说："我们的管理干部要学会把握大的方向，这就好比跑'达喀尔'，既要当好'导航员'，也要当好'赛车手'。'赛车手'技术再好，没有'导航员'，那就找不到正确的方向，事情也不可能做好。"

6.2　制订工作计划，确保一次到位

一次就把事情做对，能避免重复的毫无必要的工作。这是一种以结果为导向的高效工作方法，是避免浪费时间和资源的有效策略。《华为人》上曾刊登过这样一篇文章，大意是因为华为员工做标书经常出错，如有些地方懒得将中文译为英文，懒得修改名称，懒得用拼写检查工具检查拼写错误，等等，最后不得不全部返工。有的员工会说：上级交代的任务时间太紧了，为了节省时间只能拼命往前赶。但是，如果工作没做好，被退回来返工，不是更浪费时间吗？

为了让华为干部和员工养成严谨、细致的工作作风，华为曾经屡次派干部去德国、日本和美国参观考察，每一次都会给华为干部带来很大的收获。

任正非认为，日本企业之所以强大，一个很重要的原因就是严谨的工作作风，他们总是坚持一次就把事情做对。

明慧是车间里包装预配岗位的一名普通女工，她也是华为松山湖南方工厂里为数不多的女“全技员”之一。

明慧 2014 年 5 月进入生产车间，在导师的指导下负责手机彩盒预配业务。起初工作时老是出错，效率也非常低，她向导师寻求帮助。导师把多年的实践经验告诉她，要一次性把事情做对。在刚上手时，要保证操作准确无误，切不可追求速度，要确保每一个步骤做到位，然后慢慢加快操作速度。明慧还积极向零缺陷员工学习，观察他们的作业方法；业余时间多学习违规操作的案例，在错误中成长。在导师的帮助下，明慧掌握了工作方法，熟练度大幅度提升，作业质量和效率在短时间内也迅速提升。

所以说，速度并不等于效率。工作失误要花时间来修正，产品质量出现问题要花时间来解决，技术不过关要靠培训来弥补，这就造成了更多的时间浪费。在一个企业中，由于一个人的工作不到位，可能浪费的是整个团队的时间。因此，制订了工作计划，就要严格按计划落实，通过计划控制，循序渐进做好每一件事，不要为了速度而“取巧”。俗语说：“杀鱼杀到鳍，做事做透枝。”这就是在告诉我们，凡事要做就做到位，在工作上更应该如此。

第9章 充分授权——有效调动员工积极性

沿着流程授权、行权、监管，来实现权力的下放，以摆脱中央集权的效率低下、机构臃肿，实现客户需求驱动的流程化组织建设目标。我相信成功过的华为人，完全有可能实现这一次变革。

1. 以客户需求拉通前后端

管理学学者约翰·西利·布朗和约翰·哈格尔拉的“拉动力”理论认为，面对当今更加复杂和不可预测的市场变化，企业的经营模式要充分发挥自主管理的力量，那种“将资源和权力集中在少数人手上”的高度集权经营模式已经不适应当下的市场环境，必须推行更开放、更具协作性的经营模式，打通企业的前后端，更加直接地满足客户需求，以此来促进企业的成长。

1.1 面向市场，发挥自主管理的力量

任正非认为，当世界从偶然的变化向持续性变革演进时，组织也必须要与之相适应。市场的快速变化要求企业必须有与之相应的快速响应的结构和组织，也就是说，要求企业能快速感应市场的变化。而为了建立起这种快速响应的组织，就必须对企业内部进行变革，打通企业内部的“墙”，让最小经营单元可以基于市场的需求，自主做出决策。

在谈到华为手机的品牌建设时，任正非说，品牌是一个企业的产品给客户最直观的印象，是企业和客户最直接的关系，不要对品牌的理解有偏狭，简单地认为品牌就是广告，不要认为要投入很多钱才能建立起品牌。也就是说，处处、时时都能建立品牌，每一个部门都和品牌有着直接的关系，研发、市场、营销、售后都有建立起品牌的责任。研发的首要责任是保障手机的质量，质量是一个品牌的核心，没有质量就谈不上品牌。另外，研发还要满足消费者的各项需求，多开发功能。当然，手机的“颜值”也是很重要的，“高颜值”的手机一眼就能让消费者辨识出来。市场的责任很重大，广告当然也很重要，也是品牌的一部分，没有广告，消费者就看不到。在宣传上也要找对路子，例如 OPPO、vivo，更多的是讲客户体验，而不是宣传零部件。

可见，对企业来说，企业的品牌形象并不是哪个部门单独的任务，而是

需要所有部门协同起来，面向市场、面向客户，共同建立和维护企业的品牌形象，在这个过程中，企业也要充分发挥自主管理的力量，让每个部门都有能力和权限做好自己的事情。

1.2 产品路标不是自己画的，而是来自客户

华为在内部持续进行管理变革，就是要建立一系列以客户为中心、以生存为底线的管理体系，就是要让企业内部的整个流程，从输入到输出，直接端到端，实现有效连通，尽可能地减少层级，同时也能做到使成本最低、效率最高。

为了更好地满足各大航空公司对新一代大型客机的需求，波音公司在设计“777”时，把各大航空公司的采购主管都邀请到波音公司总部，让这些采购主管与飞机的设计人员面对面地交流和讨论，设计人员仔细倾听各采购主管的讨论，比如下一代飞机是怎样的，有什么需求，多少个座位，有什么设置，然后波音公司记录下他们的讨论过程，在设计时整理和统合他们的需求，于是“777”成为波音公司非常成功的一代产品，在市场上大受好评。

因此，在任正非看来，产品路标不是自己画的，而是来自客户。华为的宏观商业模式，就是产品发展的路标以客户需求为导向。华为的接入网、商业网、接入服务器等概念都来自与客户的交流。

任正非提出，华为的研发团队在组织规模上可以学习亚马逊公司，以一个个小团队快速开发，灵活出动。就像“瓜”结在“藤”上，一个个小团队是“瓜”，不是“藤”，“瓜”可以有大有小，不同的“瓜”有不同的样子，这就是亚马逊模式。但是，华为的研发人员，也要有对市场的灵敏嗅觉，这种嗅觉就是对客户需求的感觉。就像香水设计师一样，能够灵敏区分各种香味。如果研发人员只是坐在办公室里，就摸不清客户的需求，设计出来的产品就没有市场。任正非要求华为的干部和员工一定要多与客户打交道，乐意听取客户意见。就像一条龙，不管龙头如何舞动，其身躯内部所有关节的相

互关系都不会改变，龙头就如营销，它不断地追寻客户需求，身体就随龙头不断摆动。

2. 让听得见炮声的人来呼唤炮火

当一个企业发展到一定规模时，组织和机构便变得臃肿，难免会导致机关不了解前线。但机关又掌握了太多的权力与资源，为了控制运营的风险，自然而然地设置了许多流程控制点，而且不愿意授权，导致做任何事都要走很长的流程。为了改变这种现状，华为积极改革，从改革前方作战部队开始，综合后方平台的服务与管理，加强他们的作战能力，满足市场的需求。

2.1 管理要以一线的项目为中心

任正非提出，未来五至十年，华为将从中央集权式的管理，逐步迈向一线决策的管理方式，要让一线能够充分决策，让“听得见炮声的人来呼唤炮火”。华为当前正在进行的管理变革从以功能部门为中心转向以项目为中心，这种过渡试验就是对这种模式的探索。华为如果能实现管理权力下沉，后方支持的优质服务质量上升，那么华为满足客户需求的能力和速度就会大大提升。

任正非举了美军在阿富汗的特种部队的战例。美军在现代战争中展现了极强的系统后方支援能力，在作战前线，美军的组织功能全面，授权明确，特种战士只需要一个通信呼叫，飞机就开炸，炮兵就开打。美军前线3人一组，包括一名信息情报专家、一名火力炸弹专家、一名战斗专家。他们互相了解一些对方领域的知识，都经过紧急救援、包扎等的强化训练。当发现目标后，信息情报专家利用先进的卫星工具等确定敌人的集群、目标、方向、装备，战斗专家确定以什么方式进攻目标，从哪个方向进攻，火力炸弹专家确定需要的支援数量，等等，他们的配合相当娴熟。

在任正非看来，未来华为的组织模式架构很有必要学习美军这种模式，以项目为中心的作战单元是最贴近客户的，应变一定要迅捷，发掘机会的能力一定要敏锐，一旦发现机会，找准客户需求，就可以通过华为后方提供的大平台快速获得相应的支援。任正非指出，对于一线组织单元，只要在授权范围内，甚至不需要代表处批准就可以执行。

为了强化一线人员的作战能力，激发一线人员的斗志，华为对项目管理进行了全方位改革。

华为对 16 个管理服务项目进行了试点，实行项目全预算制，项目经理向公司提出预算，公司审核后，先提取空耗费用，因为公司把“电”传输过来是有损耗的，剩下的钱全在项目经理那里。项目经理拿到钱后，向供应链购买产品，向机关购买需要的服务，然后完成项目或者把产品卖给客户。这样一来，项目计划、预算的管理就相当重要了。一个项目做完要核算有没有赚钱，赚了多少钱还是亏损了多少钱，这些都是项目经理需要去评估的。

在任正非看来，华为机关庞大的原因，很大程度上在于许多功能部门不能为一线项目提供相应的服务却没有被裁掉，这些功能部门没有压力，改革上也不积极。华为进行管理改革就是为了裁掉这些多余、无用的功能部门，将更多的资源投入一线。

2.2　一线就是要找目标、找机会

如今，华为已经将权力授予前线，而前线的任务就是找目标、找机会。这就要求前线把主要精力都花在这上面，而不是把时间用在与后方的协调沟通上。后方应该解决前线遇到的问题，给前线提供“充足的炮弹”，而不是拖作战部队的后腿。

2016 年圣诞节前夕，卡塔尔哈马德国际机场视频监控项目公开招标，机场行业一直以来都是视频云团队努力突破的重点行业，嗅到这个商机，华为卡塔尔的员工异常兴奋，向上级表态：“一定要拿下这个项目，打造出华为视频云在中东的品牌形象！”为了支持项目组，华为总部充分授权，使他们可以在授权范围内自主决策，并提供充足的资源支持。

项目组拿到标书后发现，不论是方案设计，还是功能特性要求，这个项目简直就是为华为量身定制的，但是标书中对于摄像头数量和视频码率这些业务层的信息只字未提。无法获取关键的业务和应用信息，就不可能根据客户的需求设计出打动客户的方案。

项目组迅速调整方案，选择从集成商一侧突破，经过和集成商的多次深入沟通，项目组对业务层面客户的需求有了深入的了解。他们立刻联系产品线，产品线确定可以匹配这个项目的可交付时间。产品线的答复让他们吃了“定心丸”。

在其他投标厂商还没开始行动时，华为项目组已经有序展开各项工作：投标方案搭配优秀实践、案例，安排高层拜访、技术交流，等等。从技术层到决策层，客户一致认为华为的方案非常契合业务需求。

由于没有合作的先例，客户对华为产品和方案的执行能力也存在疑问，毕竟这是华为在卡塔尔第一个10PB级的项目。为了让客户完全信任华为，华为决定组织概念验证测试。华为一个月前就成立了联合交付保障项目组，由一线企业业务部部长和云存储PDT经理牵头，联系监控软件厂商获取监控软件，研发在国内搭建镜像环境测试，华为的内部测试反应良好。概念验证测试通过后，客户终于放心了。

可以说，华为能拿下该项目很大程度上得益于一线项目组灵活、快速的反应，迅速找准了客户的需求，拿出了解决方案，后方也大力支持，从多方面保障项目顺利实施。

“让听得见炮声的人来呼唤炮火”，就是要求一线决策者在最前线发挥主导作用，把握住市场大势，提高反应速度，抓住机会，取得成果。同时也要求后方平台部门为一线组织提供有效的支持，让一线决策者具有调度资源、及时决策的权力。

3. 充分授权，让下属能干、敢干

任正非相当清楚地意识到，只有充分授权，真正将决策权交给那些“听得见炮声”的一线作战人员，华为的组织才能充满活力，才能激发广大干部员工的能量。但是充分授权一定要有相应的配套措施，让一线决策者有能力、有资源决策，能独立做出正确的决策。

3.1　让一线能够充分调动资源

正如俗语所言：“最长的脚趾最先知道疼。”一线员工总是直接面对客户，他们最了解顾客的所想、所需，但如果配给他们的资源不到位，凡事都要请示，凡事都要走流程，那么就不能第一时间满足客户的需求，解决客户遇到的问题。

著名管理学专家陈春花讲过一个案例，青岛有一家五星级酒店叫作海景花园酒店，服务相当不错，每一个客人都能感受到这家酒店无微不至的关心。因此她很想知道这家酒店是如何运营的。

一个冬天的早晨，陈春花的汽车无法启动，酒店的门卫于是上前问她是否需要帮忙。陈春花问他如何帮，门卫说可以打电话让车队里的人来帮忙。陈春花又问，这么早、这么冷，你能叫得动他们吗？门卫非常肯定地回答说，只要是客人的问题，总经理他都可以叫来。

陈春花总结道，海景花园酒店之所以能给客人带来一流的服务，让客人感受到无微不至的关心，就是因为它能够及时解决客人的问题。而这背后，就是它让一线员工有权调动酒店必要的资源。

为了让一线能够获得充分的支援，华为对内部管理体系进行了大刀阔斧的改革，在任正非的推动下，华为的营销和研发对接，生产、研发、人力资源、财务全部变成了后勤系统。就是把决策权授予一线团队后，后方要全方位起保障作用。以需求确定目的，以目的驱使保障，一切为前线着想。控制有效流程点，从而精简不必要的流程，精简不必要的人员。

2012年，华为启动了以项目为基本经营单元的管理体系建设，强化项目经理的经营责任，完善项目“八大员”的训战和协同作用，同时也把项目奖和人员考核评价权给了一线项目组，让项目组能够快速响应。

丹麦TDC是老牌运营商，但是网络老化，成本高居不下，用户体验不好，在激烈的市场竞争中市场份额逐年下滑。为了重新赢回客户，TDC要华为提供全网无线搬迁、优化和管理服务。这一项目难度和挑战不可谓不艰巨，项目组与TDC展开了漫长的谈判。项目经理周瑞生做出决策，果断与客户签署了协议。

为了达成目标，向客户兑现承诺，项目经理周瑞生将相关难题提交给总部，寻求支援，并在华为内部招募有相关经验的员工。很快，周瑞生得到了上级的支持，几个有经验的员工加入了他的团队。周瑞生带领交付团队，用了9个月的时间，一个一个作业流程优化，一个一个站点进行规划，或搬迁，或扩容，或优化，进站高效运作。最终把客户的网络质量做到了第三方测试排名第一，圆满地完成了客户制定的目标。根据合同中的奖励条款，客户给华为发了1300万丹麦克朗的奖金，而大部分奖金都给了项目组。

任正非强调，华为进一步的改革，就是前端组织的技能要变成全能的，这不是说前端组织要去设各种功能部门。基层作战单元在授权范围内，有权力直接“呼唤炮火”，例如在项目管理上，依据IBM的顾问提供的条款、签约、价格3份授权文件，以毛利及现金流进行授权，在授权范围内直接“指挥炮火”，当然，超越授权范围要按程序审批。后方作为系统支持力量，必须及时、有效地提供支持与服务。公司机关不能以总部自居，机关不代表总部，更不代表公司，机关是后方，必须为前方提供支持与服务，不能颐指气使。

3.2 要强化一线决策者的综合能力

除了要确保一线能得到足够的资源、支持和服务外，一线决策者也要有相应的能力。显然，如果一线决策者能力达不到要求，或者不具备相关业务的知识，那么就会乱指挥、瞎决策，从而使企业乱了套。

任正非指出："一线作战要从客户经理的单兵作战转变为小团队作战，客户经理要加强营销业务的综合能力，要提高做生意的能力，从客户关系、解决方案、融资和回款条件以及交付等四个方面入手。解决方案专家要一专多能，对不熟悉的专业领域要打通求助渠道，交付专家与客户沟通要高效，让客户清楚工程与服务的解决方案，同时对后台的可承诺能力和交付流程的各个环节了如指掌。其他非主业务的人员，要加强对主业务的了解，达不到一定深度的，不能成为管理干部和骨干。"

为了提高员工的业务能力，华为广泛号召消费者BG的员工认真学习《国际商法》。不仅要学，还要对干部进行考试，考试没通过的就不能在分销、渠道等岗位担任领导职务。甚至审计人员也要学习《国际商法》，以在必要时能够支持业务作战。

任正非说："在我读过的书中，印象最深刻的是《国际商法》，这对我创建华为很有启发。《国际商法》对人类社会关系做了很好的总结，尤其是契约关系，把渠道管理、代理商管理、代理商权力等都讲得很清楚。如果没有这本书，我可能就会把分销、代理看成一个操作方法，但其实是一个法律。一边是货物，一边是客户，法律把他们连接起来。"

显然，在任正非看来，作为一个国际化企业，如果它营销体系的领导干部不懂分销、代理相关的法律，那么在与客户打交道时，很多东西就搞不懂，甚至签下不合理的合同，让华为遭受巨大损失。

因此，要支撑一线作战队伍正确决策，有效作战，就必须使一线队伍的成员在业务上专业化，同时提高综合业务能力，强化协调作战能力。

4. 责、权、利一体化

权与责，在许多情况下都是相对应的，是一个统一的整体，享受了相应的权力，就应该担当相应的责任。如果没有相应的责任约束掌权者，可能就会出现掌权者不作为、胡作为等情况。毫无疑问，这种情况会对企业造成不可估量的损失。因此，要明确一点，在充分授权的同时，要确保责、权、利一体化，朝着企业共同的目标前进。

4.1 明确一线决策者的责任

公司经营权下放，如何对一线决策者进行考核？这也是华为一直在思考的问题。任正非指出，首先强调要内、外合规，在此基础上，结果是最好的考核，即“多产粮食”和增加“土壤肥力”。在任正非的推动下，华为大大简化了业绩考核的流程，精简了 KPI 考核指标，人力资源也转变为以信任为中心的考核体系，抓住重点 KPI，简化对过程行为的考核。对代表处的考核，70% 根据“产粮”，也就是销售业绩来量化计算，30% 根据汇报“土壤肥力”的情况来决定是否给予激励，这样就不会使一线的员工一味追求短期的绩效，而忽视公司长远的利益。

华为在部分国家和地区的代表处试点了“自主决策”改革，试点代表处将被当成一个完整的公司，实际上是一个“小华为”，有客户选择权、产品选择权和合同决策权等，对当地销售与服务负责，通过提供销售和服务创造利润。当然，试点代表处要在华为允许的业务范围内经营并行使权力，但必须遵从公司的整体规则，比如在主航道领域代表处只能销售华为公司的产品，不允许转售其他公司的产品。每年，试点代表处向总部提出自己的运营资产额度预算，即“运营资产包”，基于经营目标在一定的现金流和利润范围内有充分的自主决策权，当超出运营资产包时，可以向业务管理小组申请“追加投资”。

试点代表处与机关的交易关系类似企业业务的模式，机关为试点代表处提供产品和能力服务。在运营商领域，试点代表处类似“一级代理商”，EBG（企业业务部）与渠道商的产品交易按照授权价结算，渠道商在授权价基础上加上物流成本、服务成本等，与最终销售给客户的出货价之间的差额就是渠道商赚的利润。

任正非说："我们是分层、分权的管理方式，每层管理各有各的责任，而不是采取集权性的控制方式。"通过这种灵活的组织关系，华为初步探索出一个崭新的模式，即对代表处充分授权，让代表处自主决策、自主经营后，对代表处实现有效的管理。也就是说，权力下沉之后，责任也要下沉，一线员工要承担自己的责任。

4.2 "铁三角"要对准利润

华为对组织体系进行改革，将权力下沉，指挥权下沉，最终目的还是找准客户的需求，获得更多的利润。如果不能找准客户的需求，获得更多的利润，那么管理体系改革就没有任何意义，就变成为了改革而改革。

华为北非地区部围绕做好客户界面成立了一个特别的三人工作小组，三人工作小组由客户经理、解决方案专家、交付专家组成，形成面向客户的"铁三角"作战单元。"铁三角"的特点在于，为了目标而打破功能壁垒，形成以项目为中心的团队运作模式。

该模式给了任正非极大的启发，任正非指出："华为业务开展的各领域、各环节，都会存在'铁三角'，'三角'只是形象的说法，'四角''五角'甚至更多也是可能的。这为我们下一阶段组织整改提供了很好的思路和借鉴。我们选择'铁三角'是为了要业绩、要利润，不能本末倒置。"

从2009年开始，华为开始建立"铁三角"新型分权形式，选择合适的人员进行授权管理。这种新型的组织模式在华为内部取得了很好的效果，"铁三角"有效地提升了客户的信任度，满足了客户需求，提高了各地方部门的效益。到2012年上半年，华为营业收入达到1027亿元人民币，同比增长5.1%。

任正非强调，各个基础单位获得了授权和资源，就一定要拿出效益，否则公司就没有存活下去的基本条件。华为要继续坚持以有效增长、利润、现金流、提高人均效益为起点的考核，达不到公司人均效益提升改进平均线的，部门要进行整改，部门或项目负责人要进行问责。只有这样，我们的组织体系改革才算有成效，权力下沉、精简流程才有意义。

5. 协调一线与后方平台协同作战

随着华为的发展，后方机关和前方一线的关系越来越远，也越来越难听到市场的声音。如果让后方机关来指挥一线“作战”，那么很大可能是脱离实际，不了解市场和客户需求。因此，要切实疏通一线和后方的关系，让后方变成一个平台，随时为一线作战提供服务和支撑，而不是“牵一根线”指挥一线。

5.1 后方平台是为一线服务的

任正非说：“我们公司现在的‘铁三角’，就是通过公司后方机关的平台，及时、准确、有效地完成一系列调节，调动了资源和力量，为一线输送‘弹药’和‘炮弹’。今天我们的销售、交付、服务、财务都是通过远程支援的。前线‘铁三角’，从概算、投标到交付、财务，不是孤立一人在作战，而是后方数百人通过网络平台给予支持。这就是新时代‘班长的战争’，要打好这场‘班长的战争’，要调动前线和后方一起出动，形成合力。”

在2015年华为知识管理大会现场，知识管理能力中心负责人谭新德颇为骄傲地说：“我们现在头上有三朵云，能够随时支援一线作战人员，其中一朵就是‘知识云’——iMSS轻松营销平台。”利用这个平台，一线作战人员一分钟就能获得他工作需要的知识，发出问题求助后，一天内能够得到答案或建议方案，一个月内能够获取标杆项目的经验总结。

华为自2010年11月启动知识管理变革项目群，引进了美国陆军、英国石油等业界先进知识管理理念、架构、最佳实践，着重在研发、营销、销售、交付领域试点推行，以提升业务效率和质量。

以电软数字业务VGS-SCG产品部为例，原本基层员工缺乏有效的知识积累手段，产品质量不稳定。引入知识管理中心的解决方案后，由主管牵头，在基层团队日常活动中打造事前策划、事中分析、事后反思的工作流程，对准业务满意度短板，减少重犯错误，产品质量得以稳步提升。

除了研发，行销、交付、IT 等业务部门也广泛利用知识管理平台，有效地支撑了业务的快速发展。

华为的组织变革就是要求后方机关随时能为前方一线提供支援，实现前后方协同作战。在这一理论的指导下，华为在组织部门变革和流程变革上的步伐越来越快，一系列变革让一线受到的不必要指挥越来越少，得到的支援越来越多，这也大大激发了广大一线干部和员工的工作热情。

5.2　让后方平台准确对接一线需求

实现前后方协同作战，前方要准确、清晰地提出并输入需求，后方要准确地理解前方的需求，按需求提供支持。前方的需求没有发生变动，所有的协调由后方平台自行完成，而且要在前方需求的时限内完成。

任正非将苹果公司和华为做了对比。苹果公司会提前几年对新技术和资源进行前瞻性布局和储备，产业链纵向一体化管理，深度掌控风险及成本，比如铝制机壳，苹果有一批人关注“铝”在全球期货市场的动向，低买高卖，这样就能将成本压到很低的点。任正非认为，华为目前还很缺乏这样的人才。

而华为目前终端有 21 款机型，不仅库存压力大，而且极难管理。苹果手机只有一个款式，则可以把库存扩大 21 倍。款式越多，库存的压力越大。如果某一款手机的零部件备料少了，就供不上货；备料多了，这款手机一旦出现问题，又可能浪费备料。因此任正非认为，华为要规划核心零部件开发，重视归一化建设，以此建立稳定的供应系统，才能给计划更大的弹性。

所以说前后方的沟通十分重要，后方要对前线的业务战略了解透彻，对各方面有正确估计，才能准确对接一线的需求。如果只坐在房间里敲键盘，永远都不清楚一线的需求。

“兵马未动，粮草先行”，项目人员调度一直是华为内部的一大难题。为了解决这一问题，实现“在正确的时间，把正确的人才，运用到正确的地方”的目标，从2013年开始，华为GTS开始着手建立服务人才供应链，上线资源管理系统，3万员工的经验、技能、特长及忙闲状况在资源库中可视可查。谁会说西班牙语？谁会说日语？谁的技能合适？什么时候有空？项目组可以在资源库中找到符合自己需求的人才，可以根据项目情况做3～6个月的人力供应计划，实现人员快速、精准供应。

2015年，墨西哥AT&T项目开始启动，这一项目相当复杂，项目经理李隆兴利用人才资源库，广招人马，两个月时间就从中国、美国、印度、马来西亚等各国集结懂西班牙语的人员、懂北美标准的专家以及各类网络专家455人，很好地保障了项目的顺利推进，使得AT&T项目顺利交付。

近年来，华为在数字化交付平台、工具上进行了大量的尝试，引入ISDP、SmartQC（质量工具）、GENEX & GNEEC（网规网优平台）、ISUP（ICT服务统一平台）、OWS（运维使能平台）等平台工具，为工程交付、维护、项目经营提供支撑。与此同时，还建设了四个全球远程交付中心GSC。这些动作，无不展示出华为打通前后端、让前后方协同作战、实现高效管理的决心。

6. 授权后要及时监督和评价下属的工作

高度授权是为了让员工在权责范围内灵活、自主地执行公司的政策，实现公司的目标。但是，如果授权之后不加以限制，任由员工随心所欲，就会导致管理上的混乱，公司的政策也可能被随意曲解，得不到原原本本的执行，授权也就没有意义了，甚至还会带来反作用。

6.1 授权不等于放任不管

授权并不等于放权，更不等于放任不管。不加限制的授权实际上对公司是一种祸害，正如没有引流的水流向四面八方一样，无法形成合力。因此，授权一定要有一个度，设置一道“围墙”，让权力这股水流往一处流，而不是溢出去。摩托罗拉公司曾经因为授权不当而付出了沉重的代价。

高尔文是摩托罗拉创办人保罗·高尔文的孙子。接任摩托罗拉CEO之初，摩托罗拉面临着严峻的内外部挑战，在外部，各家手机厂商竞争激烈，而在摩托罗拉内部也存在着机构臃肿等问题。为了应对这些挑战，也为了体现自己的开明和知人善任，高尔文决定将公司大部分权力下放给各级管理者，让那些高层主管们充分发挥他们的管理天赋。

高尔文坚信自己在用人上的正确性，公司事务无论大小都不予以过问，结果他根本不了解自己公司的运营情况，个别高管为了讨好高尔文，过分美化公司运营状况，甚至鼓动高尔文在2000年公开宣布摩托罗拉要售出一亿部手机。

此外，过度授权、缺少监管导致摩托罗拉公司内部各事业部门缺少协调，总是各自为政。比如，不同的产品线界限不清、定位冲突、功能重叠，等等，极大地影响了摩托罗拉公司的运营。

2000年以后，摩托罗拉的市场占有率、股票市值、公司获利能力连续下跌。作为手机行业曾经的龙头老大，市场占有率只剩下13%，只有诺基亚的1/3；股票市值也缩水72%。15年来，摩托罗拉第一次出现亏损。

尽管高尔文意识到了摩托罗拉公司存在的问题，在管理上对公司进行了改革，对员工充分授权，但是他的授权缺少必要的管理，对其放任不管，实际上造成了管理上的混乱，最终导致摩托罗拉走向没落。

6.2 授权和监督机制同步推进

在任正非看来，充分授权只是其中的一步，更重要的是，授权后对掌握权力的人进行监督，让权力在规范和监督下顺畅运作。对权力进行监督并不是对干部的一种限制，而是在保护优秀的干部。

为了更好地适应公司内外部的变化，华为从2017年开始在部分代表处进行“合同在代表处审结”试点。

华为将在战略客户、战略产品和竞争方面对代表处给出指引和提出要求。对资金、账务、审计等三项重要的职能进行中央集权，把战略洞察、规则制定、关键干部使用、监督四项中央权力作为“合同在代表处审结”的边界。同时，代表处作为“小华为”，要做到对外守法，要符合所在国家和地区相关的法律法规；对内合规，内控和BCG的要求全公司要统一。子公司监督型董事会是监督者，负责对试点代表处进行对内和对外合规的监督，同时，CFO对高风险项目仍然有否决升级权，履行服务与监督职能。通过有效的监督机制，充分保证代表处在自主决策的同时，杜绝可能损害华为公司利益的情况出现。

华为这种授权和监督机制同步推进的管理方式，既能使华为实现高效变革，轻装上阵，让一线能有效地做出决策，又保证了企业能够正常运转，出现问题也能及时调整。任正非明确指出：“我们既要及时放权，把指挥权交给一线，又要防止一线的人乱打仗，所以监控机制必须及时跟上。我们是以资本的力量来实施监督，但监控不要影响人家正常的运营。他也许方法不对，但是事后可以总结，可以去讨论，事前、事后都可以讨论。”

7. 需要营造一个“容错”的环境

对一个企业来说，要继续往前发展，要继续开拓新的市场，研发新的产品，就必须不断创新，向未知领域摸索。但是，不管是创新也好，开拓新市场也好，在这一过程中，难免会遇到挫折，遭遇失败，或者是犯下错误，这正是创新可能要付出的代价。但一个企业如果因此裹足不前，不进行创新，那么迟早会无法满足于客户的需求，被市场抛弃，许许多多曾经优秀的企业最终走向没落正好证明了这一点。因此，在企业内部创设一个允许犯错、允许创新的空间非常重要。

7.1　创新要宽容失败，给创新以空间

任正非说：“未来的方向在哪里，我们也不知道。我们进行创新，最大的

可能是失败，而不是成功。如果不宽容失败，不宽容从泥坑中爬起来的人，那就不是真创新。因此要宽容失败，不怕失败，敢于探索，华为这艘大船才能从江河航向大海。”

为了打开卡塔尔市场，华为客户经理吴刚走马上任。来到卡塔尔，他开始每天和客户“泡”在一起增进感情，找机会拿一些新产品让客户测试，希望客户哪天能给一个机会。他还和客户的前台工作人员成了好朋友，通过他认识了负责 V 网络的几个客户，在领导和同事的帮助下，成功邀请到客户举办一场研讨会。吴刚认为这是一个极好的机会，不断给客户发邮件约会议，然而事与愿违，其中一个客户向客户 CTO 投诉，说吴刚影响了他们工作，客户 CTO 又发邮件向华为代表处管理层说明了这一情况。但是，领导没有责怪吴刚，只是让他注重方式、方法。后来吴刚找准了方向，吃准了客户的需求，终于打开了卡塔尔市场。吴刚感慨说，很庆幸在这种“创业期”有一个能容忍自己错误的领导，回想起来，如果领导直接批评他，说不定他就不会继续留在卡塔尔打拼，为争取每一个客户而努力了，华为的产品也不会大规模进入卡塔尔。

企业要不断满足客户的需求，适应市场的变化，就必须进行创新，这种创新不是盲目的创新，而是以客户需求为导向，能获得商业成功的创新。因此，华为对于员工进行创新是相当宽容的，尤其是在研发领域，华为会给他们空间，容忍他们暂时的失败。但是，任正非也提出，华为“允许犯创新性的错误，不允许犯流程性的错误”。

7.2　在授权范围内要允许犯错

任正非指出，无论是研发还是市场，都要敞开大门，敢于冒险，不以成败论英雄。错误不算什么，没有人能不犯错误，没有人是一贯正确的，犯错误的人经过改正，以后还是公司的骨干。任正非说：“李云龙一辈子就是犯错误，但他还是优秀的干部，华为需要李云龙这种敢犯错误的优秀干部。在华为犯错最多的是我，我也是在错误中站起来的。”

项目管理领域有一句名言，叫“在项目中做错误的决策比不做决策好”。对项目经理来说，项目是一个动态的管理环境，在项目管理上，存在一次性、短时间、不可重复等特点，这就要求项目经理能够随机应变，快速做出决策。在这种环境下，项目经理为了推进项目，每天围绕着客户需求、项目经营、内部管控要做出无数个决策，并不是每一个决策都是考虑严密、风险最小的最佳决策。很多时候项目经理都是凭借自己的经验做了决策，甚至可以说是“拍脑袋办事”。

华为一位项目经理在审视自己过去的项目决策时，不禁感慨万分。他说：“当年巴西 Vivo 项目，为了赶进度，现场开发了一个‘项目站点整改流程’，一边赶工，一边整改。甚至这个流程还被作为一个管理改进，拿到公司质量大会上去分享，现在想起来实在太无知无畏了。又比如埃及三牌项目，为了尽可能让项目多盈利，想了各种办法，最后分析出最赚钱的不是基站而是油机，然后修改方案，推动客户加大站点油机配置力度，从工程项目角度看，我们是赚钱了，但到了代维阶段，油费和相关运维成本居高不下，让我们的 OPEX（营运成本）难以翻身。”

这位项目经理最后总结道，项目就是这样，困难和挑战永远都在身旁，只有敢于做出决策、敢于犯错，才有可能使项目顺利完结，停步不前，永远无法达成目标。优秀的项目管理专家，即使犯了错，也要坚持到最后，去达成目标。正因为华为为他提供了容许犯错的空间，他才能坚持走到今天。

过去华为跟在爱立信、思科等一大批世界先进的企业后面走，少走了很多弯路，少犯了很多错误。如今，华为已经走在了通信行业的前头，华为的前面已经没有人了，前面怎么走，谁也不知道。但是路还是要继续走，华为还是要朝着更远大的目标前进，在朝着远大目标前进的路上，华为将继续变革，充分授权，让华为广大的干部和员工在自己的权责范围内勇敢探索，允许他们犯错，在华为内部营造一个宽容犯错、鼓励创新的大环境。

第10章

沟通与反馈——建立融洽的团队气氛

干部一定要和员工有一个定时的沟通，十分钟、十五分钟都是可以的。在调动工作时，主管一定要和本人沟通，不能什么都不告诉他，简单地命令一下，这样草率的行为很不好。只有沟通清楚了，才能避免很多矛盾。这同样是一种关爱精神，可以缓解竞争给人带来的心理压力。

1. 营造真诚而不打折扣的沟通环境

任正非曾不止一次地告诫华为管理层，想要决策顺利推行，就必须学会运用沟通的力量，不沟通便无法使团体成员之间信息互通，“领导们都不知道员工想要追求什么，凭什么让员工与企业同心同德！”

1.1 正确理解上下级关系，杜绝官僚作风

任正非反复强调在领导层决不能有官僚作风的存在和产生。他说：“创业容易守业难，堡垒最容易从内部攻破。所有人都要时刻保持清醒，时时自我批评，眼睛盯着客户，心里想着自己的队伍，不脱离群众，始终与一线保持紧密的关系。只有这样，公司才有可能长久地活下去。”

在任正非看来，华为的干部要不怕批评，有人批评才是好事，要正确理解上下级关系，各级干部要多听不同意见。不只是华为，任何公司在发展过程中，最怕的就是听不到反对的意见，成为一言堂。如果听不到反对意见，都是一片赞美的声音，那么一旦摔下去就是死亡。

被誉为全球第一CEO的通用电气首席执行官杰克·韦尔奇认为，员工遵从上级命令，准确执行上级指示，工作才能顺利进行，但这并不等于盲目地遵从上级的命令。如果完全没有弹性地服从命令，只会使工作陷入僵化。在韦尔奇看来，管理者还要适时鼓励员工为企业发展建言献策。

杰克·韦尔奇认为，员工在专业领域和自己的技术专长范围内，常常比管理者更有经验，在决策的时候更有发言权，而这时如果员工不敢发表自己的意见，而是不论对错地盲目服从领导，那么必然会使管理者在真正需要建议时陷入被动，这对于管理效率的提升以及员工的长远发展都是不利的。

因此，管理者与员工之间要建立一种诚信关系，并通过这种关系促使员工带着责任感去工作，而不是盲目和消极地遵从。

只有在组织内部建立起良性的沟通环境，让员工主动沟通、享受沟通，才会在更大层面上提升企业的整体绩效。也只有通过下属的主动沟通，才能更好地展示干部的领导能力。

1.2　构建沟通渠道，营造良好的沟通氛围

很多时候，员工不是不想交流，而是不敢交流。不管是初涉职场的新手，还是职场“老鸟”，在陌生或者压抑的环境下，多少会害怕交流。要么害怕权威人士质疑，要么曾经在进行沟通时遇到挫折，要么在一些正式场合或向领导汇报时怯场。

为了让管理层和基层员工实现高质量的交流，华为设置了多个沟通渠道，让员工可以畅所欲言，说出自己的看法。

第一，员工可以申请与高层管理人员面谈。华为的所有员工都可以通过这条途径同中高层管理者进行面对面的交流，管理层则会认真倾听员工对公司及自身职业生涯的意见，询问员工对工作的满意程度，了解员工的工作状态。

第二，定期召开圆桌会议。华为各级经理会定期召集不同部门的员工举行交流会议，任何员工都可以就公司的发展前景阐述自己的见解。

第三，设立交流信箱。华为员工可以将自己的想法整理成信，放入公司意见箱，管理层会通过人力资源部门及时查阅，妥善处理员工提出的各项问题。

第四，员工意见调查。华为有专门的员工意见调查部门，并严格遵守客观、保密和公正的原则，充分保证员工在直言不讳的同时，不会遭人排挤。

第五，定期为员工发送邮件报告。人力资源部门会在每个月月初将公司的重要发展动态，以及近期重大事件通过电子邮件等方式传递给每一位华为员工。

华为正是通过以上一系列自由、开放的交流方式，在企业管理者同基层员工之间架起了一座畅通无阻的沟通桥梁，以此不断激发着员工的主人翁意

识和艰苦奋斗精神。

为了引导组织内的良好沟通，需要建立合适的沟通机制，保障团队内的适时沟通。

华为TDD营销支持部有两个例行沟通机制。其一是每周一下午4点到5点的部门例会，主要目的是信息共享，每个员工介绍自己上周的主要工作，让大家都清楚每个人在做什么，资源如何利用；其二则是公司例行的每年三次与员工的单独沟通，每次都要花30分钟，包含工作方向辅导、员工职业发展和其他想法需求，单独沟通更侧重于员工个人，了解员工的想法和需求。

TDD营销支持部的每周例会时间固定，主管和员工的工作安排都尽量避开这个时间段，以保证沟通的效果；即使主管因为重要的事无法参会，例会也照开。

也许有人会想，每年三次每人30分钟，和所有员工单独沟通，谈完差不多要整整2天时间。主管工作这么忙，每次用2天时间沟通，是不是毫无必要？其实不然，员工们工作这么辛苦，心里肯定有很多想法，每年花几天时间跟员工好好聊一聊，听听他们的想法，为他们下一步的职业发展和能力提升提供建议，完全是有必要的事，而且是极为重要的事，主管应当重点去安排。试想，如果主管不关心员工这个“人”，员工怎么会关心组织的“事”？

因此，企业内部沟通不是一件微不足道、可有可无的事，而是事关企业生存和发展的大事。只有沟通顺畅了，企业才能上下齐心、快速运转，才能让员工真正对企业有归属感。

为了做好沟通，华为流行着一种“吃”文化。大家找一个咖啡厅或者路边的一个小饭馆，边吃边谈。为了更好地激发华为人的沟通意识，任正非强烈建议各级管理者要经常请下属吃饭，帮他们缓解压力，解决工作上的问题。

华为路由器的单板项目在开发初期就面临着人力和进度的挑战。硬件部紧急召开研讨会，把会议地点设在茶馆里，好让大伙在轻松的氛围里拓宽思路。

在茶馆里，一个项目经理想起之前的一个项目曾尝试多人同时开发几块单板来提高开发效率，由于5块单板的方案非常类似，多人同时进行开发或许是一个不错的思路。他们进一步深入讨论，敲定了全新的开发模式，称之为“群开发模式”。他们决定组建一个项目组，项目组分设模块owner和单板owner，模块owner负责所有单板在模块上的集成，单板owner负责所有模块在单板上的集成。后来产品的成功开发也证明群开发模式是一种非常高效的开发模式。

项目组多次重要研讨会议都设在茶馆里，大家聚在一起，群策群力，开拓思路，很多难题便迎刃而解。后来有人戏称400GB硬件单板是在茶馆里诞生的。

华为“吃”文化的精髓就在这种“边吃边谈”中，人们在轻松、自在的氛围中无所顾忌地沟通、交流，顺便把工作事项也一并谈妥了，为日后的工作达成默契、实现无缝对接打下了基础。正如任正非所说，你要当好领导，就必须多请部下吃几盘炒粉，在轻松、自由的氛围里，很轻易就做到了上下沟通，协同工作，部门的效率自然也就提高了。

2. 任何有效的沟通都是从倾听开始的

沟通是一门技术，也是一门艺术。良好的沟通技巧是领导力的一种体现。任何有效的沟通都是从倾听开始的。和员工进行沟通时，如果管理者不能积极倾听，那么沟通必定达不到预期效果。苏格拉底说：“自然赋予人类一张嘴和两只耳朵，就是让我们少说多听。”

2.1　最好的领导者是最好的倾听者

任正非要求华为的领导干部，在与下属沟通过程中，学会放低姿态，懂得与员工坐下聊。在任正非看来，员工的感受对企业的管理和发展至关重要，但管理层想要顺利听到员工的心声并不容易。只有主动站在员工的位置上，与员工平起平坐，从员工的角度来了解员工的想法，员工才能够对你畅所欲言。

华为在开拓海外市场时，会雇佣很多当地的员工。但是在项目开展过程中，当地员工经常完不成任务，不得不调派更多的中方人员。因此，华为海外的本地化程度很低。

华为业务总裁冯伟雄花了半年时间，与当地骨干员工进行深入交流和沟通，发现了问题所在。由于语言不通，加之文化差异，中方人员极少与当地员工进行交流。当地员工往往得不到领导信任，无法施展才干，甚至消极怠工。而中方人员又对当地员工抱有偏见，认为他们能力低、态度差；而且中方人员来到项目组马上就当了领导，而已经在这里干了三年的当地员工连一官半职都没有。

原来，当地员工并非能力低、态度差，而是中方人员摆架子，不屑于和当地员工沟通，只是一味地发号施令，才使得本地化程度低。已经是华为业务线总裁的冯伟雄在发现问题后，用平易近人的态度与华为员工进行深入沟通，同时花费更多时间倾听华为本地员工的想法，并为他们的工作绩效、职业成长提供积极的帮助。这就是华为的管理之道。

每个人都渴望得到他人的积极关注，得到他人的肯定和认可。作为一个管理者，给予他人积极关注，不仅是人与人之间的尊重，也是积极交流的体现，同时也能满足对方想得到关注的心理需求。一旦满足对方这种需求，对方自然就会信任你，更愿意与你进行交流。

最好的领导者往往是最好的倾听者。他们花上许多时间，不仅仅是仔细倾听他人的言语、想法，以及内心的真实感受，还会征求他人的意见，给予他人积极的评价和回应。

曾有这样的一件事让本田宗一郎终生难忘。有一次，来自美国的技术研发人员罗伯特来找本田，当时本田正在办公室休息。罗伯特高兴地把自己的设计讲给本田听，但本田并没有用心听。

罗伯特兴奋地讲解了一会，发现本田宗一郎并没有在听，于是带着失望的心情离开了办公室。第二天罗伯特向本田请辞，他对本田说："尊敬的总经理阁下，我已经买好了回美国的机票，谢谢这两年您对我的关照。我离开的原因是您自始至终都没有听我讲话。我说我设计的这个车型很棒，上市之后肯定会畅销。我花费一年时间设计的车型，您却根本不理睬！"

罗伯特带着他设计的车型回到了美国，加入了福特汽车公司，福特汽车公司高层领导很看重罗伯特的设计。后来这款汽车上市销售，果然引爆了市场，人们纷纷购买。也就是从那件事以后，本田才真正领悟到"倾听"的重要性。他感慨，如果企业的领导者不能自始至终倾听员工讲话，不能顾及员工的心理感受，不能给予员工积极的回应，不仅仅是失去一位技术骨干，甚至整个企业都有可能走向衰落。

虽然本田宗一郎看似在与员工沟通，但他并没有认真去对待，更没有给予积极的回应。如果领导者在与员工沟通过程中心不在焉、态度消极、被动或者有选择地倾听，员工就会觉得自己不被重视，沟通的意愿就大大降低了，自然就不会把企业当作自己的事业。

2.2　将员工的抱怨转化成正能量

倾听员工的意见，不仅会听到积极和正面的建议，很多时候也会听到他们对企业的抱怨和不满。这就需要管理者从善如流，不仅能听进去正面的意见，还能积极消化负面的意见。否则，久而久之，员工便会只报喜不报忧，企业存在的问题就得不到及时反馈和解决。

有一次，任正非和财务部的几名年轻员工同乘电梯，员工们并没有意识到总裁也在电梯中，只顾着抱怨公司财务系统有问题。任正非听到之后，不禁问道："你们倒是说说看，财务方面怎么有问题？"员工们循声望去，发现说话的竟然是公司总裁，全都面色铁青，一言不发。

任正非知道员工们在担心什么，于是便说："我虽然是公司总裁，但我也是要从财务领薪水的，财务有问题，每个人的利益都要受到损害，你们不告诉我，这不是坑我钱吗？公司有什么问题，你们就要大胆地说出来，不要害怕谁找麻烦。谁找你们麻烦，你们来告诉我，我再去帮你们找他的麻烦！”

员工们见任正非不仅没有冲他们发火，反而与他们开玩笑，不禁全都笑了。其中一人回答说：“任总，是这样的，我们是研发基地的，经常出差，每次因为出差报销的事情，都要在基地和总部之间来回奔波，既浪费时间又消耗精力。”

任正非听后点头，觉得确实有必要在研发基地建立一个财务系统的子部门，尽量减少员工的麻烦，同时也能提高办事效率。十几天后，在任正非的指示下，研发基地的财务系统子部门建立起来了，研发基地的员工不需要在两地之间跑来跑去了。

试想，如果任正非对员工的抱怨不闻不问，还能发现这些问题并切实解决它们吗？员工对企业存在不满、偶有抱怨是人之常情，企业管理者不能自欺欺人，将这些抱怨当作听不见，更不能讳疾忌医，害怕和阻止员工抱怨，而是应该积极去思考员工为什么抱怨，原因在哪里，这样才能找出企业存在的问题，将抱怨转化成积极的正能量。

1928 年到 1932 年，哈佛大学教授 G. E. 梅奥带领一批研究者在美国芝加哥西方电气公司所属的霍桑工厂进行了一系列实验。

研究者事先拟好提纲，制订访谈计划，让工人就管理者的政策和工作条件等问题做出回答，但进展很不顺利，研究者未能得到想要的结果。工人们想就工作提纲以外的事情进行交谈，工人认为重要的事情并不是研究者认为意义重大的那些事。研究者了解到这一点，于是便改为让工人自由发表意见，每次访谈的平均时间由 30 分钟延长到 1 个小时，详细记录工人的意见。访谈计划持续了两年。长期以来工人们对工厂的许多不满，通过梅奥的研究发泄了出来，发泄过后工人心情舒畅，态度有所改观，结果工厂产品产量得到了提升。

所以，企业管理者不妨学习华为，让所有管理者都能坦然去倾听来自员工的声音。只有用心倾听、及时沟通，才能卓有成效地领导团队、激励员工，顺利开展工作。

3. 学会换位思考，理解他人

倾听是沟通的开始，有效的沟通不仅意味着倾听，往往还要更进一步。作为企业管理者，试着理解员工的难处，设身处地为员工着想，取得他们的信任。

3.1　了解他们的诉求，解决他们的问题

当管理者了解了员工的想法、诉求或者愿望以后，还需要进一步对他们存在的问题进行分析。如果问题确实存在，就去找解决问题的办法。有时候，员工的想法和愿望其实很简单，但是如果不去沟通和了解，不设身处地为他们着想，那么问题往往会累积下来，甚至演化为矛盾，影响员工的工作积极性，进而影响企业运作的效率。

华为南非项目部效率一度低下，进度缓慢，项目经理很着急，但一时也想不出好的解决办法。项目部 HR 发现转移的本地员工的主要岗位是站点工程师，转移前他们上午喝咖啡，下午喝红茶，工作节奏缓慢；转移后，他们很不适应华为的文化，也缺乏归属感。

一次，几名转移员工跟 HR 交谈时抱怨，他们经常收到主管的邮件，通知他们要做什么事情，时间节点是何时，但除此之外没有任何解释，他们不清楚为什么要做这些事。主管指令式的沟通方式，他们感觉非常不习惯；至于华为定期组织的 BCG 签署、PBC 目标制定和 C&Q 这些概念，他们更是一头雾水，不知道是什么。

显然，主管这种指令式沟通方式并没有起到很好的指导作用，反而为员工制造了工作上的困惑。之所以出现这种情况，是因为管理者想当然地认为

命令下达之后，员工就应该保质保量按时完成任务，而没有换位思考命令下达之后，员工到底应该怎样做，存在什么困难。

所以，作为一个优秀的管理者，学会换位思考，理解员工，尽量解决他们所遇到的问题，消除他们心中的顾虑，才能赢得他们的信任。

华为海外的本地员工时常抱怨干活多、收入少、待遇不公平。华为项目HR亲自来到本地员工的工作区域，和他们面对面交流。

项目HR站在本地员工面前，向他们讲解华为的激励政策，让他们了解到，华为的激励方式高效、灵活，只要努力干活，拿到的钱肯定比之前在运营商拿到的多，而且当月激励当月发钱。只要你肯干，华为就给予激励。

不仅如此，项目HR继续和他们介绍华为的“奋斗”文化，宣讲其他区域转移员工的优秀事迹，鼓励他们向那些优秀员工看齐，只要表现出众，都有机会提升为区域经理、传输主管或网优主管。本地员工了解了华为的政策，也明白了待遇并非不公平，就这样消除了心中的顾虑。其中一人开玩笑说：“我们要请中国来的HR吃非洲的BBQ，这样以后有多拿钱的机会！”

由于不同国家和地区的文化差异，本地员工加入华为之后，并不容易理解华为的价值观和企业文化，因此，华为管理者总是花大量时间，以尊重和平等的心态和本地员工沟通，了解他们的合理诉求，并解决他们的问题，消除他们的困惑，使他们真正融入华为，成为华为的一员。

3.2 深入基层，和员工打成一片

在华为，不管条件多么艰苦，情况多么复杂，管理人员都要不时深入基层，和员工打成一片，了解基层员工生活、工作的情况。只有这样，才能凝聚基层员工的力量，拧成一股绳，形成一个团队。

2015年，华为贝宁代维项目有29人合同即将到期。29人中将有23人切换为外包员工，6人直接解除聘用关系。为了向员工传达善意，让他们明白只要保持良好的工作态度与绩效，他们的工作仍然是有保障的，转移外包并不

是为了将来开除他们。

项目HRBP（人力资源管理者）王涛涛决定亲自去一线，与本地站点工程师交流。贝宁是法语区国家，王涛涛来到贝宁后，每天都挤出时间和本地员工聊天，加快学习当地的语言。

7月底，王涛涛正式出发，往返总计1200多千米，全程就靠王涛涛和从来没见过面的站点工程师联系，请人家安排车辆，预订住宿。沿途山区的道路崎岖，王涛涛每天深夜才找到旅店住下，三天没有吃过一顿正餐，有时候就在路边小摊买点小吃充饥。

每到一个目的地，王涛涛都会和本地员工就地交流，在机场、机房，甚至是客户营业厅门口站着聊。三天里，王涛涛拜访了阿波美卡拉维、博希孔、帕拉库、朱古、纳蒂廷古、落阔萨的所有站点工程师，和他们逐一交流，向他们介绍华为公司的政策与导向，安抚他们的情绪。本地员工说："这是第一次有HRBP到这么远的内陆来看望我们。"

2015年10月，华为正式启动人员切换计划，最终29人全部按计划完成切换或解除聘用关系，无一起人员纠纷；其后的工作交接也顺利完成，包括解除聘用关系员工的工作也顺利交接。

由此可见，只有深入基层，实实在在地和员工进行交流，相互理解，消除沟通障碍，才能赢得员工的信任和尊重。

管人管心，华为管理者深知华为员工在华为不只有工作，还有他们的生活、家庭。让他们生活舒心、家庭稳定，才能最大限度地激发他们的工作热情，为华为创造更大的价值。

华为维护部的员工经常加班，凌晨还在工作；而且凌晨回家，还会影响家人。主管很注意关心员工的工作状态，加班太晚，第二天便让他休息。不仅如此，还会与员工家属交流，解决他们生活上的困难。员工家庭稳定了，才能保证团队的稳定。

员工自发成立几个兴趣小组，如棋牌、唱歌、旅游等，华为让员工自己发展，并补贴一部分经费。员工希望了解公司政策，主管便跟他们进行坦诚沟通，消除员工的困惑。当然，主管也定期参加每个项目组组织的集体活动，这是与员工沟通的好机会，可以深入了解员工的状态，倾听他们的心声。

所以说，华为管理者在内部沟通上花了很大的力气，习惯换位思考，考虑每个细节，实实在在地关心员工，理解员工的难处。员工也信任和尊重自己的主管，敞开心扉，畅所欲言，将自己视为华为大家庭的一分子。

4. 给予下属及时而有效的反馈

任正非常常告诫华为的干部："经营企业一定不能偷懒，员工和你反映了问题，你一时半刻不解决可能是没摸到门路，三天五天不解决可以说你是没抽出时间，两三个月还没解决，还有什么推脱的理由？"

4.1 反馈是一种有效的交流

工作中遇到新情况、出现新问题，华为员工总是会在第一时间向领导汇报，以便让领导及时掌握新情况、新问题，最终快速给出应对方案。华为有着明确的汇报规定，重要的事情立即汇报；常规的工作事务，当天下班前汇报。

黄玉博是一名华为 PM（产品经理）的项目主管，刚接手工作不久，就敏锐地察觉到小组成员的工作状态有所变化，就连平时工作积极性最高的两个人，也突然变得意兴阑珊起来。

黄玉博带着疑惑，找到其中一人询问原因。原来，项目组几个月之前起草过一个项目方案，原本计划下个季度便要正式启动，可是忽然被叫停了，领导也没有给出解释，一时间，大家都很迷茫。

了解原因之后，黄玉博立即召集项目组成员，并向大家解释，公司基于市场的考量，所以叫停了项目，新的项目已经启动，亟待项目组将工作热情投入新的项目中。黄玉博的一番解释，让项目组成员找到了方向，工作热情也被重新激发出来。

作为一个管理者，对员工汇报的情况一定要及时给予反馈，即使暂时没找到解决的办法，也一定要让员工知道，你在关注这件事。

美国心理学家赫洛克曾做过一个著名的“反馈效应”实验，通过实验发现，不管是表扬还是批评，都是一种反馈方式，不同的反馈方式会影响人们的行为。

106名四、五年级的小学生参与了赫洛克的实验，赫洛克把他们分成4组，让他们练习数学题。这些题目难度都相同，练习时间为5天，每天15分钟。学生完成第一天的练习后，按照不同的组别，分成4种不同的情况继续实验：

第一组为受批评组，每次练习后严加批评；

第二组为受表扬组，每次练习后予以鼓励和表扬；

第三组为被忽视组，每次练习后不予以任何评价，让其旁观其他两组挨批评或受表扬；

第四组为控制组，不予以任何评价，还把他们与前三组成员相隔离。

实验结果如下：第一至第三组的练习效果均要优于第四组，第一组和第二组明显优于第三组，第二组的学生成绩始终在不断上升。

由赫洛克的实验我们可以看出，正面反馈优于负面反馈，但负面反馈又优于完全不反馈。因为不管是正面反馈，还是负面反馈，都是一种交流。所以，在团队管理中，与下属沟通后要及时给予反馈，这样才能激发团队的活力。

4.2 随时给予员工反馈，提升沟通效率

企业在运营过程中往往会遇到许多突发事件，如果没有及时而有效的沟通和反馈机制，势必反应迟缓，进而可能导致各种问题出现。而华为的沟通反馈机制则给广大企业管理者提供了一个极为优秀的参考案例。

日本“3·11大地震”后，华为东京项目部员工的心态出现起伏，各种消息铺天盖地，国内亲友心急如焚。为了让东京项目部的员工安心工作，华为各级各部迅速行动起来，以不同的方式与东京项目部沟通。

地震发生后不久，研究所和产品线主管第一时间给身在东京现场的员工打电话、发短信。无线产品线应为民是核物理专业，亲自写了份分析报告预估福岛核电站的风险，发给东京项目部的员工；成研所原所长张伟讲述汶川地震时如何解决保障业务和保证安全之间的矛盾；无线成研分部部长张相军每天都给东京方面打电话询问情况；PSST干部部部长李山林迅速组织日本抢通测试研发保障组，从人员管理、信息沟通到物资准备等各个方面，进行统一管理；华为日本代表处领导多次到员工宿舍进行座谈，请员工吃饭；华为总部高层领导也飞赴东京，慰问东京项目部员工。

经过数十年的摸索和发展，华为的干部与员工之间，已经形成一个华为特有的勤汇报、快反馈的常态机制。借助这种常态反馈机制，华为总能凝聚团队的力量，应对各种各样的困难。

在现实工作中，管理者和员工之间虽然经常沟通，但仍然会出现许多问题，也就是说，沟通没有达到预期的效果。这时候，作为管理者必须思考，自己给下属的反馈是不是有效的，表达的意思是不是清楚无误的，是不是指出了问题的核心所在。

2012年，《华为人》第248期发表了一篇《员工的不解和主管的告白》，讲述了华为当时存在的汇报沟通问题。有员工提出，主管分配工作任务，不考虑难度，只要结果，也不在过程中进行指导，这让他们开展工作有些困难。而主管则认为，结果导向是工作的原则，并无不妥；但过程指导是保证结果的必要手段，同样重要。问题在于，综合性的部门主管也难以面面俱到，不少业务他们也不是非常熟悉，主管在方向和节奏上把握可以，但要给出专业的指导很难。另外，许多主管都是跨部门任用，需要时间来了解和掌握新业务。当然，确实有一些主管当“甩手掌柜”，对过程不闻不问，结果达不成就大发雷霆，这些主管的管理方式确实存在问题，需要改进。

所以说，给予下属及时、有效的反馈并不是一件容易的事情，需要管理者亲力亲为，灵活运用沟通的技巧，多了解下属的工作情况，解决他们遇到的问题，方能在团队中树立起权威。

无独有偶，不仅仅是华为非常注重企业内部沟通和反馈的问题，国内许多知名的企业也相当重视这一问题。

著名电商企业京东 2017 年在内部宣布了《京东人事与组织效率铁律十四条》，其中第十条“24 小时原则”明确规定：所有管理者对任何工作请示及需要批复的邮件 24 小时内必须回复，所有管理者必须保证电话 24 小时开机并接听电话，保持沟通渠道的顺畅。不能做到“24 小时原则”的管理者，一律免职。

京东创始人刘强东解释说，如今的时代，是信息时代，市场瞬息万变，企业要快速响应，应变市场，就必须保持内部沟通的畅通。“24 小时原则”并不是随意制定的标准，而是京东管理层多年积累下来的经验。

可见，确保企业内部沟通及时、顺畅，不是一件无关痛痒的小事，而是关系企业发展的大事。及时、有效的反馈机制，就如同十字路口的红绿灯，可使企业高效运作“不堵车”。

5. 懂得妥协，安抚他人情绪

任正非认为坚持正确的方向与妥协并不矛盾，相反，妥协是对坚定不移方向的坚持。方向和原则不能妥协，但实现目标过程中的一切都可以妥协，只要有利于目标的实现，妥协一下也没什么不可以，不用非得一头撞上南墙。

5.1　适当妥协，让内部更和谐

2015 年，任正非在华为干部座谈会上总结华为的管理文化的核心——开放、妥协、灰度。企业在发展过程中，市场环境在变，内部人才在变，竞争对手也在变化，必要的妥协是应该的。妥协并不是一种软弱和不坚定的表现。适当的妥协能给企业带来和谐的发展环境，有效地处理企业内外部关系和矛盾。

妥协是一种非常务实、通权达变的大智慧。一个真正优秀的领导者，会懂得在恰当的时机向别人妥协，或接受别人的妥协。企业要生存，要发展，靠的是理性，而不是意气用事。

2008 年，一个客户向华为的技术人员抱怨："我们的机房空间有限，却要摆几台电脑，安装你们三套网管系统。我不明白，都是华为的设备，为什么不能统一网管，搞得这么麻烦？"

听到客户的抱怨，产品线决定制定统一网管解决方案，来协助客户优化管理，不过在项目开发初期却陷入了僵局。传送网管的技术专家坚持按"设备"管理方案；接入网管的技术专家坚持按"特性"管理方案……几方人员皆不退让，坚持自己的方案，前后讨论了十几轮，问题始终未能得到解决，项目也无法继续推进。

这时，一位主管站了出来："在座的各位都是各自领域的专家，但我们是一个跨领域的合作项目，不能只看到自己方案的优点，也要看到别人的方案真正出色的地方。如果每个人都不妥协，只坚持自己的意见，那我们怎能发挥团队的力量，解决客户的问题呢？"大家听完愧疚不已，于是，开始心平气和地交流，解决了架构难题。

在 2009 年的反思会议中，专家们再次提及这次经历，不少人感慨道："之前的确是因为心态不够开放，习惯于从自己的角度考虑问题，过于坚持自己的立场。其实我们更需要开放的心态，适当妥协。退一步，海阔天空。"

华为的网络技术专家由最初互不相让，到之后开放心态，转变以我为主的观念，各自退让一步，通力合作，解决了架构难题。

事实上，在企业管理中，不管是管理者与管理者之间，还是管理者和员工之间，因为工作而产生的矛盾和争论是在所难免的。华为的管理者则应以自身的实践，探索出解决问题的方法，那就是适当妥协，以开放的心态面对难题，化解矛盾和冲突，一切以大局为重。

5.2　放低姿态，才能更好地领导团队

有些管理者，习惯以高高在上的姿态对待员工，认为必须如此才能树立起自己的权威。甚至平时对待员工态度冷淡，挑剔员工的工作，对员工取得的进步都不屑一顾。华为业务总裁冯伟雄便十分反感这种管理者，他说："有些管理者看似大义凛然，把公司的政策背得滚瓜烂熟，但对属下的员工漠不关心。华为的管理者绝不能当高高在上的'资本家'，必须要放下架子，和员工站在同一立场。一件事情，经过衡量，如果管理者自己也做不到、做不好，就不要指责员工。"

反观那些放低姿态的管理者，员工信任和尊重他，愿意围绕他展开工作，遇到难题也积极献计、献策。

华为员工杨龙担任QCC圈长后不久就遇到了难题。当时，他们不仅缺乏定量数据，而且问题分类也不明确，很多工作都要从头开始，数据收集的工作量很大。一开始，杨龙都是一个人独自奋战，可是没有一点头绪，又肩负着沉重的压力，他一时心灰意冷。他找到了辅导员，说："如果做不好前期数据分析工作，我就不做圈长了，否则就是让大家的努力建立在一个不牢靠的基础上。"

辅导员指出了杨龙的问题："虽然你是圈长，但这并不代表你就比圈员高人一等。遇到问题，凡事要多多请教圈员，不能因为是领导就拉不下面子。大家一起学习，一起进步。"辅导员的一番话让杨龙恍然大悟。

杨龙回去召集圈员，向大家征求意见，商讨工作，圈员也非常配合，有的人熟悉数据收集工作，便主动承担起收集数据的工作，有的人擅长数据分析工作，就去分析数据。同时，杨龙又在QCC交流园地中求助，得到众多圈友的支持和有用的建议。没过多久，工作进展顺利了起来，数据收集工作获得了系统的解决方案，他的工作也得到上级和员工的认可。

所以说，领导者并非所有事情都需要亲力亲为。优秀的领导者懂得放低

姿态，对于自己不擅长的事情，虚心学习，向员工请教，请求员工的帮助。高高在上并不能赢得员工的尊重，相反，放低姿态，认识到自身的不足，和员工多多交流，才能卓有成效地领导团队，顺利开展工作。

任正非在内部讲话中一再强调，要让那些只做原则管理、宏观管理，不深入实际，不与员工积极交流，不对监管负责任的干部下岗；要让那些做实事、认真负责的干部获得晋升。

6. 积极对话，多看到员工的优点

华为海洋网络有限公司 COO 毛生江说：“一个人对别人的适应或者别人对你的适应就像一个扇形一样，你能适应的就是一个扇形，而不是一整个圆。华为的管理者在工作中要不断修炼自己，应对不同的人才，看到他们身上的优点和长处，真正用好这些人才。”

6.1 工作评价上，“不看缺点，看贡献”

华为在内部评价上，无论是干部，还是员工都达成了一种共识，“不看缺点，看贡献”。人无完人，一个人既有他特殊的才能，也有他的缺点，不能因为不加班、有个性就给低分。只要有贡献，只要是“优秀的奋斗者”就应该给予认可。

王端军是华为一位项目经理，他说，项目经理的工作就像指挥一个交响乐团，每个人的才能都不一样，每个部分又都很重要。作为乐团的“指挥”，要时常和“乐手”沟通，看到每个人身上的优点，最大限度地发挥他们的才干。

王端军刚到摩洛哥接任 PMO 主管一职时，有两个员工考评被打了 C。其中一个是本地员工，之前被安排负责 PMO 管理工作，由于对华为的业务流程不太熟悉，交流上又有障碍，做了一段时间，业绩比较差，达不到华为的要求。王端军主动找到他，跟他做了多次深入的沟通，对他说：“不要因为一次考评结果，就认为公司否定了你。也许你不适合这个岗位，换个岗位说不定就能干好。要找出自己的不足，积极改进，发挥自己的长处，坚持做下去。”后来王端军又观察了他一段时间，觉得他可以在FR岗位上发挥价值，于是推荐他到企业网做FR。这位本地员工在新的岗位终于找到了感觉，每天工作都干劲十足，更是让其他人刮目相看。他自己也以在华为工作为豪。

王端军正是以他的实际行动，实践着华为“不看缺点，看贡献”的管理方式和企业文化。这样的管理方式，想必也能为广大企业管理者提供积极的启发，在管理工作中主动发现每个人身上的优点，更好地激发他们的才干。

6.2　有个性不是坏事，要宽容“歪瓜裂枣”

有一些员工能力突出，但是个性也相当强，部分管理者认为这样的员工不好管理，因此不喜欢这样的员工，不愿意和他们交流，对他们要求严苛，甚至拒绝任用。

任正非却说：“华为是个大平台，需要各种各样的人才，要宽容‘歪瓜裂枣’的奇思异想，以前一说歪瓜裂枣，就把‘裂’写成劣等的‘劣’。实际上，枣是裂的最甜，瓜是歪的最甜，战略上我们需要更多的人才，我们要用好他们。今天我们重新看王国维、李鸿章，实际上他们就是‘歪瓜裂枣’。你怎么知道这些‘歪瓜裂枣’中间就没有我们时代的凡·高，我们时代的贝多芬，未来的扎克伯格？”

年轻气盛的孔令贤刚加入华为的时候，满脑袋都是点子，一心想做出一番事业，但他觉得华为的管理制度太严格，条条框框太多，限制了自己的能力，打算出去证明自己的实力。后来，他的主管发现孔令贤点子多，对新事物感兴趣，就鼓励他做新技术的预研。之后，孔令贤了解到华为还没有人加入开源技术社区Open Stack。他开始坐下来静心研究，一心扑在上面，潜心钻研技术，与世界顶尖专家交流、分享。他的努力没有白费，他是华为进入Open Stack社区的第一人，在社区上发表专题文章150余篇，并成功带领一支能够将开源和商业成果相结合的团队，成为Open Stack社区的核心成员，让华为成为 Open Stack 金牌会员。2014 年他被破格提拔。

孔令贤后来感慨道，华为是一个很大的平台，如果不是主管和他谈话，鼓励他钻研喜欢和擅长的东西，恐怕他也无法取得后来的成功。

的确，华为对真正的人才是宽容的。但宽容并不意味着任由他们为所欲为，也不意味着放任自流，还是要受到规章制度的约束，坚持华为的“奋斗”精神，彻头彻尾成为华为的一员。

7. 化解内部矛盾，上下同心

企业的发展壮大需要各种各样的人才，也需要劲往一处使的合作精神。管理者要在日常工作中注意培养员工的合作意识，让每个人都融入集体，促使员工相互交流，让大家在和谐、融洽的氛围中达到共同的目标。

7.1 解决部门各自为政的问题

企业部门之间固然应该通力合作，为共同目标而奋斗，但不同部门之间因为种种原因难免产生内部矛盾，要么互不交流，各扫门前雪，要么对其他部门出现的问题不闻不问，更有甚者给其他部门设置障碍。这就需要管理者耐心去协调、去沟通，化解存在的矛盾，打造成一个紧密协作的团队，切不可让各个部门各自为政，形同一盘散沙。

微软副总裁迪克·布拉斯离开微软时评论道，比尔·盖茨在不同部门之间营造激烈的，甚至是你死我活的内部竞争已演变得无法控制，大的部门不愿协作新建立的部门，时常提出反对意见，甚至不公平竞争，抢夺新部门的资源，如此一来，新部门在微软内部便陷入孤立无援的境地，许多有创意、有前景的项目总是发展不起来。即使比尔·盖茨亲自来抓，也难以平衡各部门的利益，协调各部门的资源。

迪克举了一个例子，2001 年微软研发平板电脑时，当时负责 Office 产品的副总裁称他不喜欢这一创意。平板电脑没有实体键盘，只能用虚拟键盘或者手写输入，但他更喜欢实体键盘，因此他认为微软把时间浪费在研发没有实体键盘的平板电脑上是没有前途的。由于Office部门资历深，在微软内部贡献显著，他拒绝针对平板电脑优化Office软件。这导致如果用户要在电子表格中输入数字，或是在电子邮件中修改单词，用户不得不在一个特定的弹出窗口中进行操作，并将内容粘贴至Office文档。这种做法显然既慢又不方便，甚至显得很笨拙。

不管是微软这样规模庞大的企业，还是刚刚起步的中小型企业，部门之间如果不能紧密协作，而是各有各的打算，那么任何项目、任何商业计划都是空谈。作为管理者，一定要及时解决好内部矛盾，做到上下同心，流程畅通。

早在2001年，任正非在内部讲话中强调道："我们正处在危机中，并且处在危机却不认识危机，前方浴血奋战，后方歌舞升平。机关不以服务一线为宗旨，那就是前方的阻力，使流程执行困难重重。我们今天欢送将士奔赴前方，就是要使后方全力为前方服务，不能转变这种意识的员工要下岗。"

为此，华为引进IBM的IPD管理系统来提升业务管理能力，解决流程混乱和不畅通等问题。对于当时志在国际化的华为来说，流程打通是迫在眉睫的事。在任正非的指示下，为了打通全流程，每个PL-IPMT（产品线）提供了一份小组名单，组成跨部门的小组，优先把市场、用服、研发打通，然后把生产、采购捆进来，共同整改流程，打通问题，简化程序。华为内部成立的这个跨部门小组代表着公司，有决定权，统管所有的流程。当然，这个小组主要是理顺产品线全流程，并不是为了增加一层机构。

华为通过积极引进IPD、ISC，构成了公司企业管理的主线；同时，配套其他管理方法提升管理效率。华为为什么如此重视流程优化，重视管理改造？在任正非看来，华为可能什么都不会留下，但一定会留下一套管理系统，这也是华为最大的财富！华为人以超前的前瞻性和战略耐力，关注着现实、未来和外部环境，而不是自己手中的权力。华为管理者所要学会的领导方法，是为了去创造环境，让大家奋斗，让部属成功才是领导力的直接表现。

经过多年的组织变革和持续发展，华为已经构建了科学、有效的流程化组织，在业务推进中，按流程来确定责任、权力，以及角色设计，逐步淡化了功能组织的权威。

即便如此，在内部会议上，任正非仍然不断地敲打各职能部门；强调经营管理团队 ST 和行政管理团队 AT 在职责分工的基础上要做好融合。ST 组织要依托流程建设，打通部门墙。任正非特别指出 AT 组织力量太强，把大权都揽在自己身上，这样不利于拆掉部门墙。AT 组织要把对业务流程的支持作用承担起来，逐步实现整个公司的流程责任制。

7.2 保证竞争公平，避免内部恶性竞争

华为需要内部竞争，但内部的竞争不是你死我活的恶斗，而是相互提升、相互进步的磨炼。为了用好内部竞争这把双刃剑，既要能激发员工的潜力和积极性，又要确保不陷入恶性竞争的困境，华为做了很多努力，其中，最为关键的就是营造公平、合理的良性竞争环境。

1996 年，华为一个部门组长在培训课上，听到培训师说起“鲶鱼效应”，很受启发，决定在他的组内试用这一理论。他联系华为的人事部门，一次性从外部招了 9 位新员工，加入原本 12 人的团队。他的本意是刺激员工的积极性，但急剧膨胀的人数让老员工误以为组长要“以新换旧”，将他们清洗淘汰掉。于是他们联合起来，组成了一个“攻守联盟”，使用各种手段打压、排挤新员工，新员工不堪重负，终于全部被挤了出去。

结果，组员们将精力都花在排挤新员工和内部斗争上，却忽视了开拓新市场和维护老客户的关系，该小组业绩一落千丈，年度业绩考核倒数第一，直接被上级解散，领导不力的部门组长和 12 名老员工全部受到了公司处罚。

事后，任正非反省道：“华为需要竞争，但一定要良性的，一定要公平。如果企业内部的竞争机制存在漏洞，部分人就会‘钻空子’，甚至不择手段，

损害他人的利益，进而损害公司的利益。华为一定要从机制上杜绝这种情况的出现，提倡公平竞争。”

管理者必须清醒地认识到，凡事过犹不及，内部竞争也不例外，过度强调竞争，容易使部门或员工四分五裂，各谋其政，彼此争斗不休，甚至演变为“不达目的，誓不罢休”的窘困局面。华为之所以走到今天，就是因为提倡良性公平的竞争，提倡团队协作的精神。

第11章 激励管理——确保团队人员力出一孔

在华为公司不要形成两个对立的群体，所有人都要分享到公司的未来收益，我们一定不能搞两极分化，要把这两方面都做好，优秀员工要加大激励力度，基层员工也要获得社会可比的薪酬竞争力，这样才能形成新的战斗力，万众一心，向着共同的目标使力。

1. 绩效牵引，让手下有欲而刚

企业有自身的发展目标，员工也有他们的个人需求。作为管理者，只有找到一个平衡点，设计合理的制度，把企业目标和个人需求有机结合起来，找到并满足员工的需求，才能激励员工为公司的目标奋斗，才能真正调动员工的积极性。

通用电气董事长杰克·韦尔奇说，企业制定绩效管理的最终目标并非仅使员工达到公司期望的目标，而是使他们愿意付出超越职责的努力。

1.1 制定合理的绩效牵引机制

员工希望收入能稳步上升，自己各式各样的需求得到满足，但是钱从哪儿来呢？只有从提高效益上来。如果企业效益不好，收入低，利润不能增长，员工的收入也难以提高。只有企业的效益提高了，员工的待遇才能提高。

这就需要制定一个合理的价值评估体系，打破“大锅饭”，坚决杜绝干好干坏一个样，甄选出真正有能力、有贡献的人，满足他们的个人需求，为其他员工树立典型和榜样，才能从整体上提升企业的效率。

2011 年 5 月，华为在 B 国的 ERP 项目刚刚上线磨合，大量订单积压，同时五大项目全面启动，仅 V 项目就要在 4 个月内完成 8000 站的交付任务，中心仓库发货量需求从每天 100 站激增到 200 站。虽然通过招聘、外包、借用等各种手段增加了近 40% 的人员，但每天的发货量只提升了约 20%，完全满足不了客户需求。本地主管要求招收更多的员工，根据 B 国法律，每人每天最多加班 2 小时，一周总工时不能超过 54 小时。结果中国员工和本地员工的效率差距甚远，中国员工积极努力地干着，而本地员工却还是不紧不慢地工作，让人着急。

经过集体讨论，发现主要在价值评价环节出了问题，没有合理的价值评价体系来激活组织。本地员工拿着固定的月薪和加班费，他们没有形成多劳多得的概念，加上该国法律规定不允许对员工进行排序，才导致本地员工干活慢悠悠。

于是他们首先简化了本地主管的工作目标，不再细分客户群，只要求每班次发货总量至少达到 70 站；同时按工作流程，将本地员工分成三人一组，在现场增加“发货绩效看板”，记录发货结果，将各小组的结果公示，每周给前三名的小组发放奖励，并公布优秀团队照片。

措施实施后，虽然没有增加人手，但每天的发货产出提升了 80%，并在一个月后顶住了业务高峰。本地团队也形成了“比”“拼”“赶”“超”的主动竞争机制，为了提升效率，还自发研究了许多小工具。

在华为管理者看来，绩效管理不是简单的绩效考核，而是一个管理过程，最终目标是引导并激励员工，以“奋斗者为本”，实现企业的战略目标，同时达到企业和个人的共同成长。

如表 11.1 所示，华为的绩效评估分为员工福利、固定薪酬、短期激励、长期激励等四个部分。每个部分所起的作用和要达到的目的都有所区别，员工福利是为了满足员工的基本需求，固定薪酬体现了职位责任、贡献大小。短期激励一般是奖金，体现部门和个人的绩效差异，长期激励包括股票和 TUP，主要是为了公司长远发展，留下高绩效和关键人才。

表 11.1　华为的绩效评估

薪酬项	作用	目的
员工福利 ——补助	解决基本保障的问题	满足基本保障需求 遵循当地法律法规要求和业界实践
固定薪酬 ——工资	奖励职责履行 解决劳动报酬的问题	体现职位责任、贡献大小 遵循当地法律法规要求和业界实践
短期激励 ——奖金	奖励年度目标完成 解决奖勤罚懒的问题	认可部门业绩 为个人绩效付薪 激励业绩提升并及时认可
长期激励 ——股票、TUP	奖励长期目标完成 解决企业所有权的问题	牵引绩效持续提高 鼓励关注公司中长期目标和持续增长 留下高绩效和关键人才

1.2 满足员工多样化的个人需求

作为管理者，不仅要以物质条件激励员工，更要了解员工其他方面的诉求，采取灵活多样的激励方式。很多员工不仅仅看重物质激励，更看重非物质激励，尤其是技术岗位。他们希望展现自己的能力，并获得同事和上级的信任和肯定，更好地谋求个人成长和发展的机会。

布拉沃是华为的特招员工，在摩托罗拉工作了10多年，也是摩托罗拉中国区无线专家组的成员之一，做事认真踏实，技术水平相当了得。在2008年加入华为时，他对华为的激励方式还不太理解，于是选择了年薪制，也就不能获得配股，年终奖也较为固定，不像普通华为员工那样与公司业绩和个人绩效挂钩。

一段时间之后，布拉沃的工作绩效出色，个人能力也得到上级和同事的认可，主管希望他能留在华为长期发展，为公司做出更大贡献，当然，他自己也能获得更丰厚的回报。主管找机会和布拉沃详细讲述了华为的激励方式，设置饱和配股、浮动奖金，是为了把华为的发展和员工的贡献紧密结合起来，也让员工分享到华为发展的利益，因此建议布拉沃像普通华为员工那样，改为以绩效为导向的普通薪酬制。布拉沃接受了主管的提议，并主动提出想要担任某一职位。

当时正值印度无线市场大发展阶段，布拉沃被安排到印度地区部工作，支持当时几个重大的无线项目，布拉沃在新的项目中很快发挥了自身的优势和才干，表现出很强的能力，得到地区部领导和同事的认可。几年之后，布拉沃成功当上印度无线行销的总工程师。布拉沃表示，他很喜欢他的工作，要感谢华为给他提供的平台，使他能发挥他的特长和能力，让他做他喜欢和愿意做的技术工作。

员工实现个人理想，展示自己的能力，离不开企业的平台。员工在实现个人理想的同时，也同样会让企业受益，推动企业发展，实现企业的目标。也就是说，员工个人成长和企业发展是相辅相成的关系。正因为如此，华为的管理者制定了合理的绩效管理体系，以绩效管理为牵引，优待人才，引导员工努力工作，发扬艰苦奋斗的精神，做到企业发展目标和员工个人成长相平衡，实现企业和个人双赢。

除了满足员工的物质需求，华为还制定了一系列制度，专门给予那些优秀的人才非物质激励，满足员工多样化的个人需求。最高的奖励有公司金牌奖，其下还有 BG 行业奖、BG 总裁奖、产品线总裁奖、部长奖等。

2014 年，华为启动“明日之星”民主评选活动，选举广大员工心目中的英雄。在一个评选区域里，每 100 人就会产生 20 名“明日之星”，获奖比例可谓相当大，而且艰苦地区的部门，获奖比例高一些。绩效持续优秀的团队，获奖比例也高一点。评选标准也在华为的心声社区展开民主讨论，然后由各地各自制定标准。

“明日之星”每年由道德遵从委员会启动评选工作，各级道德遵从办公室与行政管理团队协商合作，部门员工全员投票，一人一票，评选产生“明日之星”。评选结果由本部门道德遵从委员会在部门内公示，对结果有异议的，可以反馈给道德遵从委员会。通过这种民主的形式，真正选出让所有人服气的员工或干部。

任正非专门指出，非物质激励应该是让多数人变成先进，让员工看到机会，拼命去努力。华为的金牌奖比例还是太少，应该让绝大多数人变成先进人物和优秀分子，能发钱就发钱，没有钱，即使发个奖章也是好的。

2. 为下属设置挑战性的目标

企业管理者既要从多方面激励员工，也要给予他们一定的压力，设置有挑战性的目标。如果缺少压力，员工就很容易自我满足，停留在“舒适区”，停止成长。从长远看，企业要发展，要在残酷的市场竞争中生存下来，员工得时刻保持饥饿感。只有给员工分配有挑战性的目标，才能促使员工持续进步，提升自我，让公司保持活力。

2.1 给员工压力，让他们面对难题

在华为，主管会积极关注那些有能力、有潜质的员工，适时给予他们挑战性的任务，同时大胆信任他们，让他们以积极的面貌去实现目标，配合他们的任务，必要的时候给予他们帮助。

2012年，黄海军被安排负责系统集成总线平台某产品能力的构建工作。为了能尽快满足产品配套使用的需求，部门提出，产品集成的协议总数要从3个提升到10个，一年时间内赶超业界标杆。而在当时，黄海军几乎还是个“新人”，对产品几乎一无所知，黄海军曾几次找主管交流，担心无法完成任务。主管坚定地看着他，说：“你能行的，放手干，有具体困难我来解决!”

主管的话让黄海军有了信心，他一方面协调架构师、技术专家和行业专家一起探讨长、短期目标，另一方面在开发组内开展“看代码学开发”的活动，提升团队对代码和架构的理解和掌握水平，为后续开发做好技能储备。经过一个多月的学习和研讨，他们认为，目标达成的关键路径，就是制定易扩展的协议定制框架。经过学习，黄海军主动承担起核心代码的设计和开发工作。两周以后，该产品的协议接入框架工作顺利完成，大幅提升了协议扩展的效率。团队趁热打铁，到年底时该产品高质量交付了12个协议，并支撑业务自定义协议接入，大大超出了企业的预期。协议接入框架的代码也被评选为优秀代码，2014年黄海军被破格升级为通用软件四级专家。

可见，给员工压力，分配有挑战性的目标并不是说管理者随便选择一个目标让员工去做，而是要有针对性，考虑员工本身的能力，还要考虑实际情况，并适时给予员工信心。

当然，有时候目标的难度会超出预期，而且作为领导者，通常也无法事先预估员工的能力极限在哪里。所以员工虽然努力去做了，达到了自己所能做到的极限，但仍然会出现无法完成任务的情况。

玫琳凯公司密歇根的一个销售部员工的业绩很差，每个月只能做一两场化妆品展示会。公司老板玛丽·凯·阿什亲自打电话给她，在电话里，玛丽·凯·阿什告诉这名员工："我希望你能在下周布置10场化妆品展示会，在举办完这些展示活动后，请你打电话告诉我你是怎么做的，以及你的感受如何。"面对这个几乎不可思议的任务数字，员工表示绝对不可能完成。

玛丽·凯·阿什接着说："你可以打电话给所有你认识的展示会承办人，告诉他们你刚刚和我通过电话，说你很想完成这项任务，并请他们做下周展示会的承办人。"

一周之后，这名员工打电话给玛丽·凯·阿什说，她的销售额达到了748美元。虽然她没有完成玛丽·凯·阿什给她分配的任务目标，销售业绩在内部也没有位居前列，但对这名员工来说已经是最好的了。

因此，管理者一定要注意，分配挑战性的任务是为了帮助员工成长，让企业保持活力。所以分配的任务尽量要合理，让员工拥有信心去完成，而不是觉得任务不可能完成。任务结束后，即便目标没有达到，也应及时给予鼓励，看到员工的进步。

2.2　让员工挑战目标，提升自我

任何人在缺乏压力的环境下，都会趋于安逸，从而失去前进的动力。在日常工作中，管理者要给员工灌输这样一种理念，分配富有挑战性的任务，既是对他们能力的信任，也是为了让他们在一定的压力下持续进步，提升自我。

在华为，紧急而艰巨的任务可谓稀松平常，华为人也早已适应这种时刻面对压力的环境，不仅如此，还有不少人主动请缨，接下难题，挑战自身的极限。

2006年底，BTS312开始开发，按照客户要求，要在2007年初高质量实现7.0版本的商用。刚入职不到一年的刘杰听到这个消息，主动请缨，希望自己能负责一个模块的交付。但他没有任何代码以及项目管理经验，主管有些犹豫，觉得将这个难题交给他并不太合适。但刘杰不屈不挠，一边继续向主管请求，一边见缝插针，向开发团队的专家请教，主管见他干劲十足，最终还是被他打动。

接下任务后，到处可见刘杰忙碌的身影，夜晚昏暗的路灯下，他慢慢地琢磨；热闹的会议室中，他与人争论得面红耳赤；光标闪烁的电脑前，他埋头编码；安静的实验室中，他紧张调测。就这样，刘杰竟然及时地完成了所有任务，产品上市后他所负责的模块没有出现过问题。

2008 年，刘杰到德国支持某重大项目的技术保障工作。这是刘杰第一次接触 BTS3900，用刘杰自己的话说，那时候连 BTS3900 长什么样都不知道。到现场后，刘杰立即行动起来，夜间补习知识，白天就与现场技术支持团队以及后方研发支撑团队一起安装设备并进行调试测试。很快，他就从一个十足的“门外汉”变成地道的“专家”。现场一起工作的客户多次对刘杰的想法和思路表示赞赏。2008 年获得华为金牌奖时，刘杰说，只有挑战目标，我们才能最大限度提高自己。

正是这些不畏艰险、不惧压力、永不服输、勇于挑战难题的人，才使华为从一个微不足道的企业成长为通信行业的巨头和“世界五百强”企业。

3. 干部选拔要坚持“三优先、三鼓励”

在选拔干部上华为提出“三优先、三鼓励”的政策。“三优先”：优先从优秀团队中选拔干部，出成绩的团队，要出干部；优先选拔责任结果好、在一线和海外艰苦地区工作的员工进入干部后备队伍进行培养；优先选拔责任结果好、有自我批判精神、有领袖风范的干部担任各级一把手。“三鼓励”：鼓励干部到一线工作，特别是海外一线和海外艰苦地区，同时奖励要向一线倾斜，要大幅度向海外艰苦地区倾斜；鼓励专家型人才进入技术和业务专家职业发展通道；鼓励干部向国际化、职业化转变。

3.1　从实践中选拔干部，不能只提拔“百灵鸟”

1998 年，任正非在内部讲话中对管理干部说道：“你们现在的价值评价方法是有问题的，在方向上就错了。只会用考试来评价一个人，欧姆定律考得很好，就涨工资。然而扎扎实实拧螺丝的人就没有份。那么工艺质量谁去搞？懂什么是一回事，会干什么是一回事，不能以懂什么来作为评价一个人的依据，而要以会干什么来作为评价依据。”

在任正非看来，华为内部会“唱歌”的“百灵鸟”太多，坚守一线、坚守海外艰苦地区、踏踏实实干活的人太少。如果华为在干部管理上老是提拔那些聪明的“百灵鸟”，“百灵鸟”的工资总涨，那么就会导致华为公司的人只会“唱歌”，这样下去很危险。必须将那些坚守一线、踏踏实实干活的人提拔上来。

2015 年，尼泊尔发生里氏 8.1 级地震，当地遭受了巨大的损失，受灾地区通信基础设施遭受了极大破坏。地震发生后不到 20 分钟，冒着余震不断的危险，华为驻尼泊尔代表处一线工程师们自发跑步抵达运营商中心机房，协同客户开展通信保障工作。而由于竞争对手人手不够，无法组织起有效的救灾力量，华为的工程小组还协助客户抢通了 260 个非华为的设备站点，确保了灾区通信的畅通，为抗震救灾提供了强有力的通信支持，也赢得了客户和当地人民的赞誉。救灾结束后，坚守在前线的尼泊尔代表处得到了华为的奖励，华为提拔了 4 位工程师，另外 11 位普通员工也得到了不同程度的嘉奖。

华为一直坚持和贯彻“从实践中选拔干部”的政策，没有基层管理经验，没有当过工人的，没有当过基层秘书和普通业务员的，就不能提拔为干部，哪怕学历再高，哪怕能力再强。在华为人看来，如果干部没有一线基层的经历，就无法具体了解基层的工作，对自己管理的团队或项目认知就会有偏差，将来遇到突发情况或困难也难以快速应对。

尽管如此，对于真正优秀的人才，华为任用他们、提拔他们是毫不犹豫的。尤其在华为高速发展时期，华为急需大量人才，许多人都被破格提拔。一个五六十人部门的主管刚毕业两年，最年轻的高级工程师19岁，工作7天后就能晋升为高级工程师。实际上，这种策略曾为华为立下过“汗马功劳”。

1993年，李一男从华中理工大学（现为华中科技大学）少年班毕业后进入华为，第二天就被破格提拔为工程师，十几天后晋升为主任工程师，半年后任中央研究部副总经理，两年后升任中央研究部总裁。26岁，李一男升任副总裁，是华为最年轻的副总裁。虽然李一男后来与华为之间发生了种种不尽如人意的事情，但对当时的任正非来说，仍然是大胆用人的典型事例。

1997年，刚从清华大学毕业加入华为的延俊华给任正非写了一封信，题为《千里奔华为》。他在信中指出了华为当时存在的问题并提出了发展建议，任正非看到这封信之后，当即决定提升他为部门副部长，任正非认为他是“一个会思考并热爱华为的人”，这样的人才是华为需要的。

随着时代的发展，华为也在成长和变化，但培养、选拔精英人才，是华为坚定不移的政策。任正非专门指出，华为要加强战略后备队的建设，为转型做好骨干人才储备。要加快卓有贡献的高中级干部、专家的晋升步伐，对优秀员工要敢于破格提拔，未来十年，华为干部队伍要年轻化、专业化，平均年龄争取每年下降1岁。华为还加大力度选拔有贡献、有能力的员工进入战略后备队进行培养、学习、提升，再择优把他们集中投入最困难、最不确定性的项目中去，最后从成功实践中选拔出所需要的人才。

3.2 选拔干部不能求全责备，要有所包容

任人唯贤是华为一贯坚持的干部选拔原则。如果不能选拔优秀的人才，那么有能力的员工就得不到晋升，就无法展示自己的能力，无法为公司做出更大的贡献。可以说，人才是企业最宝贵的财富。

华为一贯注重培养和提拔贤能，使他们成为华为事业的中坚力量。在干部任用和选拔上，华为并不死板严苛，允许一部分干部有一些个性，存在一些缺点，只要没有原则上的问题，那就予以包容。

Cindy是通过社招进入华为的女员工，之前在外企有着比较丰富的工作经验。Cindy做事认真负责，英语出众，能力也不错。但她比较有个性，习惯了外企平等相处的环境，并不认可中国企业里的等级文化。

Cindy的主管吕晓峰当时从海外刚回国不久，部门员工和他都不太熟，所以员工一般都叫他吕总。Cindy虽然也跟着这么叫，但吕晓峰感觉她叫起来总是很别扭。了解到Cindy之前一直待在外企之后，吕晓峰给部门员工发了邮件：“我们的部门不大，都是一起工作的同事，都是华为大家庭的一分子，不要太见外，就不要‘老总、老总’地叫来叫去了。大家叫我晓峰也可以，叫老吕也可以，总之不要叫吕总。”

不仅如此，吕晓峰还不时和Cindy谈话，以平等的态度和她交流，帮助她开展工作，让她做一些客户交流、项目支持之类的工作，以弥补她市场工作经验不足的弱点。

主管的努力也让Cindy慢慢接受了华为的管理和工作氛围，工作态度也更加积极了。Cindy后来主动要求下派，去条件艰苦的东南非地区部。在那里，她跑遍了地区部中所有的条件艰苦的国家，在地区部一干就是三年，并成为地区部总工办的骨干员工。

总体上来说，在人才的引进和选拔上，华为的态度是非常宽容的。华为管理者不仅看得到员工的能力，给他们展示自己的机会，而且大胆地肯定员工的成绩和贡献。千里马常有，而伯乐不常有，正因为如此，华为才如此重视人才，为其提供更利于他们发展的平台和机会。

4. 拉大差距，按贡献大小拿报酬

任正非曾专门强调，以奋斗者为本，就是与奋斗者分享利益，让贡献多的人拿到更多的钱，获得更多的配股机会，这是华为一个大的战略。华为要有自己的评价体系，不能以固有观念评价员工的业绩，而是要看员工的实际贡献，让那些干得好的人真正得到利益，“绝不让雷锋吃亏”。如果这些努力贡献者没有得到利益，那就是华为的战略失败。

4.1 打破平衡，不搞“大锅饭”

在利益共享的基础上，华为并不一味地强调均衡，而是要打破所谓的“平衡”，拉大差距，用差距来鞭策员工持续奋斗。华为通过利益分配制度的创新，让员工分享到企业成长的收益，从而让员工利益和企业发展休戚相关、荣辱与共，使员工产生主人翁意识和使命感，无形中便形成“高能力、高报酬、高绩效”之间的良性循环。这种循环之所以能够得以顺利实现，一个重要的保证因素就是“差距”的存在。

20 世纪 60 年代，美国心理学家斯塔西·亚当斯针对员工收入提出了“公平理论”。该理论指出，当一名员工完成他的工作并获得了报酬以后，他不仅会关心自己到底拿到了多少钱，将自己的收入和付出做比较，还会跟公司的其他员工进行比较。如果自己拿到的报酬和别人差不多，工作量也相当，他就会认为企业内部是公平的，因而心情舒畅地积极工作；当他发觉别人拿到的钱比他多时，内心就会产生不公平感，于是有怨气、发牢骚，对管理层有意见，继而影响其工作积极性。

21 世纪初，在亚当斯“公平理论”的基础上，德国社会行为学家弗雷·莱纳德又有了新的发现。他说，“相对”差距是客观存在的，企业也可以合理利用这一点，至少让员工明白，这种差距并非制度上存在缺陷，而是因为两个人为企业创造的价值不同，才导致差距的存在。既然这种差距并非不可缩小，那么，收入较低的员工便想要追赶，而收入较高的员工也会努力维持这种差距。企业内部便能形成良性的竞争环境。

早在 1995 年，任正非便在内部讲话中强调，华为要逐步拉开差距，提高优秀人才的待遇，让有贡献的人先富起来。

1996 年，华为开始进行工资政策改革，由原来的部门领导定工资，逐渐转变成“同工同酬，易岗易薪，以能力和贡献拿工资”的薪酬体系。任正非指出，“薪酬体系改革是为了合理推动公司的发展。许多岗位承受压力大、工作难度大、需要创造性，这些员工为华为创造的价值最大、贡献最多，是公司最有价值的人群，在利益分配上，我们要坚决打破‘大锅饭’，收入要和贡献相匹配，让他们拿到合理的工资，让他们劳有所得，多劳多得。”

为了科学地安排员工薪酬，拉大差距，激励员工继续保持艰苦奋斗的作风，此后，华为又对薪酬体系进行了数次改革。

2001 年，华为开始逐步制订透明、有效的业务部门奖金方案，形成激励和约束的可持续发展机制。在此之前，华为的奖金分配还属于“大锅饭”的形式，哪个部门业绩好，就集体奖励，哪个部门业绩差，就集体受罚。随着华为不断实践，不断提高认识，华为管理层意识到，当企业发展到一定规模时，这种集体奖惩对人才的激励效力很小，实际上失去了活力，集体奖励和集体受罚近乎没奖没罚，无法体现出每个员工的个体差异。

2007 年，华为开始对英国本地员工进行双轨制考核，将短期奖金激励与个人业绩承诺的晋升考核相统一，保证“差距”的有章可循，让本地员工奖金透明化，员工能拿多少钱自己一清二楚。

2009 年，华为继续对薪酬体系进行优化，使奖金评定流程简易化、明确化。当期贡献大，当期就发奖金。

任正非在 EMT（经营管理团队）会议上指出，要继续完善奖金策略，激发员工的积极性，激活组织。华为高层的职责是确定奖金的导向机制，授权下级团队制订具体、多样化的分配方案，奖金的发放规则按业务需求和管理要求细分，增强激励的针对性、及时性，以起到明显的杠杆效应。

以华为的成熟业务网络设备奖金分配为例，华为规定，每个代表处必须实现基线管理，即奖金由代表处自主分配，奖金以考核为准，考核以基线为准。每个代表处的计划出来后，都要有一条相应的业务基线，实际完成情况和这条基线进行比较。基线也不是只有一条线，销售要有基线，利润也要有基线，二者权重谁大谁小，不同时间权重有所不同，不同区域也有所不同，但不是随意变化的。员工只需要对比基线标准去做，并且努力做好，一个周期结束后，该得多少奖金，公司会立刻发放。华为网络设备业务部门一名员工说："结果一经公布，谁的成绩好谁的成绩差一目了然，做得好的就多拿，做得差的就少拿，谁也挑不出毛病。想多拿奖金，赶上前几名，就得努力在下个周期把工作做好。"

每个员工对组织的贡献是不一样的，是"不平衡"的。这就决定了价值分配策略也要"不平衡"，否则就不能真正激励有贡献、有能力的员工，就不能激发全员持续进步，为企业创造更多的价值。但是在实际执行中，价值分配结果和客观事实存在一定程度的偏差也是难免的，这就需要管理者客观、理性地对待员工，坚持正确的导向，强化内部管理，把偏差控制在合理的范围之内。

4.2 让拉车人比坐车人拿得多

所谓"拉车人"，是指劳动者，"坐车人"是指股东。对华为管理者而言，一方面要管理好员工内部的分配结构，关注到公司的每个角落，让人人都能分享到公司成长的红利。另一方面也要协调好拉车人和坐车人的利益分配比例，让拉车人比坐车人拿得多，拉车人在拉车时比不拉车的时候要拿得多。

因此，华为将劳动所得与资本投入所得的分配比例设置为3∶1左右。

华为推行的TUP（Time Unit Plan）机制，可以被称为"奖励期权计划"，但分配给员工的并不是股权，而是一种特殊的奖金，是基于员工历史贡献和未来发展前途给予员工的一种中长期但非永久的奖金分配权利，相当于预先授予员工获取收益的权利，但收益需要在未来5年中逐步兑现。

TUP机制的特点是"递延和递增"，给予员工的奖励不是及时兑现的，而是分期奖励给员工，并且奖金逐年递增。TUP一般持续5年，在第五年时，分红并结算增值收益，员工拿到新的TUP则重新开始计算年限。例如2014年授予某员工TUP资格，配了10000个单位，虚拟面值为1元，2014年没有分红权，此后四年全额获得10000个单位的100%分红权，2018年，也就是第五年时，进行升值结算，假如虚拟面值升到5元，那么第五年获得的回报是：全额分红 +10000×（5-1）。同时该员工获得的10000个TUP单位权益清零。

与一般的期权激励政策相比，TUP的优点是对新进员工和老员工一视同仁，只看业绩不看资历，另外可消除“一劳永逸、少劳多获”的弊端，防止老员工躺在过去的功劳簿上。

华为人达成一种共识，货币资本所得保持合理收益即可，其他收益全部为人力资本所得。另外，要保障退休员工的收益，但不能过度通过股票大量分红来实现，而是要切实保证努力工作的员工获得合理的回报和上升的机会。

5. 让面向客户的贡献者“升官发财”

在任正非看来，尽心与尽力是两回事，不能只注意身体上的艰苦奋斗，更要注意思想上的艰苦奋斗，为客户创造价值才是艰苦奋斗。对于有潜力的员工，华为会给他们平台和机会，激发他们的潜力，多做出一些贡献。当然，只要做出贡献，就一定会有回报。

5.1 评价员工以商业成功为导向

以前很多企业，包括华为，在对人员的评价上经常会出现“有功劳或有苦劳”，提法很含糊，评价的尺度比较随意，也存在很大的主观性。给什么样的业绩评价，往往取决于上级的印象或想法。这就需要一个科学的管理体系，才能让真正有贡献的人获得机会。华为摸索了二十多年，明确了一点：一个好的企业价值评价体系要以商业成功为导向。

刘雨是华为一个基层主管，刚到华为时，他经常加班到深夜，周末也不休息，过着简单的“两点一线”生活。他的努力也得到了部门主管的认可，于是他便坚定要吃苦的决心，这样就能在华为站住脚，甚至简单地以为在华为，“艰苦奋斗”就等于加班。

后来他当上主管，第一次参加集体评议，他反复强调项目组某某加班到很晚，所以希望能给予好点的考评结果，主管告诉他，评价一个人不是看他辛不辛苦、累不累，而是看他最终在工作中交付的成果。主管的话让他陷入深思，同时让他明白，“艰苦奋斗”不等于加班，“艰苦奋斗”是要结合绩效来考虑的。加班再多，如果最终在工作中交付的成果不好看，没有为客户创造价值，那就不是“艰苦奋斗”。

渐渐地，刘雨真正理解了什么是“以客户为中心”，什么是“以奋斗者为本”。只有为客户创造价值，加班加点才能体现出价值。

任正非说：“我们把煤炭洗得白白的，但对客户没产生价值，也不叫艰苦奋斗。我们有些干部以加班多少来评价人，以加班多少来评劳动态度，我认为这样的评价有问题。”

华为提倡有效的艰苦奋斗，员工的努力和付出要有的放矢，加班加点要有针对性。所以，管理者不仅仅要看到员工的努力，更应该看清楚员工真正的贡献在哪里。

2009 年初，华为开发的一个新产品在某地第一次投入使用，有一台设备出现了故障，客户向华为驻当地办事处求援。李高阳等 4 名技术人员立即搭乘飞机前往，承诺以最快的速度解决故障。

他们一到办事处，就同办事处的人员开着车前往故障设备地点。一行人终于在凌晨 1 点左右赶到客户所在的县城，却被告知故障设备在 60 千米外的小镇上。

李高阳等人顾不上休息，连夜赶路，终于在凌晨 3 点赶到了现场，经过长达 8 小时的抢修，终于使设备恢复了正常。当客户塞给他们红包表示感谢的时候，李高阳却笑着说：“真的不能要，为客户服务是我们应该做的。这次抢修虽然比较辛苦，但公司有绩效制度，不会亏待我们的。”

在华为人看来，不能为客户创造价值的劳动都属于无效劳动，只有坚持“以客户为中心”，为客户创造价值，华为员工的劳动才能转化为对公司的贡献。华为的管理者深知，华为靠的是所有踏踏实实为客户服务的员工，他们的贡献应该获得合理的回报。

李高阳只是为客户服务的华为人的一个缩影。通过绩效制度的有效引导，华为充分保证了员工为客户服务的高度热情，保证了华为人能够二十几年如一日地持续艰苦奋斗。而这种对客户的热情和奋斗的执着，则保证了华为在没有思科、爱立信等国际企业先进技术的情况下，依然可以在世界市场上占据一席之地，甚至坐稳世界第一的宝座。

5.2　员工有多少贡献就拿多少钱

华为自创立之日起，便始终贯彻“有多少贡献就拿多少钱”的准则。有能力、有贡献，就让他们“发财”，与此同时，给他们“升官”的机会。

任正非对员工说：“你要想快速进步，到非洲去，到艰苦地方去；你要想做‘将军’，到上甘岭去，到主航道去。”

2012 年底，华为在某国中标近 10 亿美元，终于打开了该国庞大的市场，参与竞标的团队获得 700 万元奖金。第二年合同顺利签订后，任正非决定再奖励 1000 万元。

时任所在地区部总裁得到消息，就跟任正非说：“任总，公司已经奖励过了，这次您请大家吃个饭意思意思就行了。”任正非听了很生气：“奖金的事情怎么能意思意思，该发就发，绝不能含糊。你自己吃饱了不管兄弟们死活，那把你的奖金、股票、工资都给我，我天天请你吃饭。”

在这之后，任正非又连打 5 个电话给地区部总裁：“你要为弟兄们考虑，我们的弟兄们在一线干活不容易，要给大家分好钱啊！”地区部总裁又说：“任总，1000 万元太多了，我不敢要，压力太大，过去哪有一个项目奖这么多的？虽然我一分钱都拿不到，但我心里还是过不去啊！”任正非说：“那你告诉我多少合适？”最后在任正非的坚持下，还是又发了 700 万元奖金，等于奖金翻倍。

说到底，华为文化很简单，坚持“以客户为中心”的价值创造原则，坚持“以奋斗者为本”的价值分配原则，提拔有能力、有贡献的人，让奉献者拿到合理的报酬。如今，这种文化思想已经深深扎根于华为人内心。

6. 既要尊重员工，也要敢于批评员工

华为在原则性问题上，拉得下情面，因此锤炼出一支令人生畏的“狼性”队伍。华为干部在管理中一贯敢于坚持原则、敢于管理，对犯错或存在不足的员工，该批评时就批评，即便是资历高、有贡献的专家，也是如此，不因为害怕或是不好意思，而留情面或“放人一马”。

6.1 面子是给狗吃的，该批评就批评

许多人虽然已经离开华为，但对于任正非的“经典语录”依然记忆犹新。在批评员工上，任正非可谓非常严厉，毫不留情，尤其是华为的高层领导。在任正非看来，“面子是给狗吃的”。任正非批评下属时，带有很强的个人色彩，虽然下属一时比较难以接受，但无疑给他们留下了深刻的印象。

任正非在批评华为产品战略规划的研究过于超前时，说道：“我们的战略规划办，研究的是公司 3～5 年的发展战略，不是一二十年后的发展战略，我不知道公司是否能够活到 20 年之后，如果谁能说出 20 年之后华为做什么的话，我就可以论证：20 年后人类将不吃粮食，我的道理是……”

针对部分人不理解 IBM 的 IPD 流程，认为流程存在缺陷时，任正非说：“5 年之内不允许你们进行幼稚创新，顾问们说什么，用什么方法，即使认为不合理，也不允许你们动，5 年以后，把系统用好了，我可以授权你们进行局部的改动，至于结构性改动，那是 10 年之后的事。”

即便是那些业绩显著的高层领导，任正非批评起来依然声色俱厉，只要他没有完成公司的任务，没有达到预期目标，那就明确地指出来。

余承东主管的华为手机部门近年来销售业绩增长迅速，已成为国内第一大手机厂商，迪信通联合零点有数发布的《2017 年 1 月手机零售指数》报告数据显示，在 1 月份，华为手机销量占比为 22.2%，OPPO 为 18.1%，vivo 为 16.2%，分别占据前三名，占据了国内手机市场的半壁江山。

然而，尽管如此，作为华为消费者终端首席执行官的余承东仍然受到了任正非的批评。余承东坦言："华为手机部门在 2016 年收入增长 42%，利润一点也没增长。华为手机技术研发和品牌影响力要高于 OPPO 和 vivo，但华为手机的利润却远远不及这两家公司。OPPO、vivo 一部手机利润甚至高达 300 元。任总对我们不满意，批评我们只顾把产品卖出去，而不考虑利润。华为手机太多利润都被渠道商赚走了，我们成了给渠道商打工的了。"

虽然余承东战绩卓著，将作为后起之秀的华为手机带到了国内手机市场第一的地位，但因为利润低下，没有达到预期业绩，还是受到了任正非的批评。余承东虚心接受了批评，他和他主管的华为手机部门开始学习竞争对手 OPPO 和 vivo 的策略，布局五线城市和渠道，以提高华为手机的利润水平。

6.2　批评对员工是一种负激励

一个人如果不被批评，就容易产生懒惰懈怠的情绪，对事物的观察也不会用心。人类并不是生下来就有高度智慧，而是一个长期学习和成长的过程。在这个过程中，犯了错误，挨了批评，才能吸取教训。

所谓"良药苦口，忠言逆耳"，批评能使人上进，但也要注意方式和方法。员工有不足的地方固然要批评，但是也要保持基本的尊重，尽量守住底线，不要辱骂员工，也不要上纲上线。先了解情况，让员工把事情讲清楚，再指出他的问题，这样才能起到激励员工进步的作用。松下电器的创始人松下幸之助批评员工时，便非常注意分人、分场合，以起到应有的作用。

有一天，天气非常炎热，松下幸之助交代后藤留下几个人加班赶任务。他们的工作很辛苦也很累，几个加班员工中途休息，到球场打球去了。后藤正准备去，恰好碰上了赶来察看的松下。松下很生气，严厉责骂后藤，说：

“后藤，怎么连你也做这种事？”后藤感到很羞愧，因为松下这么看重他，他却辜负了松下的期盼，再三向松下道歉。后来后藤努力工作，终于成了公司的骨干。

松下虽然严厉批评了后藤，但是也表达了他对后藤的期盼，让后藤了解到，批评他是为了帮助他改正自己，成为更优秀的人。

小蒲秋定在担任松下通信工业总经理时，公司出现了财务赤字问题，遭到松下的严厉斥责：“你是罪人！我给了你所有的人才、所有的资金，你却回报我赤字。你是松下的罪人！该送进监狱。”受到批评的小蒲秋定痛定思痛，花费大力气，全面整顿财务体系，大力改善公司的经营状况，推出新产品，很快便让公司扭亏为盈。

员工表现出色时，管理者对员工要给予物质和精神上的正向激励，而当员工犯了错误时，也应当适时予以批评。在一定程度上，适当的批评会让员工产生羞愧感或不服气的念头，在这种心理作用的驱动下，员工便会试图证明自己是能胜任的。

相对于物质和精神上的正激励，批评实际上是一种负激励。华为在选拔干部时，非常注重干部的批评和自我批评精神。优秀的干部能适时发挥批评的负激励作用，必要时也敢于自我批评，激励自我进步。

7. 该“杀头”时还得“杀头”

华为要求干部必须要有所作为，在什么岗位就要做出什么贡献；并且鼓励干部敢于行动、敢于担责，即便在工作中犯了一些错误，只要其管理的部门人均效益提升很大，那就说明工作是有成效的。对于那些没有作为、没有贡献，只是想千方百计保住自己位置的人，华为绝不含糊地撤销他的职务。

7.1 坚决贯彻末位淘汰制

企业要生存、要发展，绝不能讲人情。无论如何，出于对企业文化践行的考虑和对绩效的追求，组织必须让认同企业价值观和有能力的干部在应有的位置上发挥他们的作用。不努力工作的员工或者不能胜任工作岗位的员工，就要淘汰掉。

通用电气 CEO 杰克·韦尔奇在自传中讲述了这样一个故事。有一次，韦尔奇来到一条卖服装的街上，一家服装店的老板认出了他，把韦尔奇拉到自己的店里，向韦尔奇请教经营企业的秘诀："把我的店做好做大，非得过一段时间就淘汰落后的人吗？"韦尔奇不假思索地说道："是的。如果你想成为这条卖服装的大街上最好的商家，你就必须不断地淘汰落后的人，这样你才能成为这条街的赢家。"

一个企业，如果不淘汰落后者，那么不仅会被落后者拖累，还会影响其他努力工作员工的积极性。如今的华为，末位淘汰制已经融入日常绩效考核工作体系之中，实现末位淘汰制度化、常态化。具体的措施包括已经降职的干部，一年之内不准提拔使用，更不能跨部门提拔使用；连续两个周期绩效不能达到公司要求的部门，不仅一把手要降职，全体下属干部和员工也要受处罚。

1996 年 2 月，华为召开集体辞职大会。由孙亚芳带头，所有的办事处主任、市场部的正职向公司集体递交辞职书，然后接受公司的再挑选，从市场部总裁到各办事处主任，每个人都要向公司提交两份报告，一份是述职报告，一份是辞职报告。公司根据其表现、发展潜力，批准其中的一份报告。

在这次集体辞职中，30% 的人离开干部岗位。华为人认识到，在市场一线搏杀的人，不允许懈怠，必须让最有能力的人才承担最大的责任。

不仅是华为执行末位淘汰制，许多知名企业也提倡类似的管理机制。马云说，有六类人必须淘汰：吃里爬外的、不爱学习的、斤斤计较的、工于心计的、太过势利的和缺乏激情的。阿里巴巴内部实行了"271 战略"，即 20% 是优秀员工、70% 是优良员工、10% 则是要淘汰的。

在通用电气总裁杰克·韦尔奇要求下，通用公司每年都会严格评估和区分员工的等级，评选出20%的明星员工、70%的活力员工以及10%的落后员工。落后员工会得到一到两年的改进缓冲期，如果还是没有改进，则会被通用解雇。

当然，有些老员工过去贡献很大，为企业立下过汗马功劳，但随着物质条件的改善以及职位的上升，渐渐地失去了继续前进发展的动力。对这一类员工，华为则采取了相对柔和的政策，鼓励老员工内部创业。

2000年下半年，华为出台了《关于内部创业的管理规定》，规定凡是在华为工作两年以上的员工，都可以申请离职创业，成为华为的代理商。为了做好内部创业工作，华为还专门成立了“员工内部创业办公室”，负责协调内部员工创业工作并提供相关咨询服务，为创业员工提供优惠扶持政策，比如除给予相当于员工所持股票价格70%的华为设备之外，还设有半年的保护扶持期，半年之内，如果员工创业失败，可以回公司重新安排工作。

华为常务副总裁李一男带头响应，在李一男和内部创业政策的激励下，许多华为员工响应号召，纷纷行动起来，开始了自己的创业历程。任正非在欢送李一男的讲话中，高度概括了华为内部创业的目的：一是给一部分老员工自由选择创业做老板的机会；二是贯彻“收紧核心，开放周边”的策略，让创业员工形成华为产品的分销渠道，结成以华为为“轴心”的联盟。

面对不作为或者是没有能力的干部，我们怎么办？既然不能进行颠覆性的变革，不能实行末位淘汰，我们不妨把它变通成为“流动”的岗位，即在干部中实行轮岗流动。

7.2 净化队伍，严格执行内审制度

由于中国职业体系建设比较薄弱，整体社会信用体系相对缺失，相关法律法规不够完善，部分职工法律意识淡薄，内部职务犯罪现象在中国企业当中也是屡见不鲜，比如受贿、职务侵占、挪用资金、侵犯商业秘密等。许多大型企业都设立了内审部门。

在发展过程中，华为不断探索，优化内审制度，规范授权行权，改进工作流程，形成了较为完善的内审制度。2015 年，任正非在“内审调查工作授权及流程优化汇报会”上强调，华为的内部审查主要是为了净化队伍，让干部和员工都不敢干坏事，而不是为了针对哪个人量刑。华为要珍惜干部的政治生命，培养一个干部不容易，要花很多时间和资源，所以要防止他犯错误，绝不允许问题不断发生，如果问题演变得比较严重，影响公司的利益，那只能进行处理。

2001 年 7 月，华为研发部的员工王某、刘某、秦某离开华为，投资 50 万元在上海联合创办了上海某技术有限公司，主业为制造光传输设备，并先后从华为挖走研发光网络产品的开发人员 20 余人。

2002 年 10 月，华为以侵犯知识产权为由，向上海市第一中级人民法院提起民事诉讼，并向 3 人成立的公司索赔 200 万元人民币。当月中旬，华为竞争对手 UT 斯达康公司宣布以 200 万元人民币和分 3 年授予 UT 斯达康 1500 万美元期权的价格收购该公司，3 人遂加入 UT 斯达康。

几日之后，华为向黑龙江佳木斯前进公安分局报案，称该公司销售的产品与华为销售的产品相似，要求佳木斯警方立案调查。11 月 21 日深夜 3 点，佳木斯警方赶赴该公司所在地将 3 人拘留。12 月 18 日，佳木斯警方将案件移交至深圳司法机关。该案件由深圳南山区法院受理，经过数次不公开开庭审理后，2004 年 12 月 7 日，深圳南山区法院做出一审判决，3 位被告被认定有罪，王某、刘某、秦某分别被判处三年、三年、两年有期徒刑。

虽然这三人早已离开华为，不再是华为员工，但由于他们侵犯了华为的商业机密，严重损害了华为公司的利益，因此，华为不得不动用司法手段。华为也借此案件警示和告诫华为的广大干部和员工，时刻遵守知识产权法规和公司管理制度，绝不能将公司的技术成果窃为己有，否则不仅会受到公司内部处理，严重者还将要承担法律责任。

第12章 规则管理——撑起制度理性权威

对于人力资源的建设，全公司是要拿出一个体系性的建设方案，既允许诸侯管理问题，又要服从公司一体化建设的原则，还要考虑不同的干部、不同的部门要有不同的评价体系和考核标准，但又要使共性的部分比较一致。

1. 价值观要转为行为规范

企业作为一个社会性的组织，它存在的首要目标就是盈利，为了实现这一目标，就必须建立一个企业上下共同遵守的行为规范或准则。如果没有统一的规章制度，企业的管理就无章可循，缺乏具体的标准和要求，导致管理上的混乱，企业也就形同一盘散沙，毫无战斗力。

1.1 建立规则，让规则制度化

有些企业虽然制定了一系列的规章制度，但是在实际执行上大打折扣，于是，这些规则便形同虚设，起不到规范管理的作用。一个企业制定了相应的规则，就必须严格执行。

张瑞敏刚接管海尔的时候，那时的海尔，是青岛一家没人愿意去的国有企业，效率低下，管理松散，员工完全没有规则意识可言。工人们 8 点上班，9 点就不见踪影了。领导不知道员工在哪，员工也不关心领导在干什么。用一位老员工的话来形容——“10 点钟随便往大院丢一个手榴弹也炸不到人”。由于管理混乱，公司生产的产品质量低劣，根本没有市场，客户也越来越少。在这种恶性循环下，海尔连工人的工资都发放不出来，眼看就要破产。

张瑞敏便是在这样一种状况下接手了海尔，他到海尔的第一件事就是制定严格的规章制度，从小事管起，规范到每一个细节，约束每一道工序、每一个环节的工作行为。严格的管理让海尔焕发出了活力，员工的工作态度和效率很快得到提升。就这样，张瑞敏将濒临破产的海尔从悬崖边上拉了回来。如今，海尔电器不仅在国内赢得了众多消费者的青睐和认可，在国际上也享有盛誉。

虽然有时没有明确的规则和制度也能取得一定的成功，但这种成功存在很大的偶然性和不确定性，这一次成功了，下一次是不是还能行呢？没有人敢保证。亦或者说，这次的成功根本就是歪打正着。

事实上，华为创立初期，便是在这样一种缺乏规则制度的环境中，靠着“个人英雄主义”一路摸爬滚打过来的。

华为公司副总裁郭平回忆说，1988 年他刚加入华为做研发的时候，那时的华为既没有严格的产品工程概念，也没有科学的流程和制度。一个项目能否取得成功，主要靠项目经理和运气。他负责的第一个项目是 HJD48，市场反响不错，销量也很好，给华为赚了不少利润。但随后开发局用机遭遇了困境，市场没有销路，项目亏损了不少。再后来华为开发 C&C08 交换机和 EAST8000，重复了前两个项目的境遇，C&C08 交换机非常成功，同期上市的 EAST8000 却表现糟糕，甚至被归罪于名字取得不好，成了“易死的 8000”。

郭平所描述的，大致就是 1999 年之前华为产品研发的真实状况，产品的成功具有很大的偶然性。可以说，那个时代华为研发依靠的是“个人英雄”。

正是看到了这种成功的偶然性和不确定性，华为在 1999 年花费数亿美元，引入 IBM 专家，开始进行管理体系建设和变革，任正非提出了“先僵化、后优化、再固化”的变革指导思想。在这个思想的指导下，华为人经历了削足适履、“穿美国鞋”的痛苦过程，实现了从依赖个人眼光，偶然地推出成功产品，到制度化可持续推出满足客户需求的、有市场竞争力的成功产品的转变。

1.2 让规则意识深入员工内心

企业制定了相应的规则制度，不仅需要严格去执行，还要在企业内部形成一种习惯和氛围，让企业上下自觉遵守各项规则，让每一位员工明白怎样做是对企业有利的。经过一定时间的积淀，习惯成了自然，在员工心中形成共同的价值观和行为规范，而这种“观念”一旦形成，又会反作用于大家的行为，逐渐上升为企业的制度文化。

华为新员工在进入公司之后，都必须进行半个月军训，学习华为的企业文化，以这种方式来培养员工的规则意识。华为新员工培训纪律中有一条：

“皮带、西裤、衬衫、领带，一个都不能少！”从进入华为第一天起，每位员工都要接受严格的检查，不合格的必须立即改正，拒绝改正者，很可能被开除，只要是规定，员工必须遵守执行。军训时将规则意识渗透到华为员工的内心深处。

华为还有一条特别的规定，所有写软件的员工被统一安排“编程规范”的培训，例如“一二一软件训练营”，公司所有软件编写所用的语言、模式都是统一的，包括文档的格式。这种基础训练使员工能够规范编程语言，减少沟通障碍导致的时间浪费。

华为员工养成的这种规则意识，使得华为人像军人一样去按时、有效地完成任务。这也是华为能够始终保持队形、在国际市场上具有竞争力的重要原因。

2. 干部和员工都要坚守行为红线

人都有惰性，如果规则不能时时被提起、被执行，那懈怠之心就会侵蚀规则，员工可能会找门路、找必要的手段去规避或跳开规则，干部可能会以权谋私，利用公司的资源为自己或他人获取利益。所以，行为规范要广泛开展宣传，要时时讲、月月讲，在企业内开展活动，使企业上下时刻谨记，切实遵守规则制度。

2.1 开展内部大讨论，重肃干部队伍

为了确保规则制度的有效实施，华为适时开展整顿干部队伍的活动，改进干部作风，纠正干部队伍中存在的错误，2013 年，华为特地发布了《华为公司改进作风的八条要求》，简称“华为干部八条”，2015 年和 2017 年先后两次修订。这八条的内容如下：

（1）我绝不搞迎来送往，不给上级送礼，不当面赞扬上级，把精力放在为客户服务上。

（2）我绝不动用公司资源，也不占用工作时间，为上级或其家属办私事。遇非办不可的特殊情况，应申报并由受益人支付相关费用。

（3）我绝不说假话，不捂盖子，不评价不了解的情况，不传播不实之词，有意见直接与当事人沟通或报告上级，更不能侵犯他人隐私。

（4）我们认真阅读文件、理解指令。主官的责任是胜利，不是简单的服从。主管尽职尽责的标准是通过激发部属的积极性、主动性、创造性去获取胜利。

（5）我们反对官僚主义，反对不作为，反对发牢骚讲怪话。对矛盾不回避，对困难不躲闪，积极探索，努力作为，勇于担当。

（6）我们反对文山会海，反对繁文缛节。学会复杂问题简单化，六百字以内说清一个重大问题。

（7）我绝不偷窃，绝不私费公报，绝不贪污受贿，绝不造假，我们也绝不允许我们当中任何人这样做，要爱护自身人格。

（8）我们绝不允许跟人、站队的不良行为在华为形成风气。个人应通过努力工作、创造价值去争取机会。

2017 年 4 月 24 日，华为道德遵从委员会第二次代表大会召开，会上华为总裁任正非要求华为的领导干部严格遵守“华为干部八条”，借此机会，华为在内部心声社区展开大讨论，以重肃干部队伍。

在这一次的大会讨论上，华为广大干部和员工积极参与，有的干部反思和检讨自身的问题，有的员工则大胆进言，指出干部问题。

一位干部写道，对照“华为干部八条”中的内容，反思自己的工作，还是有很多没有到位的地方。例如公司的规则“主官的责任是胜利，不是简单的服从”，就没能很好地去执行。虽然有时候会主动思考业务如何展开，但很多时候也迫于领导的压力，自己不敢坚持自己的意见，觉得领导看得比自己远，毕竟位置及信息量不同。另外，多少也有一些懈怠心理，想着按领导的意思去执行就行了。这样一来，决策周期延长了，运作效率也降低了。在接下来的工作中，要更加主动思考，深入业务，坚守公司规则制度，以结果胜利为导向，为领导决策提供专业的建议，敢于提出反对观点和建议，敢于担责。

这次大会讨论使广大华为干部和员工认识到，华为的各项规则制度不能是一纸空文，而是要切实去遵照执行。干部队伍是广大华为员工的表率，是他们的领路人，因此，规则管理首先要从干部抓起，才能打造出一支纪律严明、敢作敢为的铁军。

2.2 升级管理，让员工时刻牢记规则

让各项规则制度得到有效遵循，不仅要管好干部，更要管好员工。华为重肃干部队伍是为了让广大员工看到公司的决心，认识到遵守规则的重要性。华为的每一项规章制度都需要每个人认真去执行，落到实处。只有这样，制定的各项规则才能体现价值。

为了进一步强化规则管理，华为还发布了“华为十六条军规”：

(1) 永远不要低估比你努力的人，因为你很快就需要追赶他（她）了。

(2) 如果你的声音没人重视，那是因为你离客户不够近。

(3) 最简单的是讲真话，最难的也是。

(4) 你越试图掩盖问题，就越暴露你的问题。

(5) 造假比诚实更辛苦，你永远需要用新的造假来掩盖上一个造假。

(6) 公司机密跟你的灵魂永远是打包出卖的。

(7) 从事第二职业的，请加倍努力，因为它将很快成为你唯一的职业。

(8) 在大数据时代，任何以权谋私、贪污腐败都会留下痕迹。

(9) 不要因为小圈子，而失去了大家庭！

(10) 如果你想跟人站队，请站在客户那队。

(11) 忙着站队的结果只能是掉队。

(12) 那个反对你的声音可能说出了成败的关键。

(13) 如果你觉得你主管错了，请你告诉他（她）。

(14) 讨好领导的最好方式，就是把工作做好。

(15) 所有想要一夜暴富的人，最终都一贫如洗。

(16) 遵纪守法，磨好自己的豆腐，发好自己的豆芽。

规则管理不能懈怠，不能贪图省事，要盯紧队伍，时刻提醒员工牢记公司的相关规定，切实按照规定行事。

3. 培养下属对规则的敬畏之心

1996 年，华为在推行标准化改革时，任正非说："改革就是要产生效益，我们要向管理要效益。如果这次管理流程实实在在地顺畅运行，我们效益就大幅度提高了，投入产出的能力就增强了。如果有这种规范化的作业，就能把前期的改革成果巩固下来，打造一支雄师劲旅。如果没有规范化，队伍的战斗力就得不到保证，标准化改革的成果得不到巩固，效益就不可能提高。我们引进西方的先进管理经验，就是为了从根本上解决这个问题。"

3.1　"勤洗澡"，接受规范化管理

针对华为部分干部和员工在规范化管理认识上的不足，任正非专门强调，华为的干部要"勤洗澡"，统一认识，认清规范化管理的重要性。

华为的中央研究部（简称"中研部"）有人给任正非写信，说作为研发部门，中研部必须要有很多活思想，规范化管理会使他们效率降低，新突破减少，所以不能搞规范化管理。任正非回复说："你们中研部的文化层次很高，很聪明，但是看事情还是不够远。如果不规范管理，那么，主意越多，人心越乱，管理就越没有希望。如果中研部的工具库、数据库，甚至每个功能模块、每段程序都不规范，拿什么去跟国外领先的企业拼？凭什么能做出具有创造性思维的产品？"

任正非曾拿华为和西门子等国际大企业做比较。他认为华为不是没有优秀的运营商，甚至可能比西门子的还多，但华为的销售额还远远比不上西门子。因为西门子的产品是按照同一套标准去开发的，具有很好的继承性，等于整体上降低了产品的价格，所以运营商选择了西门子的产品。很多运营商，尤其是固网的运营商始终面临着来自资本市场的压力，必须减少资本开支。华为不仅

要控制和降低硬件产品的价格，更要降低软件、服务以及其他相关支出等整体解决方案的价格，华为要在国际上树立自己的品牌，就必须让自己的产品有可继承性、可拓展性，也就是说，所有产品都要严格按照一定的标准去开发，运营商购买后只需要进行升级就可以了，不用全部替换整套设备。

任正非十分清楚，随着华为规模的扩大，如果不规范管理，效益会越来越低，矛盾也会越来越多，因此多次强调规范化管理的重要性，只有规范化管理，才能够提高华为的效率。

3.2 规范化管理不能投机取巧

美国海军陆战队素来以规则严格著称，每一位海军陆战队士兵都要严格执行规则，不因遇到特殊情况而放松要求。正是这样严格执行规定，才使得美国海军陆战队成为让人望而生畏的军队。

2013年5月16日，时任美国总统奥巴马与土耳其总理埃尔多安在白宫玫瑰花园举行联合记者会。当天华盛顿正好下起了雨，奥巴马便让身旁海军陆战队士兵为他和宾客打伞。这件事顿时掀起轩然大波，奥巴马遭到了美国军方激烈的批评，因为根据《海军陆战队手册》的规定，男性士兵在穿制服时不能带伞和打伞，并且未获得海军陆战队司令的批准，任何官员不能向海军陆战队队员发出与手册条款相冲突的指令，包括总统。面对美国军方的批评，奥巴马不得不承认自己违规，并向海军陆战队道歉。

作为军人出身的任正非深知严格执行规则的重要性，因此，华为许多规则都是向军队的要求看齐的，只有这样才能打造一支无往不利的铁军。《华为人》曾刊载了一位华为干部的文章，该文指出，华为要培养员工对规则的敬畏之心，对规则的敬畏要超过对主管、对老板的敬畏。华为不缺流程规范、不缺发文，缺的是对流程规范的敬畏，缺的是对规则的敬畏。某一个环节的人不遵守规则，就导致上下游相关人员的工作都游离在规则之外。实际上总是破坏规则才是损害客户利益的最大危险。

2000 年，华为在内部反思工作中投机取巧的行为，以及这种行为造成的后果。1999 年的春节，当普通人纷纷赶着回家过年时，D 产品组所有成员却不得不留下来加班，处理产品问题。样板局暴露了基站的问题，用户的投诉接踵而至。以开发经理为首紧急组成“救火队”，带领产品组成员赶赴东北。

他们赶到现场之后，分析以前的实验报告，终于发现了问题所在。原来为了赶时间，产品组想出了一个便捷的能快速通过测试的主意——不和交换机连，使用一个测试软件来测试。这样虽然在测试环境中没有问题，但一到生产环境问题就爆发了。

一次“取巧”的行为不仅让所有产品组成员牺牲了春节假期来处理问题，也使华为公司蒙受了损失。这一事件让华为人反省，产品开发流程绝不能“投机取巧”，要严格模拟测试环境，踏踏实实按流程走，一定要避免出现因流程执行不到位而产生问题的情况。

华为 IT 热线中心文章《标准不是一纸空文》，专门对不遵从流程和标准的现象做出批评。文章说，作为个别用户，您也许体会不到标准有多么重要，但作为一个拥有上万名员工的大型制造企业内部 IT 热线中心，我们深深感到制定和推行标准的必要性和紧迫性。像华为这样的大公司，如果计算环境不实施标准化，各部门或个人的硬软件平台全都根据自己的需要进行选择和配置。那么一旦遇到故障，恐怕要找到一位“全能技术好手”才能应付。

进一步说，建立严格的规范化流程，坚决执行各项规则，不搞投机取巧，让规则管理深入人心，对每一个企业来说都势在必行。

4. 廉洁自律，铲除组织的三大“毒瘤”

当一个企业或组织发展到一定规模时，“山头主义”、腐败和惰怠等问题便容易产生，尤其是位高权重的高层干部。必须要及时应对、解决这些问题，堡垒才不会从内部攻破。任正非警示华为高层：“我们像双翼的神马，飞驰在辽阔的草原上。没有什么能阻挡我们前进的步伐，唯有我们内部的惰怠与腐败。”

4.1 通过制度创新解决“毒瘤”

“山头主义”、腐败和惰怠可谓企业和组织的三大“毒瘤”，如何解决和清除这三大“毒瘤”，是摆在所有管理者面前的难题。必须从制度上来遏制三大“毒瘤”，通过不断的制度创新，强化内部管理，让企业充满活力。

华为副总裁郑宝用是任正非的得力干将，在华为的发展历程中立下过赫赫战功，先后主持了华为公司几代交换机的设计与开发。但随着职位的上升，他和华为公司另一位副总裁李一男产生了分歧和矛盾，并且愈演愈烈，最初只是公司战略上的分歧，后来发展为用人上的矛盾，最终此事以李一男辞去副总裁离开华为而告终。任正非认为自己没有及时处理两人的矛盾，对李一男离开华为负有领导责任，引咎降薪，年度考核只评为 C 级，同时把郑宝用也评为 C 级。

在长期管理实践的过程中，经过不断探索和创新，华为创造了两种高层干部管理机制，在某种意义上，有效地抑制了这三大“毒瘤”的生长。

4.1.1 轮值 CEO 制度

在 IBM 顾问的帮助下，2003 年，华为建立了 EMT，由 EMT 成员集体决策，每人半年。2011 年，华为轮值 CEO 制度正式形成，轮值 CEO 负责提出经营决策议题，主持经营决策会议。

轮值 CEO 制度使决策体系保持动态平衡，从体制上制约“山头主义”的形成。

4.1.2 自律宣言

2007 年，华为通过了《EMT 团队宣言》，要求 EMT 团队成员以制度化宣言方式，对照检查、自查自纠，并接受全体员工的监督。

任正非总结道：“我不自私，我就敢治那些自私的人。”通过自律宣言，干部不想腐，也不敢腐，更不敢拉帮结派。各级干部尤其是高层干部坚决贯彻公司要求，正人先正己，严于律己，大胆管理，杜绝腐败，做全体员工的楷模。通过全体员工监督，在组织内部传递正能量，营造廉洁正气、奋发向上、简单高效的工作氛围。

4.2　借助司法手段，清除腐败分子

除了通过制度创新，建立 CEO 轮值制度和自律宣言，使干部队伍保持廉洁自律的作风，华为还通过例行稽查加强内控和风险管理，必要时借助司法手段，将腐败分子清除出干部队伍，解决潜在的腐败问题，保障公司运营安全、合规。

A 国位于波斯湾畔，属于中东地区部。2011 年，华为内审团队例行稽查时发现，2009 年到 2011 年，该国代表处某部门主管 Sue 滥用职权，伙同供应商，通过伪造发票、采购单、验收报告等手段，骗取货款几十万美元；并且拒不承认犯罪事实，也不配合调查。

为了震慑腐败分子，华为决定将嫌疑人移交法务处理，法务接手案件后，对现有证据进行了深入分析，他们认为，部分发票中的印章和签字可能是伪造的。于是，法务来到开发票的商店。经过不懈努力，两家商店确认发票中的印章和签字系伪造。虽然涉案金额不多，但伪造印章和签字已经构成犯罪。

不过，由于 A 国法律体系对这种世俗性违法行为并不太关注，尤其是私营企业中员工经济犯罪，法律虽然有相关规定，但现实中一般被当成“小事情”处理，即使报案了，司法机关都会要求当事人和解。代表处法务委托 A 国著名外部刑事律师对此进行评估，以确定报案策略。

2012 年 1 月，代表处法务以伪造印章和签字的罪名将 Sue 告到该国检察院，并请求检察院提起公诉。经过对发票上的印章和签字进行司法鉴定，检察院最终确认 Sue 伪造事实。2012 年 6 月，检察院提起公诉，案件移交至该国法院。经过半年时间的审理，2013 年 1 月，法院判决 Sue 有期徒刑 4 年，退回所有非法所得，并缴纳相应罚款。

腐败问题是一个需要长期根治的问题，这就需要管理者不断跟进，不仅要关紧口子，更要加强监督，强化内部审查制度，揪出腐败分子，警示广大干部和员工，保证干部队伍的纯洁性。

5. 用制度保障公平和公正

在企业实际管理中，公正、公平的制度体系不仅能让管理者省心、省力，还会让员工信任公司和管理者，以更加热情的姿态去工作。在制度建设上，华为主要是从两个方面着手，一是制度的公开、公平管理，二是制度的无歧义，以此来确保员工能理解、认同制度并进行自我约束，保障其顺利达成企业目标。

5.1 没有歧义的制度是保障公平、公正的基础

华为是一个公平竞争的平台，对此，任正非曾这样论述华为的制度，华为按贡献进行价值分配，人才之间收入差距是客观存在的。给火车头加满油，让列车跑得更快些，才能把华为这列车拉动起来。人才不是按管辖面来评价待遇体系，而是按贡献和责任结果以及他们在此基础上的奋斗精神。

因此，管理制度要顺利实施，一定程度上取决于管理制度的合理性，合理的管理制度必须做到具体、细致，没有歧义。如果制度或规则存在歧义，那么不同的人就会有不同的理解，就不知道怎样做，应该做到什么程度才算符合规则上的要求。

联想集团有这样一条规定：凡是开会迟到的都要罚站。联想创始人柳传志接受媒体采访时曾说："公司规定，如果不请假迟到就一定要罚站。我也被罚过三次，其实这三次都是在无法请假的情况下发生的，有一次我被关在电梯里面，很无奈。虽然罚站看起来是一个没什么惩罚的措施，但罚站是一件很严肃的事情，而且是很尴尬的事情。因为这不是随便站着就可以敷衍了事的。在20个人开会的时候，迟到的人进来后，十几个人的双眼注视着你。这不是很容易接受的一件事，尤其在大的会场，我们采用通报的方式。制定这个制度之后，第一个被罚站的是我一个老领导，他罚站的时候，出了一身汗，我坐着也出了一身汗。后来我找到他说，今天晚上我到你家去，给你站一分钟。这个制度不好做，但我们也硬是坚持下来了。"

联想集团这个规定很简单，惩罚力度也相对比较轻，但通过这样一种方式，让所有联想干部和员工都认识到，制度就是要执行的，并且要公平、公正地执行，不因个人身份而有所区别。

为了规范管理，华为制定了相当细致的行为准则。在华为，所有在厂区内的员工，都必须靠右侧通行；离开座位时，必须将椅子推进桌子底下；用餐后，每个人必须用抹布把桌面擦干净，并倒掉垃圾；班车司机接送员工上班时，必须分秒不差。无论员工违反了上述哪一项，都会被罚款。华为的考勤打卡制度规定每个员工每天打四次卡，早晚下班各一次，中午吃饭上下班两次。如果忘记打卡，扣 10 元钱，并且扣除全勤奖。

管理制度只有在制定上具体、细致、无歧义，让员工容易理解，保证员工行为标准的一致性，才不会在执行过程中产生偏差，甚至被人钻空子，以至于造成“上有政策、下有对策”的局面，致使管理制度最后形同虚设。可见，合理的制度不仅有利于执行，还能保障公平和公正。

5.2　评价干部“三权分立”

华为的价值评价，简单来说，就是对每一个人的实际贡献做出评价，给予价值分配。首先在评价干部上做到公平、公正，通过干部撑住制度、理性权威，然后使广大员工得到公平、公正的评价。

华为自创建之日起，便一直倡导和创造公平竞争的内部环境，尤其是干部和员工的绩效评级，对干部和员工的升职、涨薪、晋级（华为有任职资格体系，任职资格是晋级的参考因素）、配股都有很大的影响，尽可能做到公平、公正。

华为一直坚持集体评价和使用干部，评价不是由上级主管一个人说了算，是由管理团队来集体做出评价，做出强制的排序，而且公示评价的结果，用公开来保证公正。如果对公示的评价结果不认可或认为不公正，可以向上一级部门申诉，上级主管部门会与申诉人面谈来解决问题。

评价结果如此重要，那就必须要保证评价结果的公正性。华为内部有个“三权分立”的制度，建议权、评议权及否决权和弹劾权分属三个不同的部门，以此来管理干部。日常实际管理干部和员工的行政管理团队具有建议权，可建议提拔哪个员工，给哪个员工涨薪、评级；华为大学、专业委员会以及对过程规范性进行把关的人力资源部和干部部拥有评议权；代表公司全局利益的跨部门委员会和对思想品德进行把关的党委组织干部部拥有否决权和弹劾权。

由此可见，华为在决定人的选拔、任用、奖励、处罚等问题上，是非常慎重的。而华为把“三权分立”用在评价干部身上，以此来确保公正性和公平性，并且是对行政主管个人权力的一种制衡。这样一来，华为便创建了一个公平竞争的平台。

6. 干部要公私分明、赏罚分明

有的管理者，习惯当“好好先生”，和所有员工关系都很好，不愿去惩罚违反规则的员工。或者因为和某个员工相处时间较长，私人关系很好，就包庇他，甚至因为和某个员工关系不好，看不惯这个员工，便无视该员工的业绩，也不提拔他。

6.1 敢于淘汰惰怠员工，不搞“平均主义”

为了企业的发展，对于部分工作能力不足、业绩达不到要求的员工，或者工作态度惰怠的员工，该淘汰就得淘汰，不能坐视不管，更不能“护犊子”。尤其是对老员工，有些还是自己的老领导或老同事，更不愿意处理。在这种情况下，如果管理者不作为，就是对那些高绩效员工、优秀员工的不公平。

华为太原代表处主管石艳东一直认为做主管就要对员工宽容，要“护犊子”，但被他护过的某个员工工作绩效一直没有进步。这让他很焦急，也很困惑，思考主管到底该怎么处理这样的事情。后来，他问一位客户高层：“管理中法和情孰轻孰重?”客户高层说:“法外情最重。”他顿时理解了,一味地“护犊子”并不是在保护手下的员工,反而是在伤害他。一个企业,如果不把业绩差的员工淘汰,就是对其他人的不公平,就是对其他努力工作的员工的一种伤害,打击其他员工的士气和工作热情。

在企业管理上,切忌搞平均主义、“大锅饭”。比如欧洲的高福利制度、日本的终身雇佣和年功序列制等,在某种意义上都属于平均主义。平均主义在特定历史时期能够发挥比较积极的作用,但更多时候会使企业或组织活力下降、创新不足。管理上的平均主义,本质上是管理者在管理上的能力缺失和惰怠。

华为轮值 CEO 徐直军在谈到华为干部在管理上存在的问题时,举了一个例子,当时某个员工是 18 级,但不符合岗位要求,调动岗位就要降级。因为级别较高,主管不敢降,也不知道降多少。徐直军跟主管说,你在团队里把所有员工排个序。排完序后,徐直军问主管,这位员工上面的员工是多少级,下面的员工是多少级。主管说,上一个人是 15 级,下一个人也是 15 级。徐直军就告诉主管,这个员工恰好就是 15 级,我们就用这样的办法去公平地评价一个人。

徐直军强调说,主管如果不知道把员工定为多少级,就去排序,排完序以后,看他上面和下面员工的级别,该定多少级就很清楚了。尤其是 13—17 级这一块,华为还没有按岗位来定级,只能看排序。每个团队都可以适当排序,尤其对那些惰怠的员工,在整个团队里排排序,看看他应该在哪个位置,然后给他定级,该定多少定多少,该降多少降多少。如果把职级降下来,最大的影响是把饱和配股的饱和值降下来了,他就有危机感了。

通过适当的奖惩制度,不仅让新进员工获得动力,也让部分躺在功劳簿上的老员工认识到,即便过去有过贡献,如果不努力工作,也可能随时被淘汰掉。这就要求管理者必须抛开私人感情,坚守公司规章制度,坚决按照规则办事,该惩罚就惩罚,该奖励就奖励,做到公私分明、赏罚分明。

6.2 及时奖励按规则办事的员工

作为管理者，就是要营造按规则办事的氛围，鼓励员工大胆坚持原则。实际上，员工在企业中坚持原则也可能会得罪人，这样的问题在任何企业都存在，尤其在一些相对封闭的部门，更是如此。这就需要管理者及时跟进，给予这类员工奖励和保护。

梁山广是华为某项目组的普通员工，他加入该项目组之后，发现项目组将开源的代码进行修改，然后说成是项目组原创的，算进了项目组 KPI。虽然项目组 KPI 提升对梁山广自己也有好处，但梁山广发现此事后，并没有睁一只眼闭一只眼，而是向上级部门举报了此事。

华为上级部门经过严格的审查，确认此事实际上是抄袭行为。因此，除了梁山广，该项目组所有的成员都受到了公司的处罚，项目组主管也被撤职。任正非得知此事后，将梁山广连续晋升两级，并且梁山广可以根据其意愿选择工作岗位及地点。

任正非在发给华为员工的内部邮件中指出，华为要鼓励广大员工及各级干部坚持原则，按规则办事，在华为内部树立敢于得罪人、敢于说真话、敢于坚持原则的风气，给这类人必要的物质和精神奖励。

李新是华为一名普通的保安。冬天的一天，他在值勤，按要求拦下了一辆车，正准备检查车证和卡证，车主摇下车窗，对他说："同志，我忘带卡了，让我进去吧！我有一个非常重要的会议。"

李新愣住了，虽然按照华为的规定，没有卡是绝对不能进园区的，但他毕竟只是一个初来乍到的新人，而开车的人显然是某个级别的干部。他犹豫了一会，坚决地说："对不起，这是华为公司的规定，没有卡是不能进入园区的，请先办理相关手续。"

着急去开会的车主突然发动车子，猛踩油门呼啸而去，几乎撞到他。几天后，车主主动找到他，跟他道歉，赞扬他敢于坚持原则，并把他的事迹告诉了他的队长。之后，他不仅受到了部门的奖励，他的队长还准备安排他去一个轻松点的岗位，他却说："我觉得保安肩负着很重要的责任，也很有意义，我愿意继续坚守在这个岗位上。"

像梁山广、李新这样有原则、敢担当的员工，在日常生活中也不少见。只有在企业内部树立起榜样，营造出按规则办事的良好氛围，适当给予物质和精神奖励，才会有越来越多的有原则、敢担当的优秀人才涌现出来。

7. 做一名正直、敢于管理的干部

北宋著名哲学家周敦颐说："上安下顺，弊绝风清。"他认为上级如果安分律己，宁静守一，不做特殊、越轨的事情，下级也不敢做，社会弊端和歪风邪气就不会平地而起。

7.1　通过干部撑住制度，建立理性权威

很多企业制定了看似合理的制度，结果制度却成了一纸空文，因为他们没有意识到：制度不只是被拿来管理员工的，对管理者本身也要起到约束作用。

曾经有咨询公司调查发现，90% 以上破坏企业规则的人，往往都是各级管理者，他们违反规则的次数是普通员工的 10 倍，甚至更多。普通员工看见中高层管理者带头违反规则，他们便难免"上行下效"，做出违反规则的事。

大雁在迁徙途中会采用雁阵的形式结队飞行，由头雁带领整个雁群，头雁飞向哪里，整个雁队就飞向哪里。而对于一个企业而言，干部就是众人眼中的头雁，就是众人的榜样，干部的一举一动、一言一行都将影响员工的言行。

如果制定规则的管理者不能够带头遵守规则，怎么在员工心目中树立起权威？又如何要求员工树立起规则意识？因此，干部更应该以身作则，做好榜样示范作用，带头遵守和维护企业的制度规范，以保证规则的顺利推行以及建立制度的理性权威。

IBM公司不同工作区域的员工佩戴不同颜色的识别牌，浅蓝色标识牌只能进入厂区，粉红色标识牌只能进入行政区，所有人都要遵守这个规定。

有一次，IBM公司的董事长汤姆斯·沃森带着几位客人参观厂房，因为时间比较紧，就没有换标识牌。在走到厂门时，厂区的警卫拦着他们说："对不起先生，您所佩戴的粉红色识别牌是不能进入厂区的。"

沃森的助理对警卫说道："这是我们的老板，要陪重要的客人参观！"但是警卫人员回道："抱歉，先生，既然公司有这样的规定，就要按规则办。我的职责就是如此！"汤姆斯·沃森同意道："他做得对，这是他的职责，我们去把识别牌换一下。"当他们换好了识别牌后，警卫才尊敬地说："先生们，请进！"

任正非要求华为的干部一定要树立起榜样作用，当好员工的领头人。只有管理者带好头、做好榜样，严格遵守规章制度，规则的权威性才能得到保障，才能真正对员工起到约束作用。如果管理者本人肆意违反规则，却不受惩罚，无疑会让规则的权威性大打折扣，规则制定的初衷就无法得到实现。

7.2 对待员工要能拉得下情面

许多企业的干部习惯做"好好先生"，不愿或不敢得罪人，或者拉不下情面。对此，任正非曾反复强调："干部在管理岗位上，一定要拉开情面，要站在公司的原则上，敢于站出来说话，敢于当责，不怕得罪人，按公司的规则制度把价值评价体系贯彻到底。"

华为内部曾发表这样一篇文章：管理者一定要明白，奖金的目的在于激励员工，为公司创造更多的价值。给员工发奖金的时候，固然皆大欢喜，全员喜洋洋，但切忌不要忘了作为一名管理者的责任。一名合格的管理者，绝不是"好好先生"，也不应该当"好好先生"。看似一团和气，实际上，"好好先生"是对先进员工的打击。管理者不仅要让员工看到希望，还要合理引导和管理员工的期望；不仅要告诉员工未来的无限风光，还要让他们看到前进道路上的障碍。作为一名管理者，一定要敢于管理。

这则文章反映的问题，就是干部不能坚持原则，拉不下情面进行管理，不仅在华为存在，在许多企业也普遍存在。作为干部，有责任把部门内部效率低、不产粮食的人淘汰出去。很多时候，干部会因为员工与周边关系、上级关系不错，碍于人情关系，就睁一只眼闭一只眼。对此，任正非严肃批评道："如果一个干部不敢管理，不敢坚持按规则办事，那他是不适合做管理者的。干部拉不下情面开除人，就只能开掉自己。"

郑波是华为一个主管，他在广西南宁代表处工作时，有一位系统部的客户经理业绩很差，于是建议辞退该员工。有人劝郑波说："你为什么不给他打一个 B，然后调一个部门呢？做人留一线，日后好相见。网开一面也能给自己留个人缘。"

但郑波坚持了原则，在代表处的 AT 会议上，仍然坚持开除该员工。郑波陈述他所知道的事实："这名员工所负责的区域业绩一直很差；不但如此，该员工去地市出差时，没有去见客户，而是窝在宿舍看电视，客户经常反映见不到我们的人。但所有的周报、报销都正常。这是明显的虚报谎报，严重违反了华为的纪律。"

郑波讲述的事实得到了 AT 团队的认可，决定对该员工进行劝退。这名员工不愿善罢甘休，也将郑波投诉到了华为公司党委。党委很快派人到南宁代表处，通过详细的调查，证明该员工在绩效和纪律方面都存在严重问题。

郑波感触道："我也想过将他调部门了事，但作为一名干部，要敢于管理，不能息事宁人。对这种惰怠员工的保护，就是对那些奋斗者的打击。"

选择干部，就是要选择像郑波这样正直而敢于管理的人，这样才能保证整个组织的健康和活力。任正非对华为干部讲话时说："干部要少讲义气，多树正气。要在华为内部树立起公平、公正、坚持原则的正气，把华为的事业推向更高处。"

参考文献

［1］吴春波. 华为没有秘密：华为如何探索和坚守常识. 北京：中信出版社，2014.

［2］田涛，吴春波. 下一个倒下的会不会是华为：任正非的企业管理哲学与华为的兴衰逻辑. 北京：中信出版社，2012.

［3］黄卫伟. 以奋斗者为本：华为公司人力资源管理纲要. 北京：中信出版社，2014.

［4］黄卫伟. 以客户为中心：华为公司业务管理纲要. 北京：中信出版社，2016.

［5］田涛，殷志峰. 厚积薄发：华为系列故事. 北京：生活·读书·新知三联书店，2017.

［6］程东升，刘丽丽. 华为三十年：从“土狼”到“狮子”的生死蜕变. 贵阳：贵州人民出版社，2016.

［7］汤圣平. 走出华为. 北京：中国社会科学出版社，2004.

［8］张利华. 华为研发. 北京：机械工业出版社，2009.

［9］周留征. 华为哲学：任正非的企业之道. 北京：机械工业出版社，2015.

［10］［美］哈罗德，海因茨. 管理学：国际化与领导力的视角. 9版. 马春光，译. 北京：中国人民大学出版社，2014.

［11］［美］麦克斯维尔. 中层领导力：西点军校和哈佛大学共同讲授的领导力教程. 施铁，译. 南京：江苏凤凰文艺出版社，2015.

［12］［美］马歇尔，苏伦斯，莎拉. 领导力教练：世界著名企业教练们的实践心得. 3版. 徐中，戴钊，胡金枫，译. 北京：机械工业出版社，2013.

［13］［美］库泽斯，巴里. 领导力：如何在组织中成就卓越. 5版. 徐中，周政，王俊杰，译. 北京：电子工业出版社，2013.

［14］［美］戴，安东纳基斯. 领导力的本质. 2版. 林嵩，徐中，译. 北京：北京大学出版社，2015.

［15］［美］罗宾斯，库尔特. 管理学. 11 版. 李原，孙健敏，黄小勇，译. 北京：中国人民大学出版社，2012.

［16］［美］哈格斯，吉纳特，柯菲. 领导学：在实践中提升领导力. 7 版. 朱舟，译. 北京：机械工业出版社，2012.